高等院校创新应用型人才培养系列教材

"十四五"普通高等教育艺术设计类系列教材·环境设计

主　编　李静　李引
副主编　李硕　谢芳

室内设计基本原理（第3版）

中国水利水电出版社
www.waterpub.com.cn
·北京·

内 容 提 要

《室内设计基本原理（第3版）》结合现代室内设计的特点，总结室内设计的规律与经验，以实例讲解理论，采用图文结合的方式，系统地阐述了室内设计的基本原理及应用。全书分为室内设计总论、室内设计要素、室内设计的知识链接、室内空间设计4个单元模块，共14章，主要内容包括：认识室内设计，室内设计师的职责与素养，室内设计的方法与流程，室内设计的风格与流派，空间的构成，形式美与色彩，采光与照明，家具、陈设与绿化，装饰材料与应用，人体工程学与环境心理学，室内设计与建筑结构，室内消防工程与室内安装工程，居住空间设计，公共空间设计等。

本教材配套的电子课件、数字教材等教学资源，可通过"行水云课"教育平台或公众号获取并阅读学习。

本书适合应用型本科、高职高专、函授、成人教育，自学考试及专业培训机构等学生学习使用，同时也可供建筑装饰、室内装修等从业人员参考使用。

图书在版编目（CIP）数据

室内设计基本原理 / 李静，李引主编. -- 3版. -- 北京：中国水利水电出版社，2022.7
"十四五"普通高等教育艺术设计类系列教材. 环境设计 高等院校创新应用型人才培养系列教材
ISBN 978-7-5226-0593-7

Ⅰ. ①室… Ⅱ. ①李… ②李… Ⅲ. ①室内装饰设计－高等学校－教材 Ⅳ. ①TU238

中国版本图书馆CIP数据核字(2022)第053365号

书 名	"十四五"普通高等教育艺术设计类系列教材·环境设计 高等院校创新应用型人才培养系列教材 **室内设计基本原理**（第3版） SHINEI SHEJI JIBEN YUANLI
作 者	主 编 李静 李引 副主编 李硕 谢芳
出版发行	中国水利水电出版社 （北京市海淀区玉渊潭南路1号D座 100038） 网址：www.waterpub.com.cn E-mail：sales@mwr.gov.cn 电话：(010) 68545888（营销中心）
经 售	北京科水图书销售有限公司 电话：(010) 68545874、63202643 全国各地新华书店和相关出版物销售网点
排 版	中国水利水电出版社微机排版中心
印 刷	清淞永业（天津）印刷有限公司
规 格	210mm×285mm 16开本 12.75印张 377千字
版 次	2005年10月第1版第1次印刷 2022年7月第3版 2022年7月第1次印刷
印 数	0001—3000册
定 价	**68.00元**

凡购买我社图书，如有缺页、倒页、脱页的，本社营销中心负责调换

版权所有·侵权必究

FOREWORD 前 言

近年来，随着我国国民经济的快速发展，全民文化素质的不断提高，人们对工作、生活、休闲娱乐等空间的设计要求也越来越高、越来越个性化。因此，对室内设计师提出了更高的要求。室内设计师的工作不仅需要创造舒适的室内环境，还要运用更多的专业知识和自身的文化修养创造既舒适、美观、时尚的室内环境，又集智能化、文化内涵于一身的室内环境。

室内设计是环境艺术设计的重要组成部分，环境艺术设计是时间与空间的艺术综合，设计的对象涉及自然生态环境与人文社会环境的各个领域。室内设计作为一项综合性颇强的系统学科，设计师应合理地处理人与环境、人与自然以及人类自身之间的相互关系，并强调以人为本的基本理念，满足使用功能、审美需要、经济效益、个体体验等多方面的要求。同时，在方案设计和项目实施过程中，还要解决诸如施工材料、施工工艺等相关问题。本教材从这个视点出发，重视基础知识与基本理论的阐述，理论指导与设计实用的全方位并重，科学性与艺术性并重；汇集了几位编者多年来艺术设计教学及设计实践的经验，汲取了国内外近年来学科发展的成果；力求科学、系统。教材从设计市场应用出发，选取了大量图片，突出新颖性与实用性，内容翔实，涵盖面广，紧密结合设计应用来拓宽读者的视野。以上这些特点彰显出本教材的学术价值及应用价值。

《室内设计基本原理（第3版）》在保留前两版的核心内容的基础上，结合近几年室内设计的特点与发展，根据行业发展及市场对设计师的新要求，增加了"创意能力""环境心理学""室内消防工程与室内安装工程""办公空间""展览空间"等章节的内容。在内容的组织上，本教材按照教学规律，将知识模块化，按4个单元模块，即室内设计总论、室内设计要素、室内设计的知识链接、室内空间设计，系统、有序地介绍相关知识，使得内容更加清晰，更贴合课程教学要求，也方便读者自学。

本教材结合现代室内设计的特点，总结室内设计规律与经验，以实例讲解理论，采用图文结合的方式，系统地阐述了室内设计的基本原理及应用。

本教材由多年从事艺术设计教学的高校教师和从事室内设计工作的资深设计师共同编写。其中谢芳编写第1、3、4、10章；李引编写第5、6章；李静编写第7、13章；李硕编写第9、11、12章；李静、谢芳编写第2章；李引、李静编写第8章；李引、谢芳、李静、李硕编写第 14 章。

在此，感谢中国水利水电出版社杨薇女士与蒋学女士在出版工作中的大力帮助与辛苦工作；感谢晓石设计工作室提供部分图片资源。

由于室内设计行业发展迅速，学科理论不断深化，加之编者能力有限，编写时间仓促，书中难免存在疏漏之处，敬请读者朋友批评指正。

编者

2021 年 12 月

目录

前言

单元1 室内设计总论

第1章 认识室内设计 ·· 2
1.1 室内设计的概念 ·· 2
1.2 室内设计的发展过程与趋势 ·· 3
1.3 室内设计的作用 ·· 5

第2章 室内设计师的职责与素养 ·· 6
2.1 室内设计师的职责与要求 ·· 6
2.2 室内设计师专业素质的培养 ·· 7

第3章 室内设计的方法与流程 ·· 11
3.1 室内设计的内容和分类 ·· 11
3.2 室内设计的原则和思考方法 ·· 14
3.3 室内设计的程序 ·· 17

第4章 室内设计的风格与流派 ·· 23
4.1 室内设计的风格 ·· 23
4.2 室内设计的流派 ·· 43

单元训练 ·· 44

单元2 室内设计要素

第5章 空间的构成 ·· 46
5.1 空间的基本概念 ·· 46
5.2 室内空间的类型 ·· 48
5.3 空间创造中的围合与分割 ·· 54

第6章 形式美与色彩 ·· 58
6.1 室内设计中的造型要素 ·· 58

6.2　形式美的基本原则和规律 ……………………………………………………… 61
　6.3　室内设计中的色彩 ……………………………………………………………… 66
第7章　采光与照明 ……………………………………………………………………… 71
　7.1　采光与照明设计基本概念 ……………………………………………………… 71
　7.2　采光设计 ………………………………………………………………………… 73
　7.3　照明设计 ………………………………………………………………………… 74
第8章　家具、陈设与绿化 ……………………………………………………………… 83
　8.1　室内家具 ………………………………………………………………………… 83
　8.2　室内陈设 ………………………………………………………………………… 91
　8.3　室内绿化 ………………………………………………………………………… 99
第9章　装饰材料与应用 ………………………………………………………………… 107
　9.1　常用材料 ………………………………………………………………………… 107
　9.2　材料的应用 ……………………………………………………………………… 114
单元训练 …………………………………………………………………………………… 116

单元3　室内设计的知识链接

第10章　人体工程学与环境心理学 …………………………………………………… 118
　10.1　人体工程学 …………………………………………………………………… 118
　10.2　环境心理学 …………………………………………………………………… 120
第11章　室内设计与建筑结构 ………………………………………………………… 121
　11.1　建筑结构的基本知识 ………………………………………………………… 121
　11.2　室内设计与建筑结构的关系 ………………………………………………… 123
　11.3　室内建筑结构的细部设计 …………………………………………………… 126
第12章　室内消防工程与室内安装工程 ……………………………………………… 130
　12.1　室内设计与消防安全 ………………………………………………………… 131
　12.2　室内安装工程 ………………………………………………………………… 135
单元训练 …………………………………………………………………………………… 138

单元4　室内空间设计

第13章　居住空间设计 ………………………………………………………………… 140
　13.1　居住空间设计要求 …………………………………………………………… 140
　13.2　起居室 ………………………………………………………………………… 144
　13.3　餐厅 …………………………………………………………………………… 145
　13.4　卧室 …………………………………………………………………………… 146
　13.5　儿童房 ………………………………………………………………………… 148
　13.6　书房 …………………………………………………………………………… 150

13.7	厨房与卫浴间	151
13.8	其他室内功能空间	155

第 14 章　公共空间设计 … 159

14.1	商业空间	159
14.2	餐饮空间	164
14.3	办公空间	179
14.4	展览空间	184

单元训练 … 192

参考文献 … 193

单元 1　室内设计总论

- 重点学习室内设计的方法及流程，独立完成一套室内设计方案。
- 了解、掌握室内设计不同的风格类型，可以灵活地运用于实际案例中，实现理论与实践的完美结合。
- 认识室内设计，对室内设计具有客观的认识。
- 了解应该如何培养室内设计师的专业素养，学以致用。

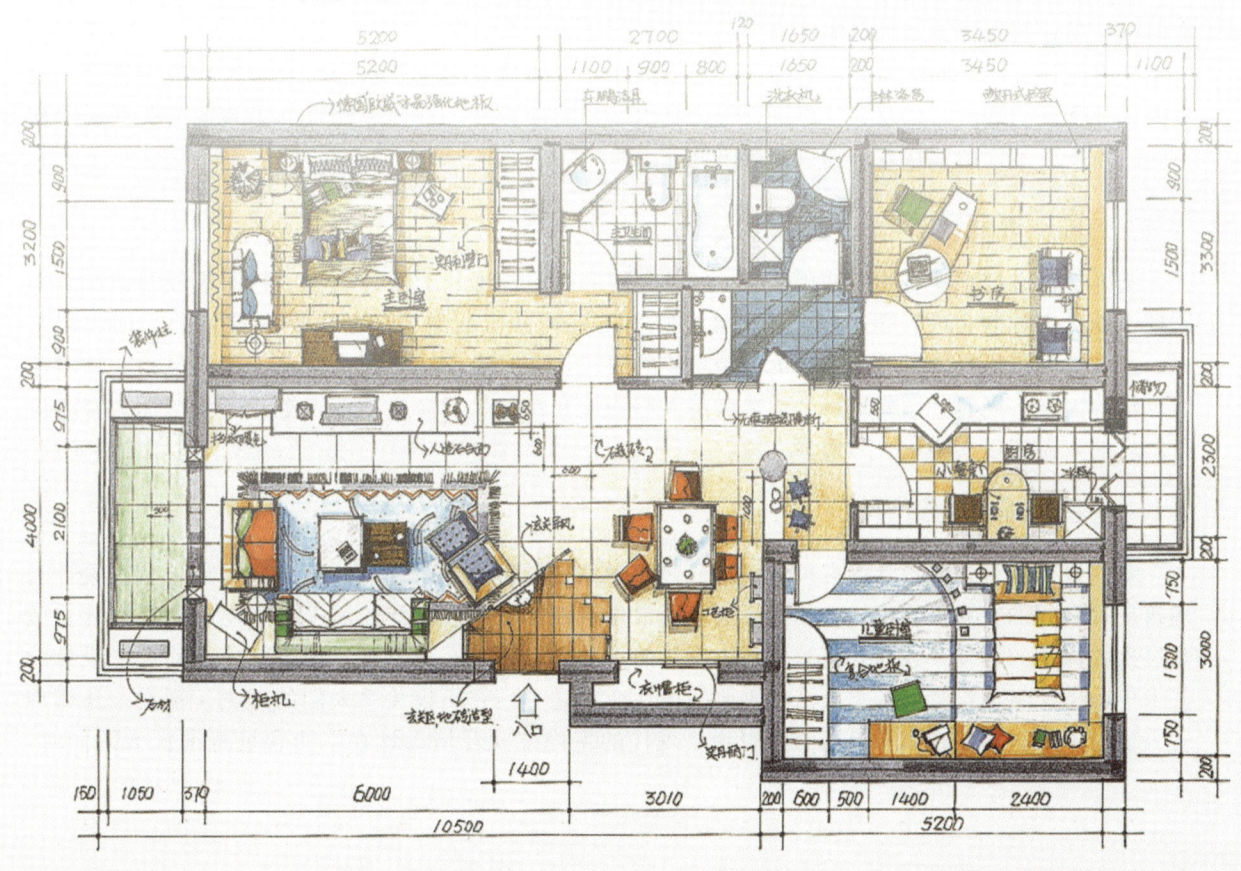

第 1 章
认识室内设计

1.1 室内设计的概念

室内设计是一种理性创作与感性表现并重的活动。其作用是在有限的室内空间环境及有限的物质条件下发挥其实用性与经济性,并满足与平衡人们精神与心理的需求,为提高生活质量而进行的有意识地营造理想化、舒适化的内部空间的设计活动。美化生活是其主要目标,符合实用、经济、美感三大原则是其目的。也就是说,室内设计是以科技为工具、以人性为出发点去创造一个让精神与物质文明更和谐,生活更有效率,更能增进人生意义的生活环境的一种工作。

室内设计是为满足人们生产、生活的要求,有意识地营造理想化、舒适化的室内环境,同时,室内设计是建筑设计的有机组成部分,是建筑设计的深化和再创造。

室内设计以其空间性为其主要特征,它不同于以实体构成为主要目的一般建筑和造型设计。对室内设计含义的理解,以及它与建筑设计、室内装饰装潢设计、室内装修设计等系统的关系,可从不同的角度、不同的侧重点来加以分析研究。

1.1.1 室内设计的目的

室内设计是根据建筑物的使用性质、所处环境和相应标准,运用现代物质技术手段和建筑美学原理,创造出功能合理、舒适美观、满足人们物质和精神生活需要的室内空间环境的一门实用艺术。这一空间环境既具有满足相应的使用功能的要求,同时也反映了历史底蕴、建筑风格、环境氛围等精神因素。同时,明确地将"创造满足人们物质和精神生活需要的室内空间环境"作为室内设计的目的,做到以人为本,一切为人民。

1.1.2 室内设计的重要性

室内设计既是建筑设计的有机组成部分,同时又是对建筑空间进行的第二次设计,室内设计与建筑设计之间的关系极为密切,相互渗透,通常建筑设计是室内设计的前提,它还是建筑设计在微观层次的深化与延伸。在与建筑整体环境设计的水乳交融中,充分体现了现代室内空间环境设计的艺术生命力。室内设计是人类生活中重要的设计活动之一。它不仅关乎人们的过去、现在,还体现着人们对未来世界的探索与追求。可以说,现代的室内空间环境设计在空间领域范围扩大的同时,将给予未来设计以广阔的空间。

1.1.3 室内设计的要素

室内设计既与人们所认识的建筑设计体系相区别，还与大众认可的装饰装潢、装修等概念对空间所作的工作内容与设计改造不同。室内设计在空间中营造良好的人与人、人与空间、人与物、物与物之间的机能关系的同时，还表达设计的心理及生理的平衡与满足。室内设计装饰更是着重从外表的视觉艺术的角度来探讨、研究并解决问题。所以室内设计要素包含空间要素、色彩要素、装饰要素、陈设要素、光影要素、绿化要素等。

1.2 室内设计的发展过程与趋势

1.2.1 室内设计的发展过程

早在几百万年前，人类为了生存就开始营造自己的居室。"上古皆穴居，有圣人教之巢居，号大巢氏，今南方人巢居，北方人穴处，古之遗俗也。"其所指南方人居住于原始巢居（图1.1），北方人居住于袋状地穴和半穴居（图1.2、图1.3），就是对早期人类居住方式的描述。

最初，室内设计是出于自发的、分散的个人活动。在实践中人们"观鱼翼而创橹，师蜘蛛而作网，见朽木浮而知舟，见飞蓬而知车"。这些为后世的建筑、装饰设计师的发展以及现代的室内设计形成起了重要作用。

图1.1 原始巢居示意图

在室内设计的发展过程中，尤为重要的是第一次工业革命开拓了现代室内设计事业发展的新天地。钢、玻璃、混凝土等一些新材料以及相应的构造技术的出现，极大地丰富了室内设计的学科内容。现代室内空间艺术的创作理论，随着实践活动的开展亦日趋完善。在20世纪20年代，一批勇于探索的设计师举起了现代室内设计的旗帜。德国设计师密斯·凡·德·罗，一位自学成才的设计师，他摆脱了矫揉造作的风尚，使建筑室内、室外统一，风格一致。密斯为西班牙巴塞罗那的博览会设计了德国馆内部（图1.4），开创了现代室内设计的先河。这使密斯被称为世界建筑发展史上最著名的现代建筑大师之一。

枝叶临时性掩盖

活动顶盖

图1.2 袋状地穴示意图

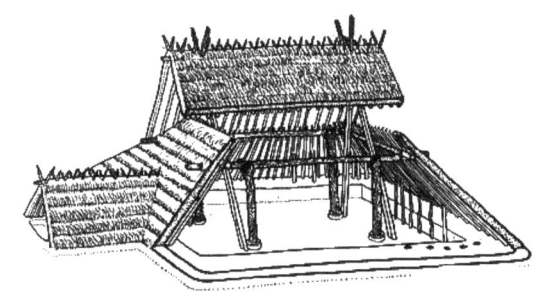

图1.3 半穴居示意图

在我国，室内设计学科真正开始于20世纪五六十年代，早期的室内设计主要依赖建筑设计。从20世纪70年代开始，室内装饰行业初兴，到今天室内设计逐步走向成熟。

1.2.2 室内设计的发展趋势

随着社会的发展和时代的推移,现代室内设计具有以下所列的发展趋势。

1. 室内设计体系走向独立实体地位势在必行

作为建筑空间创造中三根支柱之一的室内设计,在中国还没有取得独立的实体地位,室内建造市场仍然是业主和营造商的天下。这是一种很不正常的现象,必将随着形势的变化而改变。原因如下:

(1) 在室内建造市场,室内设计必将取代建筑设计,这是不以人的意志为转移的。因此,过去由建筑设计、业主、营造商建立的三方支承的室内建造市场也必

图 1.4 巴塞罗那博览会德国馆内部

将重新组合为由室内设计师、业主、营造商三方鼎立的室内建造市场的新体制。

(2) 室内建筑工程的建设规律,决定了室内建设工程必须要由室内设计师、业主、营造商三方平等合作共同努力才能完成。其根本问题就在于室内设计体系没有完全建立起来,没有发挥设计的监督权利,不符合建设工程的实施规律。

(3) 和国际上室内设计运动发展保持一致性,也需要建立我国的室内设计体系。我国的施工队伍需要走进国际市场上去竞争,还要取得我国在国际装修工程和室内设计市场中的地位。这一点也促使我国必须尽快实现室内设计体系的建立,与国际接轨。

2. 室内设计体系打破手工操作,逐步走向计算机为主导的联合设计体系势在必行

随着我国经济的发展和人民生活水平的不断提高,当前我国室内设计界将面临四大巨大压力:

(1) 设计规模增大,工作量日益增加,设计内容更为复杂和庞大。

(2) 设计周期将更加短促,但对设计质量的要求越来越高。

(3) 室内空间功能增多、形态多样,综合处理各专业技术的交叉和构造任务更加繁重。

(4) 具备复合型人才特点的高级室内设计师明显不足。

从上面四个压力形成的局面看,我国室内设计原有的手工操作基础已远远不适应新形势的发展,必须发展教育,培养复合型人才。

3. 中国室内设计发展的良好大环境正在形成

目前,在中国境内,随着大规模建筑的兴建,室内设计活动也在广泛展开,室内设计走向独立、健全的设计体系的大环境正在逐渐形成,表现在以下几个方面:

(1) 室内设计的重要性以及室内设计师的重要社会职责正在被越来越多的人所认识。

(2) 室内设计师已经有了一支可观的队伍,他们正在为争取自身的合法权益走向联合之路。

(3) 国家经济发展,大规模建筑的兴建,都迫切需要室内设计师承担其执行、贯彻国家法令、法规,维护国家利益,保护公众权益的责任。

(4) 国际室内设计组织正积极传达信息,加大影响,希望我国的室内设计师尽快地和他们建立联系,以求得交流与合作。

4. 一套具有较高科技含量和附加值的设计体系正在建立

现代室内设计所创造的新型室内环境,往往在计算机控制、自动化、智能化等方面具有新的要求,从而使室内设施设备、电器通信、新型装饰材料和五金配件等都具有较高的科技含量,如智能大楼、能源自给住宅、计算机控制住宅等。由于科技含量的增加,也使现代室内设计及其产品整体的附加值增加。在室内设计领域里,可能更需要引入"动态设计""潜伏设计"等新的设计观念,认真考虑因时间因素引起的对平面布局、界面构造与装饰以至施工方法、选用材料等一系列相应的

问题。

1.3 室内设计的作用

从广义上讲,室内设计是一门大众参与最为广泛的艺术活动,是设计内涵集中体现的地方。室内设计是人类创造更好的生存和生活环境条件的重要活动,它通过运用现代的设计原理进行"适用、美观"的设计,使空间更加符合人们的生理和心理的需求,同时也促进了社会中审美意识的普遍提高,不仅对社会的物质文明建设有着重要的促进作用,而且对于社会的精神文明建设也有了潜移默化的积极作用。

一般认为,室内设计具有以下三个方面的作用和意义。

1. 提高室内造型的艺术性,满足人们的审美需求

室内设计强化建筑及建筑空间的性格、意境和气氛,使不同类型的建筑及建筑空间更具性格特征和情感、艺术感染力,提高室外空间造型的艺术性,满足人们的审美需求。在拥挤、嘈杂、忙碌、紧张的现代社会生活中,人们对于城市的景观环境、居住环境以及居住周围的室内设计的设计质量越来越关注,特别是城市的景观环境以及与人生活关系密切的室内设计。室内设计不仅关系到城市的形象、城市的经济发展,还与城市的精神文明建设密不可分。随着时代发展,室内设计需要强化建筑及建筑空间的性格、意境和气氛,使不同类型的建筑及建筑外部空间更具性格特征和情感、艺术感染力,以此来满足不同人群室外活动的需要。同时,通过对空间造型、色彩基调、光线的变化以及空间尺度的艺术处理,来营造良好的、开阔的、室外视觉审美空间。因此,室内设计从舒适、美观入手,改善并提高人们的生活水平及生活质量,表现出空间造型的艺术性;同时,伴随着时间的流逝,它还是将艺术创造性凝铸在历史中的时空艺术。

2. 综合应用各种知识体系,提高建筑综合性能

室内设计的综合作用包括:保护建筑主体结构的牢固性,延长建筑的使用寿命;弥补建筑空间的缺陷与不足,加强建筑的空间序列效果;增强构筑物、景观的物理性能,以及辅助设施的使用效果,提高室内空间的综合使用性能。

室内设计是一门综合性的设计,它要求设计师不仅具备审美的艺术素质,同时还应具备环境保护学、园林学、绿化学、室内装修学、社会学、设计学等多门学科的综合知识体系。室内设计能够增强建筑的物理性能和设备的使用效果,提高建筑的综合使用性能。家具、绿化、雕塑、水体、小品等的设计也可以弥补由建筑而造成的空间缺陷与不足,加强室内设计空间的序列效果,增强对室内设计中各构成要素进行的艺术处理,提高室外空间的综合使用性能。如在室内设计中,设置雕塑、小品、构筑物等既可以改变空间的构成形式,提高空间的利用效果,也可以提升空间的审美功能,满足人们对室内空间的综合性能的使用需要。

3. 协调好"建筑-人-空间"三者的关系

室内设计是以人为中心的设计,是空间环境的节点设计。室内设计是由建筑物围合而成,且具有限定性的空间小环境。自室内设计产生时起,它就展现出"建筑-人-空间"三者之间协调与制约的关系。室内设计就是要将建筑的艺术风格与形成的限制性空间的强弱、使用者的个人特征与需要及所具有的社会属性、小环境空间的色彩与造型和肌理等三者之间的关系按照设计者的思想,重新加以组合,以满足使用者"舒适、美观、安全、实用"的需求,并实践于空间环境中。

第 2 章
室内设计师的职责与素养

2.1 室内设计师的职责与要求

2.1.1 室内设计师的定义

室内设计师是指从事室内设计的专门工作的专业设计师,能够把客户的需求转化成事实,注重沟通,了解客户对建筑室内空间的使用需求。室内设计师必须拥有综合而完整的设计能力与过人的协调能力,能够运用正确的设计方法,从整体着眼、细节着手,使总体构思与细部推敲相结合,达到局部与整体协调统一。设计师应该具有良好的品位与审美能力。良好的审美能力要通过扎实的美学知识、开阔地个人眼界和长年累月的审美积淀培养出来。室内设计师要注重对人和自然的关怀,了解全球文化与地域文化,熟悉人体工程学,环境心理学等学科,并学习相关的工程知识,熟悉相关的规范制度。在有限的空间、时间、科技、工艺、物料科学、成本等压力之下,创造出实用及美学并重的全新空间,并被客户欣赏。其工作职责是提高室内空间的功能和居住质量。

2.1.2 室内设计师的职责

室内设计糅合了建筑常规、人体工程学、美学法则、物料应用、家具家饰、历史人文等多方面的知识,是一个综合技术相对复杂的学科,从理论到实践的过程有无限种表达方式、变化错综复杂,不易迅速掌握,时常让设计师在选择正确方案时反复犹豫。要切实地把握一个合适的方案,需要设计师在实际应用时积累经验才能增强设计方案的实际把握能力。设计师要把自己的设计意图准确充分地表达给客户,就必须具有基本能力。

现时国内对设计工作没有足够的重视与认可,其原因除了委托方未能真实理解设计工作的过程与价值外,更多的是设计师本身对自身的定义存在误区,以为会操作一两个计算机软件就算是设计师。许多初入行的同仁,没有根基扎稳就以设计师自居,设计成果没按应有的操作规范执行,在实施过程中估计不足或欠缺设计深度,导致工程质量低或效果差,引发业主对设计师工作的信任危机,将所有的设计工作当作是工程项目的附属品,设计劳动变成免费商品,行业水平裹足不前的现状令人担心。优秀的室内设计师只有遵循一定室内技术规范,运用室内设计手段,全方位了解优质环保的材料和精湛的施工工艺,才能创造出更加舒适、更加理想的室内空间。

2.1.3 室内设计师的要求

室内设计从建筑设计中分支成为一个专门的学科,不仅要求设计师具有深厚的理论基础,更需要有较为丰富的实践创作经验,这样才能完成业主委托的项目。从大学毕业到正式担纲执业,需要一段较长的理论验证过程。这个过程并没有一个固定的模式规范,大多数设计师是通过自我摸索积累而成,个中掺杂许多个性与习惯行为,各自形成丰富多样的表现风格。具体要求体现在如下几个方面:

(1) 要有思想的创造力以及创新能力,有创新的作品才能迎合市场需求,更具生命力。
(2) 具备扎实过硬的专业知识能力,建筑美学、人体工程学、设计美学都属于掌握范畴。
(3) 具有文化内涵的艺术修养,培养艺术表现能力。
(4) 对当下室内设计行业市场有自己的辨识能力,从而可以熟练运用施工工艺与环保材料。
(5) 具备团队精神,培养强大的协调能力和沟通技巧。
(6) 严格遵循职业操守,具有良好的职业道德标准、强烈的社会责任感和社会公德心,"为人类的利益而设计"。

对于设计来说,有些东西是无法通过教育获得的,那就需要亲身经历。这些经历的总结几乎是设计成功的最直接的方法。所以有人说,懂得运用总结方法的人才适合做设计师。有些人说设计师应该具有个性,具有与众不同的形象。这种独特的个性如果单从束发留须的怪异形象去理解的话显然就变得肤浅了。若以具有丰富内涵为前提的角度去看待这个表征,个性张扬与作品成功并无直接因果关系。这种独特个性的表现是设计师亲历了无数的共性后,获得共性启悟而散发出一种超凡的洒脱气质。善于协调各种关系的人才是一个好的设计师。因为,设计师懂得聆听每一个客户的诉求,用空间功能协调空间使用者的要求,用物料协调每项投资预算,用色彩协调各种氛围情调,用自身的文化素养协调作品的风格取向,放弃自己固执的个性,融入客户的生活角色;也就是说,设计师不应有强烈个性,不应有色彩偏好,不应有固执思维模式,不应停留在某个成功点上沾沾自喜。真正的设计师要有品位,见解与众不同,又要沉着稳健,务实严谨,充满自信,随和、善于与人相处,博学谦逊而自成一格,不显耀自己的个性。因为要闪光的是设计作品,而不是设计师本人。一名优秀的设计师,不仅要有深厚的室内设计理论知识体系和熟练的操作能力,不断在实践和学习中完善自己的设计思维和专业知识结构,还要能快速适应当今社会的快速发展历程,不断坚持不懈地提升自我专业修养。只有这样,才能成为一名合格的优秀室内设计师,从而更好地为人类社会服务。

2.2 室内设计师专业素质的培养

室内设计思维不仅有分析、综合、归纳、演绎、类比等理性的逻辑思维,同样有直觉与灵感思维、形象思维、创造性思维等感性的思维。可以说室内设计思维的特征兼具形象思维和逻辑性思维。那么,对于室内设计师来说,应该具有什么样的专业气质呢?可以通过几个关键词来解读:创意能力、艺术素养、表达和沟通能力、社会协作精神。

2.2.1 创意能力

创意是旧元素的重新组合。创意能力包括观察力、想象力、分析力、预测力等能力,是从事设计行业所必须具备的专业素质的核心能力,如图2.1和图2.2所示。

1. 创意能力的培养

创意能力从哪里来?该如何培养和加强创意能力?我们可以通过以下几个方面来进行创意能力

图 2.1 一把普通的刷子和加入联想的刷子

图 2.2 一张揉搓的纸和加入新元素的纸张

的培养：

（1）利用各种专业方法，例如组合法、类比法、联想法等来提高创意能力。因为创新是有规律可循的，人们经过学习和训练会使创造力获得迅速提高，创造潜能得到有效开发。

（2）总结前人的经验和教训。前人的经验和教训是我们创新工作的基础，通过借鉴前人的工作，我们可以站在巨人的肩膀上看待问题、考虑问题和解决问题。

（3）学会借鉴和组合，借用别人的经验再加上自己的创新，充分利用并使之成为自己的东西，在实践中提高创新能力和创新意识。

（4）遇到问题注意从多方面考虑，而且要持之以恒，养成思考的习惯。只有这样，创新能力才能在不知不觉中提高。单纯地为创新而创新，创新出现的可能性也不会很大。只有从多方面考虑和解决问题，才能出现解决问题的灵感，才能创新。

（5）培养科学的学习习惯和思考习惯。这要求我们摒弃社会中的浮躁之气，切实发现自己的真正兴趣,并把自己的兴趣推而广之,坚持不懈地发现问题和解决问题;另外,要善于运用逆向思维考虑问题的症结,不断地培养自己的直觉,并把思维的灵感火花及时记录,成为研究的新发现;科学的态度也很重要,这需要我们在思考问题时要聚精会神,真正深入到一个问题的每个层次中,否则效率的下降只会使瞬间的灵感顷刻溜走。

（6）持续积累,夯实专业理论基础。可以肯定,深厚的专业基础知识是创新成果诞生的良好基点。优秀的创新成果都是饱含科技含量的,没有坚实的知识积累和深厚的知识底蕴,是不可能孕育出优良发明的。

2. 创意思考的工具

下面介绍四种创意思考的工具,帮助读者更好地去构想创意。

（1）头脑风暴法。头脑风暴法是由美国BBDO广告公司的奥斯本首创的,该方法主要由价值工程工作小组人员在正常融洽和不受任何限制的气氛中以会议形式进行讨论、座谈,打破常规,积极思考,畅所欲言,充分发表看法。将一个主题分发到各个不同小组里面进行思维的发散,最后再进行收集分析总结得出来的想法。大家在开会的时候抛出一个想法,另外一个人收到这个想法,再想到其他不错的想法。通常大家在这个时候会有不同的想法碰撞,以此引发更多人的思考。头脑风暴是设计行业在方案的集体创意阶段常用的重要方法之一。

图 2.3 圆的联想

（2）联想思维。联想思维是人脑记忆表象系统中,由某种诱因导致不同表象之间发生联系的一种没有固定思维方向的自由思维活动,如图 2.3 所示。其主要思维形式包括幻想、空想、玄想。其中,幻想,尤其是科学幻想,在人们的创造活动中具有重要的作用。

（3）曼陀罗思考法。曼陀罗艺术原本起源于佛教,在被加以系统化利用之后,便成为学习与工作时最佳的武器。它能够开发创意,能立即发现问题,提高学习与工作效率。曼陀罗思考法提供如魔术方块般的视觉式思考,是一种发散思维的思考方法。

（4）逆向思维。逆向思维,也称求异思维,它是对司空见惯的似乎已成定论的事物或观点反过来思考的一种思维方式。敢于"反其道而思之",让思维向对立面的方向发展,从问题的相反面深入地进行探索,树立新思想,创立新形象,如图 2.4 所示。

倒过来看看

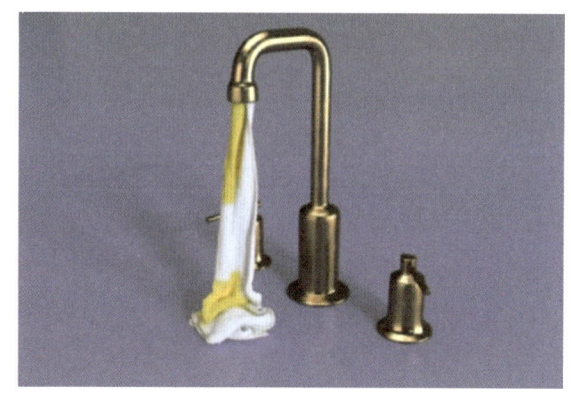

图 2.4 逆向思维

2.2.2 艺术素养

艺术素养是一个人对文学艺术的认知和修养,属于美育的范畴。主要通过学习掌握艺术的基本知识,并培养审美能力来获得。艺术素养包括文学艺术、视觉艺术、听觉艺术、造型艺术、综合艺术等相关的知识,也包括接受自然界与我们所处的环境中的每一个事物的熏陶,最终体现为审美、情感判断和鉴赏能力。每个人的艺术素养都不是与生俱来的,是在艺术实践中逐步锻炼和培养出来的。在设计的初学阶段,希望大家多读多练、多实践,锻炼观察力,提高想象力,调整思维方式。这尤为重要,因为设计师艺术素养的高低,往往决定其创作作品水平的高低。

2.2.3 表达和沟通能力

设计师要实现设计目的,就要让他人(客户或公众等)了解并认同你的设计方案,表达设计的手段,一种是各类效果图(草图、手绘图以及计算机效果图等),另一种是设计师的口述讲解。前者要求设计师掌握各种表现技法,而后者则要求设计师具有良好的沟通和说服能力,这种能力除了受到个人性格影响外,还与设计师掌握的客户心理学方面的知识相关。

2.2.4 社会协作精神

好的作品要求设计师具有个性和创新精神,但是个性不是完全的自我。事实上,我们将要从事的设计行业涵盖了从设计到建造的复杂分工,这使得紧密的团队协作成为必须。一味追求个人表现而不讲协作精神的设计师,对工作效率和工作结果都会造成负面的影响。因此,培养自身的协作精神和协作能力是设计师的基本素养。

创意能力、艺术素养、表达沟通和协作精神是进行专业学习和从事设计行业不可或缺的专业特质,希望大家不断地学习和训练,培养、提升自身的专业气质。

第 3 章
室内设计的方法与流程

室内设计是一个理性思考与系统化的工作过程。正确的思考方法与合理的工作程序是顺利完成设计的基本保证。设计方法的研究与工作程序的完善是一个职业设计师的终身课题。然而,室内设计的方法也不是简单的论述就能够说清楚的,为了给室内设计的初学者打下一个稳固的基础,本章主要介绍室内设计中的内容、分类、具体方法及原则和室内设计的一般程序。

3.1 室内设计的内容和分类

3.1.1 室内设计的内容

现代室内设计是一门实用艺术,也是一门综合性学科,同时也被称为室内环境设计。其涉猎与所包含的内容同传统意义上的室内装饰相比较,其内容更丰富、深入,相关的因素更为广泛。室内设计所需要考虑的方面,也将随着社会科技的发展和人们生活质量以及心理需求的提高而不断更新发展。

室内环境的内容主要涉及界面空间形状、尺寸,室内的声、光和热的物理环境,以及室内空气环境等室内客观环境因素。对于从事室内设计的人员来说,不仅要掌握室内环境的诸多客观因素,更要全面地了解和把握室内设计的具体内容。

现代室内设计涉及的面很广,但是设计的主要内容可以归纳为以下三个方面,这些方面的内容、相互之间又有一定的内在联系。

1. 室内空间设计和界面处理

室内空间是设计形式中最为重要的。设计师对空间层次的变化、空间之间的流动等追求都是为了创造出富有个性的空间形式。室内设计的空间组织包括平面布置,首先需要对原有建筑设计的意图充分理解,对建筑物的总体布局、功能分析、人流动向以及结构体系等有深入的了解,在室内设计时对室内空间和平面布置予以完善、调整或再创造。由于现代社会生活的节奏加快,建筑功能发展或变换,也需要对室内空间进行改造或重新组织,这在当前对各类建筑的更新改建任务中是最为常见的。室内空间组织和平面布置,也必然包括对室内空间各界面围合方式的设计,如图 3.1 所示。

（a）日式料理包房　　　　　　　　　　　　（b）卫生间

图3.1　空间围合方式的设计

室内界面处理是指对室内空间的各个围合面——地面、墙面、隔断、平顶等各界面的使用功能和特点的分析，界面的形状、图形线脚、肌理构成的设计，以及界面和结构构件的连接构造，界面装饰设计、水、电等管线设施的协调配合等方面的设计，如图3.2所示。

需要指明的一点是，界面处理不一定要做"加法"，从建筑物的使用性质、功能特点方面考虑，一些建筑物的结构构件（如网架屋盖、混凝土柱身、清水砖墙等）也可以不加装饰，作为界面处理的手法之一，这正是单纯的装饰和室内设计在设计思路上的不同之处，如图3.3所示。

图3.2　客厅界面处理　　　　　　　　图3.3　室内清水砖墙装饰

室内空间组织和界面处理是确定室内环境基本形体和线形的设计内容，设计时以物质功能和精神功能为依据，考虑相关的客观环境因素和主观的身心感受。

2. 室内光照、色彩设计和材质选用

"正是由于有了光，才使人眼能够分清不同的建筑形体和细部"（达·芬奇），光照是人们对外界视觉感受的前提。室内光照是指室内环境的天然采光和人工照明，光照除了能满足正常的工作生活环境的采光、照明要求外，光照和光影效果还能有效地起到烘托室内环境气氛的作用，如图3.4所示。

色彩是室内设计中最为生动、最为活跃的因素，室内色彩往往给人们留下室内环境的第一印象。色彩最具表现力，通过人们的视觉感受产生的生理、心理和类似物理的效应，形成丰富的联想、深刻的寓意和象征，如图3.5所示。光和色不能分离，除了色光以外，色彩还必须依附于界面、家具、室内织物、绿化等物体。室内色彩设计需要根据建筑物的性格、室内使用性质，工作活动特点、停留时间长短等因素，确定室内主色调，选择适当的色彩配置。

图 3.4　室内光影效果　　　　　　　　　图 3.5　暖色调 INS 风格室内空间

材料质地的选用，是室内设计中直接关系到实用效果和经济效益的重要环节，巧于用材是室内设计中的一大学问。饰面材料的选用，同时具有满足使用功能和人们身心感受这两方面的要求，例如坚硬、平整的花岗石地面，光滑、精巧的镜面饰面，轻柔、细软的室内纺织品，以及自然、亲切的木质面材等。室内设计毕竟不能停留于一幅彩稿，设计中的形、色，最终必须和所选"载体"——材质，这一物质构成相统一。在光照下，室内的形、色、质融为一体，赋予人们以综合的视觉心理感受。图 3.6 是某商场中庭、某建筑大堂的综合视觉感受示例。

（a）商场中庭设计　　　　　（b）建筑大堂设计

图 3.6　室内综合视觉感受

3. 室内内含物（家具、陈设、灯具、绿化等）的设计和选用

家具、陈设、灯具、绿化等室内设计的内容，相对地可以脱离界面布置于室内空间里（固定家具、嵌入灯具及壁画等与界面组合），在室内环境中，实用和观赏的作用都极为突出，通常它们都处于视觉中显著的位置，家具还直接与人体相接触，感受距离最为接近。家具、陈设、灯具、绿化等对烘托室内环境气氛、形成室内设计风格等方面起到举足轻重的作用。

室内绿化在现代室内设计中具有不能代替的特殊作用。室内绿化具有改善室内小气候和吸附粉尘的功能，更为主要的是，室内绿化使室内环境生机勃勃，带来自然气息，令人赏心悦目，起到柔化室内人工环境，在高节奏的现代社会生活中具有协调人们心理，使之平衡的作用，如图 3.7、图 3.8 所示。

上述室内设计内容所列的三个方面，其实是一个有机联系的整体：光、色、形体让人们能综合地感受室内环境，光照下界面和家具等是色彩和造型的依托"载体"，灯具、陈设又必须和空间尺度、界面风格相协调。

图 3.7　混搭风客厅绿化　　图 3.8　现代简约风空间绿化

3.1.2　室内设计的分类

室内设计的形态范畴可以从不同的角度进行界定、划分。从与建筑设计的类同性上，一般分为居住建筑室内设计、公共建筑室内设计、工业建筑室内设计和农业建筑室内设计四大类。但根据其使用范围来分类，概括起来可以分为两大类：人居环境设计和公共空间设计，其中公共空间设计包括限定性空间设计和非限定性空间设计，如图 3.9 所示。还有按空间的使用功能分类为家居室内空间设计、商业室内空间设计、办公室内空间设计、旅游空间设计等。

室内空间环境按建筑类型及其功能的设计分类，其意义主要在于：使设计者在接受室内设计任务时，首先应该明确所设计的室内空间的使用性质，也即是所谓设计的"功能定位"，这是由于室内设计造型风格的确定、色彩和照明的考虑以及装饰材质的选用，无不与所设计的室内空间的使用性质，以及设计对象的物质功能和精神功能紧密联系在一起。例如住宅建筑的室内，即使经济上有可能，也不适宜在造型、用色、用材方面使"居住装饰宾馆化"，因为住宅的居室和宾馆大堂、游乐场所之间的基本功能和要求的环境氛围是截然不同的。

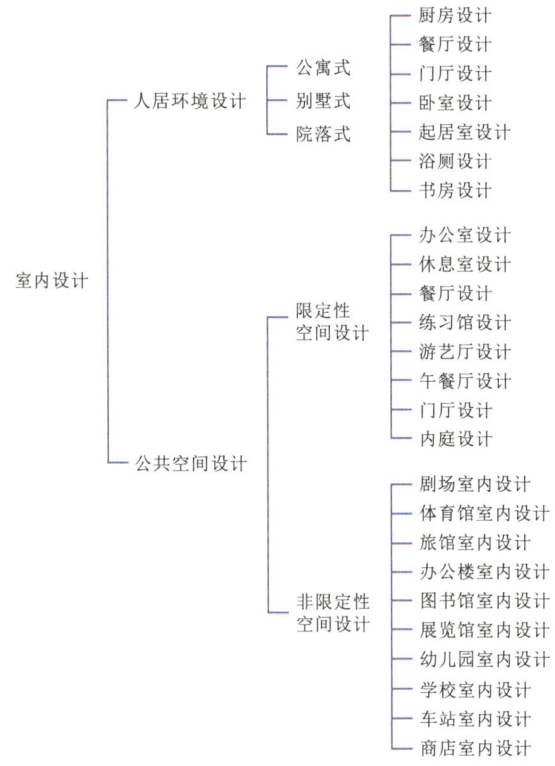

图 3.9　室内设计分类图

3.2　室内设计的原则和思考方法

3.2.1　室内设计的原则

室内设计的原则概括起来就是：在一定条件下，完美地综合解决各种功能要求，并且使设计符合美学原则和具有独特的创意。

这里的"一定条件",一般指特定的地域位置、特定的城市环境、城市历史与文化氛围,以及特定的法规条件、特定的施工条件、一定的经济承受能力和时间。

这里的"功能要求"包括物质功能和精神功能的双重要求。它要求室内空间既能满足使用、安全、卫生等基本要求,又要求内部空间能为人们提供舒适的物理环境,解决照明、采暖、制冷、通风、供水等一系列技术问题,更要求室内环境能满足使用者的精神需求,使设计尽量符合使用者的身份、年龄、气质、民族、文化背景等。

至于"美学原则"和"创意"方面的要求,是任何室内设计首先都必须符合的,否则就谈不上美,也就无法成为一个设计作品。此外,在此基础上,还应该强调设计必须具有独特的构思,具有新颖的立意,具有个性和独创性。只有具备了这些条件,才能真正称得上是优秀的室内设计作品,这也是室内设计师应该努力追求的目标。

在现代生活中,人是中心,人造环境,环境造人。因此,一个新的室内设计作品的诞生,应涉及人的因素、地域与技术的因素、建筑与环境的关系因素、经济的因素等。也就是说,室内设计首先要以人为核心,在尊重人的基础上,关怀人、服务于人。另外,设计的出现可能是技术上的革新,也可能是社会上的需求改变文化氛围的演变结果。一个新设计的诞生,涉及三方面的主要因素:技术的、经济的和人的因素。也就是说,设计的出现可能是技术上的革新,也可能是社会上的需求改变或文化氛围的演变的结果,因此,在设计开发过程中,设计师应考虑以下几个设计原则。

1. 功能性设计原则

这一原则的要求是使室内空间、装修装饰、物理环境、陈设绿化最大限度地满足功能所需,并使其与功能相和谐、统一。功能的合理性不仅要求室内空间本身具有合理的空间形式,而且要求各空间之间必须保持合理的联系。

2. 经济性设计原则

广义来说,就是以最小的消耗达到所需的目的。如在建筑施工中使用的工作方法和程序省力、方便、低消耗、低成本等。一项设计要为大多数消费者所接受,必须要在"代价"和"效用"之间谋求一个均衡点,但无论如何,降低成本不能以损害施工效果为代价。经济性设计原则包括生产性和有效性两方面。

3. 美观性设计原则

追求美是人的天性,当然,美是一种随时间、空间、环境而变化性、适应性极强的概念。所以,在设计中美的标准和目的也会大不相同。我们既不能因强调设计在文化和社会方面的使命及责任而不顾使用者需求的特点,同时也不能把美庸俗化,这需要有一个适当的平衡。

4. 个性化原则

设计要具有独特的风格,缺少个性的设计是没有生命力与艺术感染力的。无论在设计的构思阶段,还是在设计深入的过程中,只有加以新奇的构思和巧妙的构想,才会赋予设计以勃勃生机。现代的室内设计,是以增强室内环境的精神与心理需求的设计为最高目的。在发挥现有的物质条件下,在满足使用功能的同时,来实现并创造巨大的精神价值。

5. 舒适性原则

各个国家对舒适性的定义各有所异,但从整体上来看,舒适的室内设计是离不开充足的阳光、无污染的清晰空气、安静的生活氛围、丰富的绿地和宽阔的世外活动空间、标志性的景观等。

(1) 阳光可以给人以温暖、满足人们生产、生活的需要,还起到杀菌、净化空气的作用。人们从事的各种室外活动应在有充足日照的空间中进行。当然,除了充足的日照以外,清新的空气也是人们选择室外活动的主要依据,我们要杜绝有毒、有害气体和物质对室内设计的侵袭,所以进行合理的绿化是最有效的办法。

（2）嘈杂的噪声会使原本紧张的生活变得不安。交通噪声、生活噪声不仅影响人们安静的室内生活，也干扰人们的室外活动。为了减少噪声对使用者的影响，我们可以通过降低噪声源和进行噪声隔离两种方法来解决。当然，我们对居民室内空间白天不超过 50dB、夜间不超过 40dB 有明确的规定，在室外环境空间的限制以参考为主。比如在人们居住区内的小环境中，设计师除了进行绿化隔音以外，应注意室内设计与建筑、街道的关系，还可以在小环境中进行声音空间的营造（水声、鸟声），使人在室内空间中也可以享受安静的快乐。

（3）绿地景园是人们生活环境的重要组成部分，它不仅可以提供遮阳、隔声、防风固沙、杀菌防病、净化空气、改善小环境的微气候等诸多功能，还可以通过绿化来改善室内设计的形象，美化环境，满足使用者物质及精神等多方面的需要。

6. 安全性原则

室内空间是人们活动的主要聚集地。同时，人的流动速度较大、公共性、开放性、也是其代表的特征。因此，在室内环境空间中，无论是公共活动区还是私有活动区，都会担心自己的安全是否有保证。因此，在室内公共场所和有监控的地方安全性较大，无人之处则不安全因素较多。

美国著名人文主义心理学家 A. 马斯洛在《人的动机理论中》将人的需求分为五个层次：生理需求、安全需求、社交需求、尊重的需求和自我实现的需求。他认为人只有在较低层次的需求得到满足之后，才会表现出对更高层次需求的追求。人的安全需求可以说是仅次于吃饭、睡觉等位于第二位的基本需求，它包括个人私生活不受侵犯、个人财产和人身安全不被侵害等。所以，在室内环境中的空间领域性的划分、空间组合的处理，不仅有助于密切人与人之间的关系，而且有利于环境的安全保卫。

3.2.2 室内设计的思考方法

这里着重从设计者的思考方法来分析室内设计的思考方法，主要有以下三个方面。

1. 整体与细部的关系

就整体与细部的关系而言，一般应该做到大处着眼、细处着手。在设计思考中，首先应该对整个设计任务具有全面的构思与设想，树立明确的全局观；然后才能开始深入调查、收集资料，在基本的人体尺度、家具尺寸等方面则反复推敲，使局部融合于整体，达到整体与细部的完美统一，否则就易于陷入空洞或琐碎境地。

2. 内与外的关系

建筑师 A. 依可尼可夫曾说："任何建筑创作，应具内部构成因素和外部联系之间相互作用的结果，也就是'从里到外''从外到里'。"

这里的"内"是指某一室内空间，"外"是指与该室内空间相连的其他室内空间或室外环境，内与外之间有着相互依存的密切关系。设计时需要从里到外，从外到里多次反复对比与协调，否则就极易造成相邻室内空间之间的不协调与不连贯，也可能造成内外环境的对立。室内环境需要与建筑整体的性质、标准、风格，以及室外环境相协调统一。

3. "意"与"笔"的关系

"意"是指立意、构思、创意，"笔"是指表达。一项设计的立意和构思是极其关键的因素，如果缺乏了立意和构思设计往往也就没了"灵魂"。因此，一般而言，"意"应在"笔"先，只有有了明确的立意与构思，才能有针对性地进行设计。但是，要产生一个独特的构思往往并不容易，需要足够的信息、充分的时间和设计者反复的思考与酝酿。具体设计时，"意"在"笔"先固然好，但是一个较成熟的构思，往往需要足够的信息量，有商讨和思考的时间，因此也可以边运笔边构思，即所谓笔意同步。因此，在很多情况下，也可以边动笔边构思，在设计前期和出方案过程中使立意、构思逐步明确，但关键是要有一个好的构思。

对于室内设计来讲，"意"与"笔"的关系还表现在一个优秀的构思也需要有优秀的表达手段，也就是说，正确、完整、又有表现力地表达出室内环境设计的构思和意图，使建设者和评审人员能够通过图纸、模型、说明等全面地了解设计意图，也是非常重要的。在设计投标竞争中，图纸质量的完整、精确、优美是第一关，因为在设计中，形象是很重要的一方面，图纸表达则是设计者的语言。因此，对于设计者来讲，熟练掌握并运用各种表达手段也是十分重要的能力。

3.3 室内设计的程序

设计是一种创造的艺术，室内设计正是在不断地设计与实施过程中，逐步将思维中的想象空间构筑在人们的现实生活之中。室内设计程序是指一个建筑物的室内空间建造由开始拟定任务书到设计阶段工作完成，进入施工阶段之前必须遵循的程序。它是保证设计质量的前提。在这想象与现实的延伸过程中，室内设计的进程通常可以分为四个阶段开展工作：①设计准备阶段；②方案设计阶段；③施工图设计阶段；④设计实施阶段。

3.3.1 设计准备阶段

设计准备阶段主要包括接受任务书、搜集资料、勘查现场、了解投资限额、设计构思与方案比较、和业主交换意见、完善方案、编制可行性分析报告等环节。

在设计准备阶段，其一，室内设计师明确设计任务和要求，如室内设计任务的使用性质、功能特点、设计规模、等级标准、总造价，根据任务的使用性质所需创造的室内环境氛围、文化内涵或艺术风格等；其二，熟悉设计有关的规范和定额标准，收集分析必要的资料和信息，包括对现场的调查踏勘以及对同类型实例的参观等，对可行性进行评估。

3.3.2 方案设计阶段

方案设计阶段分为草图设计阶段和图式设计阶段。

方案设计阶段是在设计准备阶段的基础上，进一步收集、分析、运用与设计任务有关的资料与信息，构思立意，进行初步方案设计，深入设计，进行方案的分析与比较。

这一阶段是室内设计程序的关键阶段。在这个阶段中，室内设计师将通过初步构思→吸取各种因素介入→调整→汇成草图→修改→再构思→再汇成图式的反复操作阶段，最后形成一个双方都满意的理想设计方案。这一过程实际上就是室内设计师的思维方式从概念上升为理论的过程，即上升为兼有艺术性和工程技术意义上的设计图纸理论化过程。这正是我们通常说的室内设计师头脑中的设计语言通过形象思维转化为清晰设计图式形象的过程。

1. 草图设计阶段

草图设计阶段中，草图设计是室内设计初步阶段的关键和重要内容。它表达了室内设计师在这个时期最具创作灵感的思维过程。草图设计的前期阶段，可以进行单项的草图设计，到了后期阶段就进入快速草图，它是在前期单项草图完成的基础上，画出整个室内空间透视草图。这个阶段不必拘于一些细部的处理，着重运用构图手段，表达大体的设想和意念。可根据掌握的资料，按下列方法进行，简单地画出两三个甚至七八个草图，如图3.10所示。

（1）大体布局——规则或自由，开放或封闭。

（2）大面安排——对称与均匀，尺度与比例。

（3）大形处理——虚实与光影，材质与体量。

快速草图是采用综合手法，快速表达出设计者意图的一种有效方法。

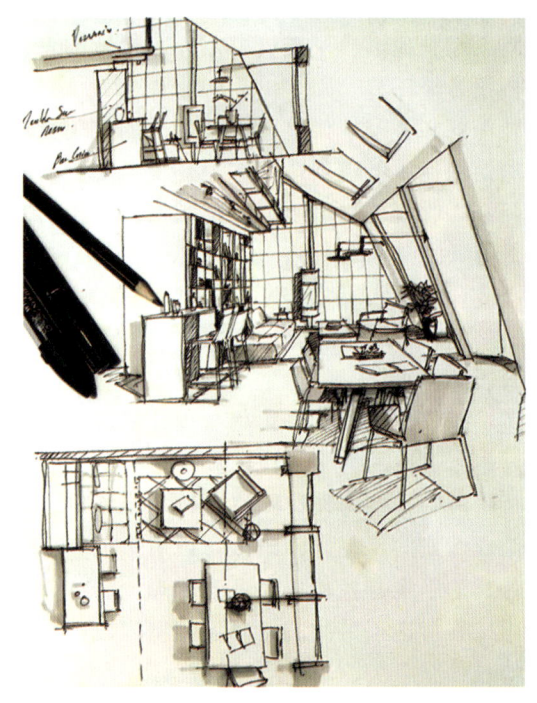

图 3.10　快速草图

2. 方案设计阶段

初步设计阶段经过了草图设计阶段之后，进入到图式设计阶段，也就是绘制正式方案图这一阶段。这是设计的中心环节，需要全身心投入。"迁想妙得"全面展开运用设计思维。这个阶段的步骤大体如下：

（1）布局意图确定——用图纸勾勒出布局准确的平立剖面，如图 3.11 所示。

（2）具体形象表达——用效果图形式把构思形象逼真体现。

（3）关键细节推敲——用模型形式立体表现空间的状况，如图 3.12 所示。

（4）设计方案说明——对图纸未能表达之处辅以文字说明。

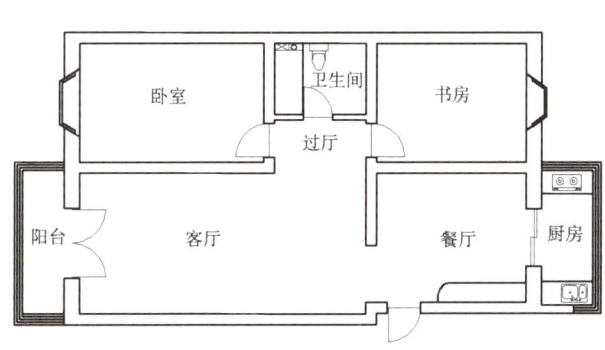

图 3.11 平面图

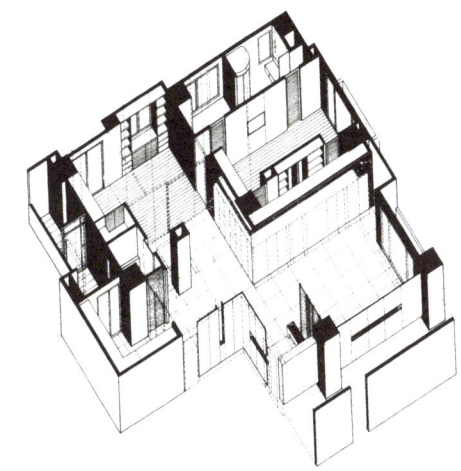

图 3.12 用空间模型推敲细节

3. 方案设计阶段所需文件

方案设计阶段所需文件包括：

(1) 平面、顶面草图，如图 3.13 所示；立面草图。
(2) 室内透视效果图（彩色效果），如图 3.14 所示。
(3) 室内装饰材料实物样品（墙纸、地毯、窗帘、室内纺织面料、墙地面砖及石材、木材等）。
(4) 设计意图说明和造价概算。

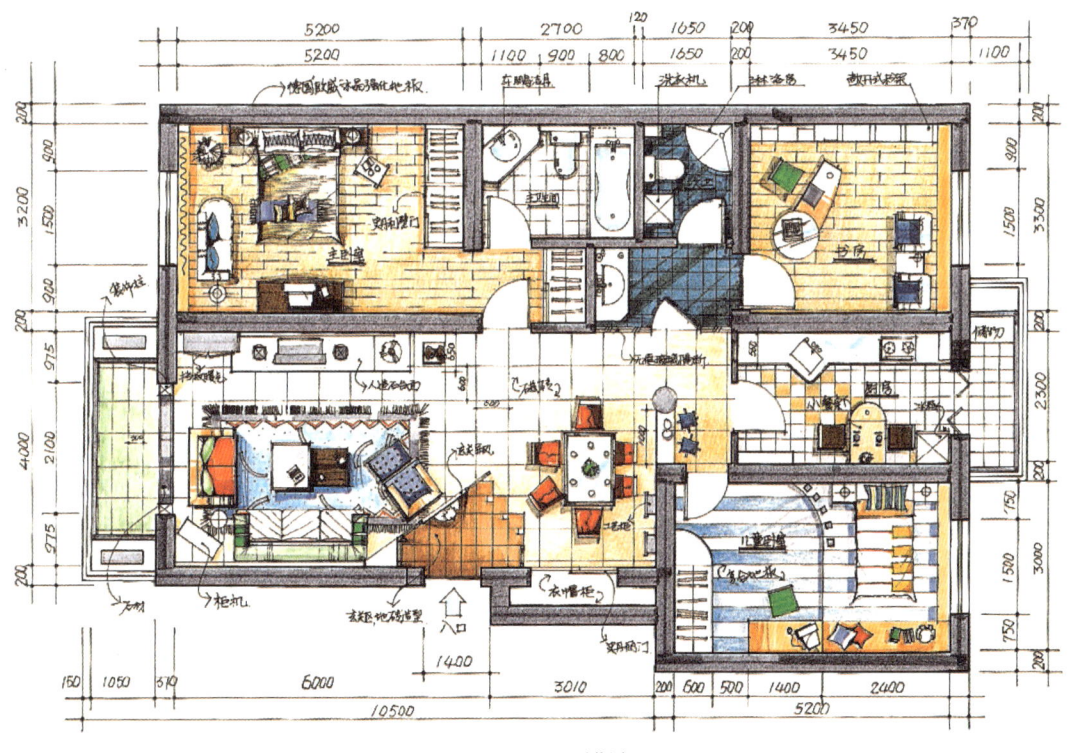

(a) 平面草图

图 3.13（一） 平面、顶面草图

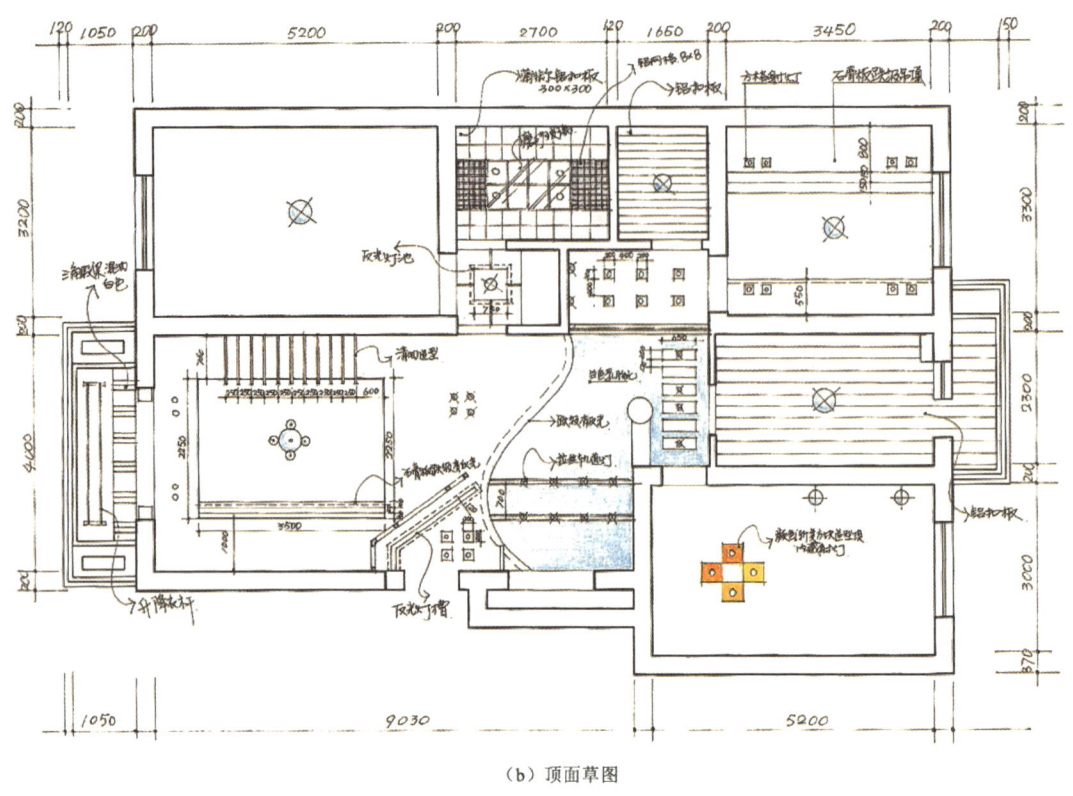

(b) 顶面草图

图 3.13（二） 平面、顶面草图

图 3.14 室内透视效果图

这个阶段的设计演进具有重要意义，它是设计程序中最具有活跃、进取、创造的过程，也是室内设计师设计创作过程中最具亢奋、紧张和辉煌的过程。在这个阶段中，室内设计师的才华通过付出的劳动淋漓尽致地表现成一幅幅凝聚着高度艺术感与高科技相和谐的室内设计形象展示在图纸上，受到人们的审视、接受、喜爱、欢迎和赞赏。它意味着室内设计师通过自己的艰苦创造所取得的结晶，展露出他思想境界的一次飞跃和升华，也许这就是作品的成功所在。

3.3.3 施工图设计阶段

施工图设计阶段,根据双方同意的初步设计进行施工图的设计。这一阶段的设计内容,主要是将初步阶段所确定的内容进一步具体化。它的重要作用是为现场的施工、施工预算编制、设备、材料的准备、保证施工质量和进度提供必要的科学依据。具体内容包括:

(1) 平面布置图,常用比例为1∶50、1∶100,如图3.15所示。

(2) 顶面图,常用比例为1∶50、1∶100,如图3.16所示。

(3) 室内立面、剖面图,常用比例为1∶20、1∶50,如图3.17所示。

(4) 各部位的大样、节点详图以及和其他专业设备接口处的详图。

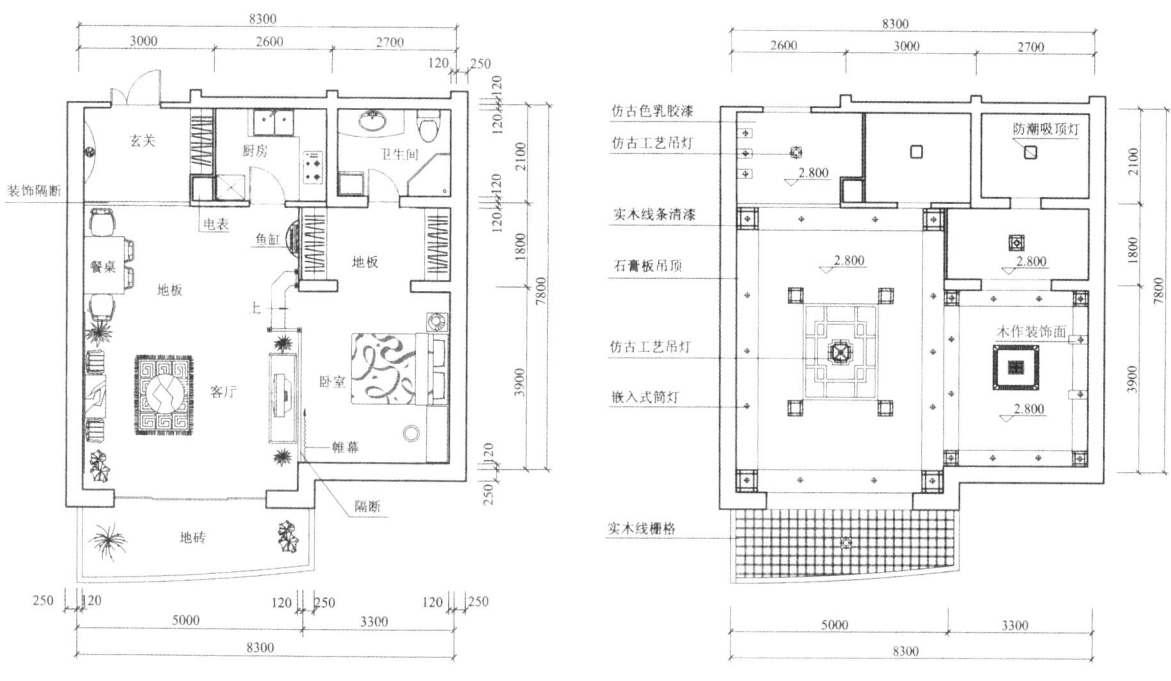

图3.15 平面布置图　　　　　　　　图3.16 顶面图

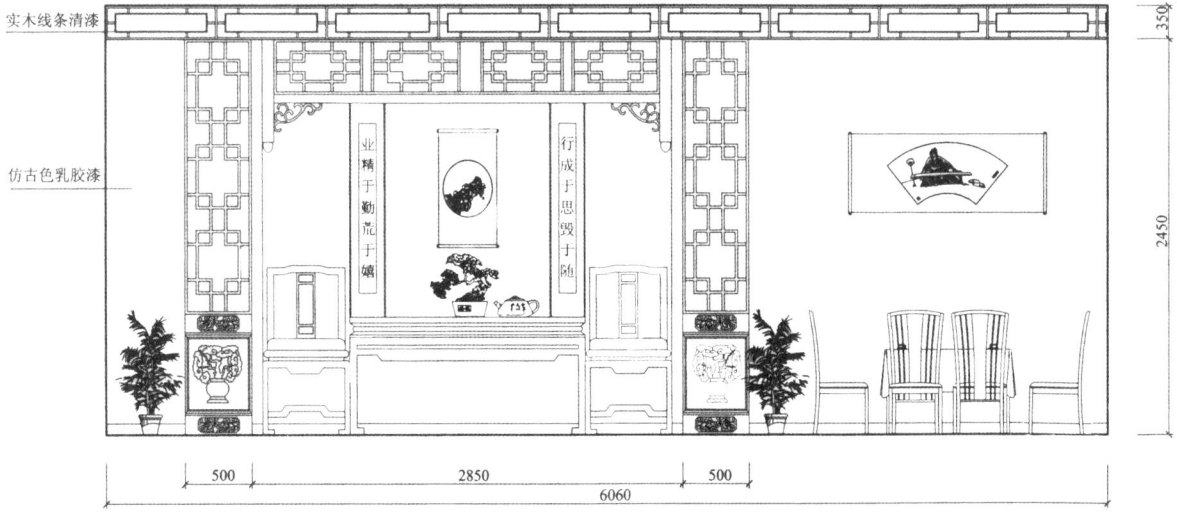

图3.17 立面图

3.3.4 设计实施阶段

设计实施阶段也是工程的施工阶段。室内工程在施工前,设计人员应向施工单位进行设计意图说明及图纸的技术交底;工程施工期间需按图纸要求核对施工实况,有时还需根据现场实况提出对图纸的局部修改或补充;施工结束时,会同质检部门和建设单位进行工程验收。

为了使设计取得预期效果,室内设计人员必须抓好设计各阶段的环节,充分重视设计、施工、材料、设备等各个方面,并熟悉、重视与原建筑物的建筑设计、设施设计的衔接,同时还须协调好与建设单位和施工单位之间的相互关系,在设计意图和构思方面取得沟通与共识,以期取得理想的设计工程成果。

第 4 章
室内设计的风格与流派

4.1 室内设计的风格

"风格"是指设计作品所表现出的精神风貌与格调,是艺术作品在审美表达等方面表现出来的思想与艺术特征,体现了创作的时代艺术特色和鲜明的个性。无论是什么样的建筑或是室内设计,都会带有鲜明的时代特色。对于过去的传统或多或少会进行取舍,对新生的事物有所吸纳。因此,历史性的室内设计在一定的时期中都具有特定的风貌,可以从样式、结构、功能和装饰上识别出来,这些具有代表性的因素就形成了室内设计的风格。

室内设计的风格属于室内环境中的艺术造型和精神功能范畴。建筑物及室内设计具有它所处的时代和文化历史的审美趋向;地域性的群体建筑物共有的一种典型的艺术形式,从而也形成了那个时代建筑群体所共有的一种可认识的风格表现。室内设计的风格和流派往往是和建筑以至家具的风格和流派紧密结合;有时也以相应时期的绘画、造型艺术,甚至文学、音乐等的风格和流派为其渊源和相互影响。

学习室内设计乃至整个建筑设计的不同风格和流派不仅是为了能够通过设计手段再现不同的风格形式,更是为了当代青年设计师们能够进入历史,了解社会发展的深刻内涵。为最终完善自身设计思想和理念打下重要基础。

室内设计风格随着人类历史的演进不断地产生、发展、变化着,带有不同时代的印记,透视出人类文化发展的脉络。下面概括介绍常见的风格类型,图 4.1 为设计风格演变史。

4.1.1 传统风格

传统风格的室内设计是不同国家与地域在审美传统上的集中体现,主要体现在室内陈设与组织手法等方面吸取、采用了传统装饰语言中的"形""神"特征。下面就按地域介绍几种常见的传统风格。

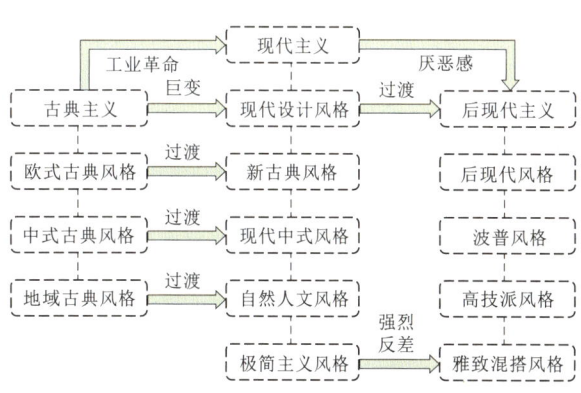

图 4.1 设计风格演变史

1. 欧式古典风格

图4.2 高贵典雅的欧式古典风格

欧式古典风格泛指模仿欧洲古典样式和风格流派，基本包括古罗马式、哥特式、文艺复兴式、巴洛克式、洛可可式、古典主义式等。欧洲古典建筑内部空间高大，空间上追求连续性、丰富的变化和层次感。欧式古典风格追求高贵、精致、细节，室内装饰造型以华丽的装饰、浓烈的色彩、精美的造型达到雍容华贵的装饰效果。秉承欧洲悠远文化历史的家装风格，每个细节中都透露着文化的精神内核，如图4.2所示，室内墙面装饰多用欧式花纹的高端壁纸，并用带有花纹的石膏线勾边；古典家具以及古典式装饰画框的线条部位饰以金线、金边，以烘托高贵华丽的效果。地毯、窗帘、床罩、帐幔追求华丽、高雅的欧洲古典主义，典雅中透着高贵，深沉里显露豪华，具有很强的文化感受和历史内涵。

2. 中式古典风格

中式古典风格是极富中国文化内涵及中国传统精神内涵的装饰风格，通过对汲取中式文化的"神"与中式风格"意"来体现它的内涵精神，这是民族历史长期积淀的结果，是中华民族所特有的，也是民族形式的灵魂之所在。这种文化内涵用几个词概括：内敛、质朴、庄重、优雅、稳健。中国传统的木构架建筑室内的藻井天棚、斗拱、木梁等装饰构件以结构与装饰的双重作用成为室内艺术形象的一部分。如图4.3所示，室内设计风格受到木结构的限制，形成了一种以木质装修和油漆彩画为主要特征的华丽、祥和、宁静的独特风格。室内的家具、陈设艺术均作为一个整体来处理。

图4.3 中式古典风格

3. 传统和式风格

传统和式风格又称和风、和式，或可以笼统地称为"日式风格"。日本传统建筑受到中国建筑的强烈影响，日本的传统建筑风格为木结构的高基架，便于通风。传统日式室内空间在利用有限的空间和独特的审美观，在世界范围内一直是首屈一指的。因此，传统和风，特别是其"一室多用"特色，实用性远远高于其他风格。在室内设计中，室内空间造型简洁朴实，它的色彩多倾向原木色，以及竹、藤、麻和其他天然材料颜色，形成朴素的自然风格，如图4.4所示。

4. 法式古典风格

传统的法式古典风格有著名的卢浮宫、凡尔赛宫，尤其是凡尔赛宫的镜廊（图4.5），它是凡尔

图 4.4 原本色系的传统和式风格　　　　图 4.5 法国凡尔赛宫镜廊

赛宫最奢华、最辉煌的部分，美轮美奂，是法式古典风格最典型的代表之一。

还有大家所熟知的洛可可风格，再现了法国宫廷的豪华风范，带我们重温了法国极致的奢华情怀。其特点是：①样式奢华别致，追求细节的堆砌与纤巧烦琐的装饰；②主色调鲜艳明快，柔和娇丽，多用粉红色、玫瑰红等色调；③爱用贝壳、山石与卷草花纹等作为装饰题材；④常用曲线造型，造型与比例关系偏重高耸与纤细。在室内空间家具上使用大量的装饰，木质雕刻非常精致而偏于烦琐。普通家具上漆，更高级的就是贴金箔了。而在造型上最为重要的就是大量的曲线造型，如图4.6所示，天花和墙面以弧线相连，线脚多为金色，空间处处感受到奢华的氛围。图4.7所示的沙发、扶手椅、茶几、床等主要家具在外部造型上几乎完全没有直线，简化了的蜿蜒的石膏线，S形、C形的家具符号等，罗曼蒂克的浅橙色与柔美的玫红色交相呼应，典雅高贵，制造出华丽的氛围，散发出女王般的气场。

图 4.6 奢华的法式古典风格　　　　图 4.7 浪漫的法式古典风格

5. 地中海风格

地中海位于亚、欧、非三大洲之间，如此漫长的海岸线必然孕育了不同的建筑艺术特色，因此地中海风格并不是一种单纯的风格，而是融合了这一区域特殊的地理因素、自然环境因素与各民族不同文化因素后所形成的一种风格。

但地中海风格特指沿欧洲地中海北岸一线，主要是西班牙、法国、意大利、希腊这些国家南部沿海地区的民居住宅风格。因此地中海风格在室内装饰领域是一个按地域区分的风格，根据地域细分到不同的国家，地中海风格又有完全不一样的装饰风格和效果，具体分为五种：希腊地中海风格、意大利地中海风格、法式地中海风格、北非地中海风格以及西班牙地中海风格。

（1）希腊地中海风格就是我们经常看到的蓝白相间的海洋感风格。大面积的蓝与白，清澈无瑕，复古的大地色地砖，诠释人们对蓝天白云及碧海银沙的无尽渴望。如图4.8所示，沙滩、碧海和蓝天连成一片，门框、窗户、椅面都是蓝与白的配色，加上混着贝壳、细沙的墙面、小鹅卵石与马赛克拼接的地面将蓝与白不同程度的对比与组合发挥到了极致。在软装配饰上，如图4.9所示，将海洋的色彩及元素运用到家居搭配中，蓝色的玻璃瓶、壁画、抱枕，体现出清新自然的生活氛围。图4.10用马赛克装饰向希腊文明致敬。

图4.8　希腊地中海风格

图4.9　清新自然的地中海风格

图4.10　马赛克装饰

图4.11　休闲慵懒的意大利风情

（2）意大利地中海风格推崇地中海一贯的休闲享受，但与蓝白清新的风格不同，意大利的软装设计更钟情于阳光的味道。如图4.11所示，意大利风情的室外阳台，造型设计上对设计师的点线面构成的几何造型能力以及工人工艺要求高。如图4.12所示的马赛克镶嵌、拼贴的仿古砖、精致的铁艺装饰和生机勃勃的绿植，让我们感受到来自南意大利的热情与细致华丽的美妙。

（3）法式地中海风格在室内设计上讲求心灵的自然回归感，给人一种扑面而来的浓郁气息。外墙多用石材或仿石材装饰，细节处理上运用了法式廊柱、雕花、线条，制作工艺精细考究。屋顶上多有精致的老虎窗，且或圆或尖，造型各异。内部的居住空间豪华舒适，屋顶多采用孟莎式，坡度有转折，上部平缓，下部陡直。如图4.13所示，简单的家具，精美的艺术品，宽阔的落地窗，开放式的空间结构以及随处可见的花卉和绿色植物都给人一种悠然自得的生活体验和阳光般的明媚心情。还有法国东南部的薰衣草之乡——普罗旺斯，那里的薰衣草花田，金黄和蓝紫的花卉与绿叶相映，形成别样情调，以最朴素的元素营造出最自然的美感（图4.14）。从法式地中海风格中也能感受到自然淳朴的田园之风。因此，普罗旺斯风格、托斯卡纳风格其实属于地中海风格的一种，但很多设计师常会把它与美式乡村、法式乡村甚至欧式混淆。

（4）北非地中海风格因所处环境，在建筑外墙处理和室内设计上运用大量的红褐色和土黄色以及明媚的黄色来装饰，如图 4.15 所示，简单却明亮、大胆、丰厚，将最真实的地域风情体现得淋漓尽致，呈现出古代文化色彩最绚烂的一面。这也是地中海风格独有的美学特点，大胆而自由地运用自然界的色彩，明亮而丰富的颜色令空间赏心悦目，将人文性、自然性演绎出一种浪漫情怀。

图 4.12　热情奔放的意大利风情

除此之外，这里的手工艺术非常盛行，鲜艳的纺织品和藤编制品为这原生态室内增添了许多色彩，如图 4.16 所示，摩洛哥坐垫通常有各种颜色，以皮质为主，是各种房子里会出现的高颜值单品，而且搭配无缝。还有一件"神器"就是地毯，如图 4.17 所示，很难说清楚摩洛哥花纹地毯到底怎么定义，但是很明显，区别于伊朗地毯的深沉繁复，摩洛哥地毯有着优美的几何条纹和更明快的色彩，长线条和菱形花纹居多。摩洛哥的灯具如图 4.18 所示，是我们心中最接近"神灯"的一种制式，每次灯光从无数致密的花纹细缝中漏出，就觉得要跪下来许愿了。

图 4.13　自然浪漫的法式地中海　　图 4.14　普罗旺斯特色小巷　　图 4.15　独特的北非地中海风格

（5）西班牙地中海风格以西班牙布拉瓦海岸作为参考，海岸上的建筑主要以砖红色、土黄色和白色作为主色调，擅于运用大自然斑斓的色彩，并融入浪漫、休闲、自由的精神内涵，在西班牙地中海室内色彩搭配上同样能看到这点，整体空间一般选择自然的柔和色彩，多运用白色、米黄色、姜黄色，将地中海的人文性、地域性完美展现。在组合设计上注意空间搭配，力求大方、自然，让人时时感受到地中海风格家具软装饰散发出的古老尊贵的田园气息和文化品位，如图 4.19 所示。

6. 东南亚风格

在室内风格体系里，东南亚风格算得上是一个比较冷门的风格体系。东南亚风格又被称为"亚洲风格"，它是一种结合了东南亚民族岛屿特色及地域文化的家居设计风格。巴厘岛的古朴自然、芭堤雅的贵族气息、柚木家具的典雅珍贵、泰式锡器的古典神秘……都可以说囊括其中。总体来说，东南亚风格是一种混搭风格，不仅和印度、泰国、印度尼西亚等东南亚国家有关，还代表了一种氛围。简而言之，就是异国情调下享受极度舒适，它重细节和软装饰，喜欢通过对比达到强烈的效果。其特点是静谧与雅致、奔放与脱俗，用色大胆，各种深浅不一的棕色构成了东南亚风格的主色调，如图 4.20 所示。

图 4.16　摩洛哥坐垫

图 4.17　摩洛哥地毯

图 4.18　摩洛哥灯具

图 4.19　西班牙地中海风格

图 4.20　东南亚风格

东南亚风格可以作为整体风格贯穿整个居室，也可以作为元素和各种风格搭配。这里以泰式风格为主介绍。如图 4.21 所示，艳丽斑斓的泰式抱枕，抱枕的工艺和图案设计，有着很明显的元素特征，工艺上单面提花刺绣图案，用红绿两种撞色织线，绣有泰式特有元素，不同造型的大象图案，作为力量和优雅的象征，图案个性，色彩丰富的泰式抱枕具有强烈的泰式审美。印尼的木雕，泰国的禅意佛像摆件，作为空间重点装饰，点缀于空间之中，大气古朴，禅意深远，总能给人一种祥和安定之感。如图 4.22 所示，泰式禅意佛像摆件，用天然环保的实木材质，由泰国传统木雕工艺雕刻而成，做工精美细致，细节惟妙惟肖，同时耐磨耐用，防潮、防霉，具有典型的泰式特色。藤竹材质的家具，如图 4.23 所示，是东南亚特有的传统工艺，无论是取材还是造型，都可以营造出热带雨林风情的东南亚风格，古朴之中又不乏风情。

丰富的、独特的、民族的，同时又是包容的，这就是东南亚风格所诠释出的风格定义，可能它很小众，但它所呈现出的神秘、性感又热情洋溢，视觉美感却带着不羁与独特的倔强，颇具探究意味，成为室内风格中独树一帜的存在。

7. 伊斯兰风格

伊斯兰风格的建筑普遍使用拱券结构，拱券的样式富有装饰性，而且是多种花样的，有双圆心

图 4.21　艳丽斑斓的泰式抱枕　　图 4.22　禅意佛像摆件　　图 4.23　东南亚热带雨林风格

尖券、马蹄形券、火焰式券和花瓣形券等，如图 4.24 所示的蓝色清真寺，建筑结构未使用一根铁钉，设计 260 个彩色玻璃花窗、2 万多块蓝色瓷砖，是最大的圆顶建筑，是伊斯兰世界的灵魂和骄傲。如图 4.25 所示的泰姬陵，是世界遗产中令世人赞叹的经典杰作之一。

伊斯兰建筑的第二个特征是在室内大面积使用图案各异的装饰瓷砖，如图 4.26 和图 4.27 所示。泰姬陵内部或者外墙瓷砖上的图案花样多以花卉为主，曲线匀整、结合几何图案，点缀《古兰经》中的经文。

图 4.24　蓝色清真寺　　图 4.25　泰姬陵火焰式拱券

如图 4.28 所示，蓝色清真寺以蓝、白两色的伊兹尼克瓷砖作为装饰，装饰图案以其形、色的纤丽为特征，以蔷薇、风信子、郁金香、菖蒲等植物为题材，具有艳丽、舒展、悠闲的效果，既有奥斯曼建筑艺术的深意，也有东方建筑艺术的灵魂。

钟乳石装饰是伊斯兰风格第三特征，也是独有的装饰手法，图案精美绝伦。如图 4.29 所示，阿尔罕布拉宫狮子庭院的钟乳石厅，钟乳石厅的天篷藻井采用木雕彩饰，呈现半球形，精致细腻。钟乳石锥体由石膏制成，呈现不同的组合形式。格拉纳达的艺术家将象征天堂的圆顶拆解成多座蜂巢状

图 4.26　泰姬陵内景

的壁龛，天体无形，遥不可及，钟乳石的拱顶精巧地表现出这一意境。

图 4.27　泰姬陵大理石外墙

图 4.28　蓝色清真寺瓷砖

图 4.29　阿尔罕布拉宫钟乳石厅

4.1.2　现代风格

现代风格起源于1919年在德国成立的包豪斯学院，该学院处于当时的历史背景，强调突破旧传统，创造新建筑，重视功能和空间的组织，一切皆以实用为装饰出发点，注意发挥结构本身的形式美，造型简洁，没有多余的装饰附件，崇尚合理的构成工艺，尊重材料的性能，研究材料自身的质地和色彩的配置效果，发展了非传统的以功能布局为依据的不对称的构图手法。室内设计作品带有着包豪斯建筑的朴实、无华、简洁、明快的清新风格，具体包括现代风格、新古典风格、现代中式风格、自然田园风格、极简风格等。在4.1.4小节详细讲解。

4.1.3　后现代风格

后现代主义用来描述现代主义内部发生的逆动，特别有一种现代主义纯理性的逆反心理，即为后现代风格。20世纪50年代,美国在所谓现代主义衰落的情况下,也逐渐形成后现代主义的文化思潮。后现代风格强调建筑及室内装潢应具有历史的延续性,但又不拘泥于传统的逻辑思维方式,探索创新造型手法,讲究人情味,常在室内设置夸张、变形的柱式和断裂的拱券,或把古典构件的抽象形式以新的手法组合在一起,即采用非传统的混合、叠加、错位、裂变等手法和象征、隐喻等手段,以期创造一种融感性与理性、集传统与现代于一体的建筑形象与室内环境。在室内大胆运用图案装饰和色彩,在室内设置的家具、陈设艺术品往往被突出其象征隐喻意义,它是现代主义适应时代发展而进一步革新的潮流。后现代风格、波普风格、高技派风格、雅致混搭风格等都属于后现代风格。后现代风格在室内设计中不常运用,因此简略讲解。

4.1.4 当下流行的室内设计风格

当下流行的室内设计风格有新中式风格、北欧风格、现代简约风格、现代轻奢风格、自然田园风格、雅致混搭风格、佗寂风格、复古工业风格等。

1. 新中式风格

(1) 新中式风格概述。新中式风格是指提炼中国古典建筑元素使其符合现代人的生活习惯和审美情趣的一种装饰风格,让传统元素具有简练、大气、时尚的特点,让现代家居装饰更具有中国文化韵味。新中式区别于纯中式风格,沉稳的古典家具、窗棂设计都隐退成背景,新中式是后现代主义设计思潮下对中式风格的继承和发展,既传承了传统中式风格的精髓,又与现代潮流的对话碰撞而产生了创新,因此它兼备两者的一些特点。它以功能性的空间划分和家具用途为基础,吸纳古典样式的陈设,提炼传统文化的精髓,将其与现代元素相结合,以现代人的审美要求打造富有传统韵味的空间。中国古典文化与时尚设计手法充分融合,体现出现代时尚气息。

(2) 新中式风格装饰特征。新中式的设计特点非常明晰,与西方、东南亚装修风格不同,有传统的中国文化背景作为支撑,以中国传统古典文化作为背景,打造的是富有中国韵味的室内空间。其精妙之处在于以沉稳大气、悠然典雅的古意为出发点,既能体现中国传统神韵,又具备现代感的新设计、新理念等,从而使居家兼具古典与现代的神韵。从再现自然、顺应自然、师法自然、反映自然到创造自然,以山水为墨,书写精神于天地。

1) 新中式风格表现出古典、优雅的气质。如图4.30所示,新中式风格所营造的意境是含蓄典雅的、沉静悠然的,带着一种让人沉醉的格调之美。雅致隽永的中式风格始终是人们难以磨灭的情怀。

2) 新中式风格讲究空间的层次感与跳跃感。因为好的层次才能塑造出悠远的意境。在需要隔绝视线的地方,多用屏风、隔窗、博古架等来切割空间,如图4.31所示,半明半隐的屏风,隔开书房与客厅,增加空间层次感,一半是突然的自我,一半突然的来客。薄纱刺绣,淡雅梅花,展翅喜鹊,寓意喜上眉梢,属于中国文化的独特意境。

图4.30 新中式风格会客厅

图4.31 薄纱刺绣的屏风

3）新中式风格的设计特点还体现在空间装饰的线条上，特点整体线条流畅。新中式风格的装修设计一般多会采用简洁硬朗的直线条，直线条不仅能够体现现代生活的简单直接，同时还能够体现中式装修风格的内敛、质朴，直线条使得中式家具跳脱出单一的古典，实现由古到今的过渡。

（3）新中式风格装饰要素。中式元素与现代材质的巧妙兼柔，明清家具、窗棂、布艺床品相互辉映，再现了移步变景的精妙小品。新中式风并非完全意义上的复古明清，而是通过中式风格的特征，表达对清雅含蓄、端庄大气的东方式精神境界的追求。让改良后的中式风格体现出优雅的舒适的生活态度。

2. 北欧风格

（1）北欧风格概述。北欧风格，又称为斯堪的纳维亚风格（Scandinavian design），是指丹麦、瑞典、挪威、芬兰和冰岛五国的设计风格，是一种兼具设计的实用功能和人文因素，兼具富有人性、个性和人情味的现代美学风尚。其特点是干净、简洁的线条、极简主义、人性化、稳定舒适和实用。北欧风格并不是一种暂时的单纯的流行时尚，而是以特定的文化历史背景为基础的完整的设计风格与设计态度。典型特征是崇尚自然、尊重传统工艺技术。主要特点是：极简主义，注重功能性，讲究简洁明朗的颜色和淡雅清爽的自然材质，不事雕琢。核心理念是要创造出"大众能享受到的美好且有用之物"。

（2）北欧风格装饰特征。在设计风格上，北欧风格平衡了色彩、空间、材料等多种要素，使设计简单而又不失美好本质。

1）色彩特征：整体色彩内敛沉稳，细节色彩鲜明饱和。北欧风的色彩运用恰到好处，不过分夸张也不过分单调，给人一种沉稳中又伴随生机和热情的惊喜感。在整体色彩上，北欧风格的设计多采用黑白灰、浅莫兰迪色或是原木色，大自然色系为主调，内敛而又沉稳，带来低调的沉静之感，因此常常给人们留下一种"性冷淡"的印象。黑白色的组合搭配是北欧风格家居最常用的配色形式之一，因为北欧地区日照时间比较短，阳光是很宝贵的，所以设计上使用纯白色调，可以最大限度地反射光线，充分利用有限的光源。在北欧风的室内空间使用白色调时，黑色就是常用的辅助色，黑白色搭配有着强烈的视觉冲击，再适当搭配低调气质的灰色系作为缓冲调剂，为室内空间增添一丝柔和而安静的情调，不同层次的灰色丰富空间层次，增加质感，让北欧风格的室内空间不至过于单调，黑白交汇，是北欧的经典色系，不仅可以引领低调的时尚感，还可以远离浮华与急躁，让人感觉舒适从容自在。也可以用灰色系作为设计主轴，如图 4.32 所示，体现北欧风格的优雅气质。

图 4.32 北欧风格客厅

图 4.33 细节色彩搭配

同时北欧风设计会将高明度高纯度的色彩藏在细节之处，如图 4.33 所示，在室内空间里搭配舒适柔软的地毯、不同形态的沙发抱枕、散发出清新的气息，展现不一样的美感。装饰画、艺术品等色调柔和，满溢的高级质感。阔叶植物则赋予了空间灵动与活力。让客厅更具风情，温馨舒适。局部运用高纯度色彩作为点缀色是北欧风格常见的色彩搭配方案，是与北欧风简洁精神的契合的设计，以此来活跃整体空间的气氛，增加层次感和亮度，让人们难以对设计感到乏味。

2）空间功能：界线较为模糊，有效利用墙面装饰以及家具来相对划分区域。强调室内宽敞，内外通透，最大限度引入自然光。如图 4.34 所示的北欧风客餐厅，明亮宽敞的大空间，除了天花的角线，没有多余的装饰和隔断，不规则的餐厅空间，靠地毯来界定，加上绿植的点缀，清新淡雅。北欧风中很少有奢侈、浮华和堆砌的设计，通常是简洁而有内涵、自然而又朴实，给人一种亲切感。

3）材料特征：亲近自然，简单舒适。北欧风格对在材料上体现绿色设计、环保设计现代理念，对天然材料情有独钟，常使用浅色的未经二次加工的原木材料，保留木材的原始色彩和质感，体现出一种自然的亲切感，自然流淌出独特的气质，干净清爽温馨。图 4.35 所示的陶瓷和玻璃艺术品摆件，材质上保留了原始质感，表达出北欧风格家居对传统手工艺品与天然材料的青睐。色彩上多用纯色搭配，作为空间的点缀装饰，虽然没有图案但在造型上融合美观，简约富有个性，和北欧风的原木色家具加以映衬，相得益彰，形成整体空间融入感。

图 4.34　北欧风客餐厅

图 4.35　北欧风陶瓷和玻璃艺术品摆件

（3）北欧风格装饰元素。

1）家具以及陈设上注重简洁实用贴近自然，实用功能融入简单的造型中，强调家具与人体接触曲度的吻合，北欧家具线条简洁优美，自然有机的曲线设计朴实而实用，外形艺术形式多变，舒适度较高，受到年轻人的喜爱，如图4.36所示。

2）灯饰搭配，形式各异的灯具组合搭配使室内空间产生明亮、温馨之感。灯具造型不会过于夸张与复杂，但在工艺上是经过反复推敲，设计上非常实用，成为视觉焦点，如图4.37、图4.38所示的黄铜灯，色泽柔和，加上一点点金属感点缀，可以平衡空间的深度和美感。几何造型的黄铜灯雅致，富有内涵，提升空间质感。

图4.36　北欧风休闲区　　　　图4.37　北欧风黄铜灯（一）　　　图4.38　北欧风黄铜灯（二）

3）布艺织物软装饰品，在北欧风格室内设计中是主角，北欧风格的布艺设计中融入装饰图案也是室内设计发展的方向之一。北欧风格中传统的图腾、花卉、字母、条纹等都是常用的，还有动物元素，例如具有北欧民族风情的麋鹿，鸟类的图案都可以运用在抱枕、挂毯、地毯等软装上。如图4.39所示的北欧风的布艺软装，在北欧风的家居布艺上搭配个性活泼的几何图案也能起到点亮空间的作用，如色彩绚丽的拼花抱枕、毛线编织的坐垫和白色皮毛的坐垫。

4）北欧风情的装饰品，秉承以少见多的理念，以精妙的饰品与合理的摆设，将现代的时尚感设计思想与北欧文化相结合，既强调了实用需求，又传承了人文情怀，使室内空间产生富有北欧风情的氛围。如图4.40所示的室内墙面，通常适量搭配装饰画，来增加墙面空间的活力，装饰画的选择题材一般为时尚或者质朴，再配以简洁的画框营造出简约清新的北欧风。在北欧风格的室内空间中就装饰画的数量而言，少而精。除了装饰画，照片墙也是北欧风常用的墙面装饰手法，如图4.41所示的照片墙和相框，通常是木质材质作为边框，能和质朴自然的北欧风协调统一，画风文艺独特的装饰画，清新又与众不同，与白色的墙面搭配，有一种眼前一亮的感觉。由于几何图案的时尚理性，完全融入北欧风格的家具设计理念中。

3．现代简约风格

（1）现代简约风格定义。现代简约风格是现在国内最常见的一种室内设计风格。现代简约风格，顾名思义，就是让所有的细节看上去都是非常的简洁，利用一种简洁的表现形式，极富创意和个性的线条设计，凝结空间独特的艺术美学，赋予空间更多的想象，来满足人们对空间环境的情感，以及本能和理性的需求，来定义室内空间的现代简约的艺术风尚。简单大方且时尚个性，还具有很强的实用性。在雅静的气氛中透着律动的节奏感，营造生活中舒适惬意的室内空间。

图 4.39　北欧风的布艺软装　　　　图 4.40　简约清新的北欧风　　　　图 4.41　北欧风的照片墙

（2）现代简约风格装饰特征。现代简约风格的特征完全符合时下年轻人的审美，现代简约风格秉承着简约而不简单的理念，生活在简约大气、明朗舒适的家，来消解工作的疲惫，寻求内心的放松。虽然在软装搭配、家具设计及空间布局方面尽可能地追求简洁，用极其简单的线条勾勒出最具灵性的空间，打造出时尚前卫的视觉空间。设计中的黄金法则"少即是多"设计原则在现代简约风格体现得淋漓尽致。其特点有以下几点：

1）室内空间开敞、内外通透，在空间平面设计中追求不受承重墙限制的自由。
2）强调功能性设计，线条简约流畅，装饰元素少，风格一致，布局精巧。
3）简约而不简单，简单而具有品味的设计，将美学和功能完美结合，回归精致，享受生活。

（3）现代简约风格装饰元素。

1）整体空间。现代简约风格注重空间的动线设计，空间结构明确美观，立面立体层次感较强，更注重空间的表现深度与精准性。强调空间的简洁、大方。图 4.42 所示的玄关设计，根据不同功能的空间搭配，不同的家具、吊顶、灯饰等，通过光线的强弱来划分空间，而且这种划分又随着不同的时间段表现出灵活性兼容性和流动性，在设计表达上灵巧地运用不同材质与造型把整个空间有机地融为一体。简约的空间设计通常非常含蓄，往往达到以简胜繁、以少胜多的效果。

图 4.42　现代简约风的玄关设计

2）家具配置。现代简约家具设计撇去烦冗的纤巧矫饰,采用外观简洁流畅,具有现代感,以功能为出发点,简约而实用,更追求材料、施工工艺等。简洁的造型,完美的细节,营造出时尚前卫的感觉。如图 4.43 所示,整体空间以简洁温情的质感设计,讲究生活的舒适性,搭配上时代感的家具与硬装氛围,营造出一种轻松雅致的档次氛围感,舒适而时尚。

图 4.43 现代简约风餐厅

3）饰品摆件。设计独特甚至是极富创意和个性的饰品摆件都可以成为现代简约风格家庭中的一员。装饰上讲求简而精,在相应位置摆上合适的摆件,以突出个性和美感,装饰摆件多选用简洁的工业产品,以线条的形式呈现,对色彩、材质的质感要求很高,如图 4.44 所示,细腻精致的金属、清新深邃的木香、纯净洁白的花束、别具一格的花瓶、轻巧灵动的灯饰、点缀生活的插花艺术、别出心裁的艺术品,每一处设计都构成了精妙的和谐,与当下空间对视,既美化了空间环境,又在整体风格上融洽、和谐。简单的设计中透出对高品质的追求,在整体空间都透露着雅致的艺术美感。

4）软装搭配。在简约风格的室内,在窗帘、布艺沙发座面、地毯、抱枕、床品、壁布等物品上需要用软装布艺来搭配装饰,天然布料给空间带来温度,尽量选择纯色或仅用简单线条装饰的图案,这一类的面料一般为纯棉、苎麻及皮毛等原生态材质。如图 4.45～图 4.47 所示,素色大方的壁布、朴素的棉麻及纹理感极强的布料,柔软质感的地毯、轻盈的纱质罩灯、精巧的床品等,营造惬意而随性的家庭氛围,同时这些软装饰品使空间摆脱沉闷感。空间气质简约优雅且品质不凡,诉说着室内空间的精神艺术。

对于现代简约风格设计而言,越简约,越高雅,简约不是简单,更不是简陋,而是深思熟虑过后,经过创新设计得出的思路延展是一种美的极致回归简单清雅。

图 4.44 精致的艺术摆件

图 4.45　朴素棉麻现代简约　　　　　图 4.46　现代简约客厅　　　　　图 4.47　气质简约优雅的抱枕

4. 现代轻奢风格

(1) 现代轻奢风格定义。所谓轻奢，简单讲就是轻度奢侈，低调的奢华，要理解轻奢风格，就要拆解"轻"和"奢"的具体表现，"奢"为质，"轻"为形，"奢"的元素概括起来有黄金、宝石、皮革，这三项应用到建材里，黄金映射到不锈钢、黄铜材质里，宝石映射到玻璃、水晶、镜子、石材材质里，皮革映射到软硬包皮质家具。"奢"是时尚和古典的碰撞，在现代设计语境下，探索东方美学。"轻"是指化繁为简，线条轻挑，造型简单，多以简单的几何造型为主。实则是清清爽爽，心情通透，如明镜无尘。其实轻奢不是一种风格，而是一种设计元素，任意一种风格都可以融入轻奢元素，比如现代风格加上轻奢元素就是现代轻奢，美式风格加上轻奢元素就是美式轻奢风格等。本章以现代轻奢风格为例主要讲解。现代轻奢风格实际上是以极致简约风格为基础，通过一些精致的软装设计元素来凸显质感，同时也浓缩着意想不到的功能与细节，它更强调现代、简约、自然、时尚，在简约中追求精致的平衡，从而彰显了一种高品质的、让人感觉舒适的生活态度和生活方式。

(2) 现代轻奢风格特点。现代轻奢风格的特点包括：①追求简洁，现代轻奢风以极简设计为基础，没有过多的繁杂的装饰，视觉上呈现简洁舒适的体验，尤其讲究硬装线条的装饰，在细节处凸显质感；②温馨舒适轻奢风讲究温馨，注重身体与心灵的双重享受。通过一些元素的搭配来凸显出家的质感；③现代、古典相互交融，讲求现代与古典两种风格的搭配，硬装偏现代，软装陈设有一些古典元素，整体奢华而不显浮夸，在室内空间中体现出低调却不空虚，自由却不放纵，精致却不盲目，如图 4.48 所示。

(3) 现代轻奢风格色彩。色彩是定位风格的重要因素，想要打造出现代轻奢风的感觉，必然要经过巧妙的色彩搭配，才能显现出丰富的魅力。在现代轻奢风的运用实例中，一般带有高级感的中性色较为常用，比如驼色、咖色、奶咖色、灰色，象牙白、黑色及炭灰色，低调的色泽中显露出质感，来演绎一种"低调的奢华"，令空间质感更为饱满。黑色也被广泛运用，比如黑玻璃、黑皮革、黑墙柜等形式，虽然是无彩系，但是在这些材质上还是挡不住其光彩。相比之下，明黄色、象牙白则更高调一些，能增添空间的摩登时尚范。

1) 粉+灰+棕。以粉色为基础色系，搭配灰色、棕色软装，整体空间上相位呼应，如图 4.49 所示的卧室，瞬间就有了当代艺术品的美感与独特，显得生动而雅致，条理层次丰富。

2) 黑+灰+黄。如图 4.50 所示的现代轻奢风书房，书房柜体以黑色，墙面以灰色为主，与地毯、书桌色调相互呼应，黄铜材质落地灯造型具有个性，精致又奢华，点缀空间更增加了整体协调性。装饰画线条感强烈，丰富了空间层次。

(4) 现代轻奢风格装饰元素。现代轻奢风在造型上的简洁是为了突出材质本身表现出的高贵华丽气质。

图 4.48 现代轻奢风的时尚魅力

图 4.49 现代轻奢风卧室

图 4.50 现代轻奢风书房

图 4.51 高级优雅的丝绒沙发

图 4.52 大理石电视背景墙

1）金属是轻奢风不可或缺的一种存在，比如黄铜金属感，是轻奢风的典型元素，不管是金色还是玫瑰金色，精致复古，明亮而有光泽，闪亮的金属感极具张力和摩登气息，体现时尚都市的高级感，常用于灯具、陈设摆件。

2）丝绒质感是现代轻奢风的必备元素，符合轻奢的气质，深色隐隐反光，自带一种丝滑任性的高级质感，紫色丝绒床品，高级复古；深绿色丝绒沙发，高级优雅，如图4.51所示；灰色丝绒窗帘，低调轻奢，拥有一种慵懒气息。

3）大理石也十分风靡，丰富的自然纹理，质感温润，高雅精致，表现出大气干练、打破空间沉闷的缺陷，却又不喧宾夺主。如图4.52所示的大理石背景墙面装饰，内嵌电视，做斜面放光沿，带着几分清冷气息，简洁精致。也不一定非得是大理石原材，有大理石纹点缀也是可以的，能中和金属的色彩，组成一组好搭档。

4）皮革具有奢华高贵，充满野性的韵味。皮毛质感温润舒适，视觉上体现十足的贵族气质。

总体来说，现代轻奢风选材自带华丽感，从而整体有一种奢华感，通过材质上的奢华，不着痕迹地透露出对于精致、考究生活的追求。造型上却是力求简洁，但蕴含着极具品位的贵族气质，而这些气质往往通过精致的软装和细节呈现出来，让人在视觉和心灵上享受到双重的震撼。不惹眼，不浮夸，却让追求生活品位的人士，在不经意中获得轻松舒适、温馨大气、极具质感的生活享受，这就是现代轻奢气质的最佳演绎。

5. 自然田园风格

自然田园风格包括美式田园风、法式田园风、英式田园风、欧式田园风等。

（1）美式田园风。美式田园风格又称为美式乡村风格，属于自然风格的一支，倡导"回归自然"，田园风格在美学上推崇自然、结合自然，在室内环境中力求表现悠闲、舒畅、自然的田园生活情趣，也常运用天然木、石、藤、竹等材质质朴的纹理。室内设置绿化，创造自然、简朴、高雅的氛围，突出格调清婉惬意。如图4.53所示，位于上海的兰乔圣菲美式田园风别墅，室内空间装饰设计非常重视生活的自然舒适性，充分显现出乡村的朴实风味。其中布艺是美式乡村风格中非常重要的运用元素，本色的棉麻是主流，布艺的天然感与乡村风格能很好地协调。

图4.53　美式田园风

（2）法式田园风。说到法式田园风肯定很多人会想到"浪漫"两个字，或想到法国的葡萄庄园，其实不然，法式田园风具有悠闲、小资、简单、清新舒适、生活气息浓郁的特点，如图4.54所示，法式田园风清新别致的自然空间，这种风格有种简单的生活小情调，从家具和色彩搭配上感受到大自然的清新和浪漫。法式田园风与其他田园风格不同的是，在于家具的洗白处理及大胆的配色，以明丽的色彩设计方案为主要色调，家具的洗白处理能使家具呈现出古典美，而椅脚被简化得卷曲弧线及精美的纹饰也是法式优雅乡村生活的体现。少了一点美式乡村的粗犷，少了一点英式乡村的厚重和浓烈，多了一点大自然的清新，再多一点浪漫。法式乡村风格的家具沿袭了法式家具的优雅本色，流线型的花纹细腻有加，一把细弯腿的木质扶手椅搭配奶油色条纹面料是最典型的法式家具，随意和自然的景象让人心旷神怡。墙面使用仿古砖，如图4.55所示，优雅清淡的布艺沙发，清新别致的田园小碎花的地毯设计，使空间非常的温馨舒适，有情调，体现怀旧情结。

图4.54　法式田园风清新别致的自然空间　　　　图4.55　温馨舒适的法式田园风

(3)英式田园风。英式田园风大约形成于17世纪末,强调回归自然,恬静、优雅、细腻,从骨子里透露出一种毫无杂念的朴实,如图4.56所示的英式田园风的客厅,正是那些细腻而统一的色调,华丽又低调的图案,处处充满浓郁的生活气息。英式田园风家具以白色为主,如图4.57所示的英式风餐厅,多以乳白色、象牙色、米色等浅色为主,多采用桦木、楸木等木材,优雅的造型、细致的线条,使得每一件家具优雅成熟,含蓄温婉,内敛而不张扬,散发着从容淡雅的生活气息。

英式田园风的两大主打配饰:缤纷碎花和纯棉质地。碎花、格子都是典型的英式风格,运用在布艺、配饰之中,能够衬托出英式独特的居室风格。如图4.58所示的英式乡村田园风的客厅,复古的碎花布艺沙发、苏格兰格子的绿色灯罩,木质、陶瓷元素,运用复古的绿色和胡桃木色,把这种氛围打造得刚刚好。同时,陶瓷也是打造英式乡村风格必不可少的东西。

图4.56 英式田园风客厅　　　图4.57 英式田园风餐厅　　　图4.58 英式乡村田园风客厅

(4)欧式田园风。欧式田园风继承了欧式风格浪漫华丽的装饰特点,吸取了其风格的形神特征,结合田园风格的自然清新,混搭两者的纯美特质,打造欧式田园风格。如图4.59所示,位于广州顺德的碧桂园桃源居别墅采用欧式田园风格设计,使用欧式特色家具和软装饰来营造整体效果,力求表现悠闲、舒畅、自然的田园生活情趣。在设计上追求空间变化的连续性和形体变化的层次感,室内装饰体现华丽的风格,家具门窗多漆为白色,在造型设计上既要突出凹凸感,又要有优美的弧线。创造自然、简朴、高雅的氛围空间。

6.雅致混搭风格

"混搭"装饰风格是一种特异的表现形式,它可以摆脱沉闷,突出重点,符合了当今人们追求个性、随意的生活态度。需要强调的是,"混搭"不是百搭,不是人为地制造出一个"四不像",而是为了达到"1+1>2"的效果。因此,风格设计时能处理好两个以上不同风格作品在同一个空间里的搭配与协调,这样才能达到"混搭"目的。混搭风格的特点是统一和谐,彰显个性,主次分明,简洁明了。

在混搭风格里,波希米亚风格宛如一股清流,在当今的时尚界代表着一种前所未有的浪漫化、民俗化与自由化。如图4.60所示,浓烈的色彩、繁复的花纹设计,会带给人强劲的视觉冲击和神秘气氛。它自由不羁的风格内涵,表现在具体的形式上,既可以把狂放自在的流浪色彩作为主体,又可以在细节上不厌其烦地精益求精。如图4.61所示,夸张的牛图腾是波希米亚风格的重要标志,中国元素的灯饰,来自东方的奢华气质精致的瓷器,融入异域风情空间里,蕴含着向往自由与回归自然的精神诉求。波希米亚典雅色调混搭时尚元素,让沉淀千年的艺术焕然一新。

7.侘寂风格

(1)侘寂风格的概述。"侘寂"最初起源于中国宋代的道教,后来侘寂美学传入佛教禅宗,到

图 4.59　欧式田园风餐厅

了南宋时期,荣西和尚把禅宗从中国带到了日本,日本信徒传播开来,将对禅境的追求融入生活中,深深影响了日本文化。"侘寂"一词源于一句日语"wabi-sabi",在日本文化里,侘寂是一个很美的词汇,由侘寂两个字结合而成的复合字,要理解侘寂,就要把两个字拆开来看,"侘"的原意是简单朴素,意指去除装饰,无需繁华,"陋外慧中"的原生态;"寂"则是古朴,简而言之,"不完整的事物更有意义"就是侘寂概念的核心。因此"侘寂"两字,思想源头追溯到中国的禅宗文化,本身出自中国禅学,逆时间之河而上,通过平静的空间窥见极简的生活,后成为日本美学意识的一个组成部分。所以有人认为,侘寂是一种东方禅宗的心境状态,认为真正的美是残缺的,是东方美学的最高境界。同时它也是一种以接受短暂和不完美为核心的日式美学,通俗点来讲就是,看似破旧,却是美学的最高境界。

（2）侘寂风格的特点。一位哲学家曾这样提及侘寂风的精髓处:"削减到本质,但不要剥离它的韵,保持干净纯洁但不要剥夺生命力。"侘寂刻意规避所有浮夸繁复的装饰,而于不规则、不完美以及拙朴中展现事物本质的美。侘寂所代表的是对岁月痕迹的赞美,在漫长岁月的洗礼中发现生活的美好。淡然接受破败,否定世俗赋予的美学含义,产生出一种质朴、淡泊、自然、纯粹的美,这就是侘寂。如图 4.62 所示,中古风格沙发后摆放着艺术家手工盘筑而成白色陶罐,丰富的肌理纹样与精细施工的水泥墙形成微妙的对比,几何图案手工编织的剑麻地毯色调和谐统一。如图 4.63 所示,趣味横生的青瓦装饰墙来自原建筑,配合泛出时光质感、简洁造型的实木茶几构成独特的视觉效果,给人安稳与平和的精神氛围。

侘寂之美,源于极简入魂、温暖入心的浅灰色基调,营造出质朴舒适的客厅空间(图 4.64),粗糙而不拘小节的拱形门头设计,依空间所定制的浅灰色布艺沙发搭配沙发背景墙的装饰设计,纯手工编织的天然竹椅面,完美融于环境之中,将侘寂风的质感体现得淋漓尽致。设计师秉持着"追踪事物灵魂,排除一切不重

图 4.60　波希米亚风

图 4.61　波希米亚风细节设计

要的东西"的精神，如图4.65所示，卧室空间、摆设、物件和茶，每处细节都展现出素净雅致的侘寂之美，简约而颇具气度，让空间的气韵沉淀下来，空间显得更为娴静和倏然。侘寂风是在平淡的生活空间中窥见质朴极简之美，强调事物的内在联系，是一种简约却极致低奢的美，不在乎外表的美感，注重灵魂深入的共鸣。

图4.62　侘寂风　　　　　　　　　　　　图4.63　青瓦装饰墙

8. 复古工业风格

复古工业风，顾名思义，一个关键词是工业格调，另一个关键词是怀旧情怀。其追求的是一种斑驳的简单美。简洁、粗犷，保留原始建筑元素的复古工业风，主要特点是粗狂大气、冷酷、破旧的金属质感表现出艺术性的风格。复古工业风的室内设计往往要保留原有建筑的部分风貌，如图4.66所示的裸露的红色墙砖，搭配黑色铁艺支架的层板储物，温馨不失格调，简约而不粗糙。没有经过修饰的混凝土墙面和天花板，既保留了自然的设计元素，又增强了年代感。混凝土天花配以黑色的金属管轨道灯，感受到工业风的粗犷和个性。焦糖色皮质沙发，冲散暗淡、提亮空间，沙发表面的纹路和褶皱很好地与工业风复古、怀旧感相呼应，复古而时尚。复古工业风就是金属与木头的碰撞。如图4.67所示，铁铸的梁与木头家具形成一明一暗的对冲效果。金属冰凉的调性加上木质肌理的温润，粗犷中带着些许温柔，

图4.64　侘寂风客厅

产生不同感觉的碰撞与融合。复古工业风的粗犷、随性不羁感体现得淋漓尽致。

图4.65　侘寂风卧室　　　　图4.66　复古工业风（一）　　　　图4.67　复古工业风（二）

4.2 室内设计的流派

"流派"指按学术、艺术观点聚合的派别。室内设计的流派,这里是指室内设计的艺术派别。流派将带动潮流的发展,它如能在历史的考验中积淀下来,就可能成为经典风格样式。近现代室内设计流派,以其表现形式、表现手法的丰富多彩为基础,现将主要流派归纳为:高技派、光亮派、白色派、超现实主义派、解构主义派以及装饰艺术派等。

4.2.1 高技派

高技派又称重技派,它以表现高科技成就与美学精神为依托,主张注重技术、展示现代科技之美,建立与高科技相应的设计美学观。由此,形成了所谓的"高科技风格"的设计流派。高技派的设计特征喜爱采用最新的材料(如高强钢、硬铝或铝合金等),并以暴露、夸张的手法塑造建筑结构的造型,有时将本应包容的内部结构有意识地裸露、外翻;有时将金属材料的质地表现得淋漓尽致;有时将复杂的结构涂赋鲜艳的原色用以表现和区别,赋予整体空间形象以轻盈、快速、灵活等特点,以表现高科技时代的"机械美""时代美""精确美"等新的美学精神。作品使用新型的高科技材料,表现出高度简洁、结构化、现代科技化的设计特征,有强烈的时代风格,展现出一种现代技术之美。

4.2.2 光亮派

光亮派的特点是在室内设计中突出新型材料及现代加工工艺的精密细致及光亮效果,往往在室内大量采用镜面及平曲面玻璃、不锈钢、磨光的花岗石和大理石等作为装饰面。在室内环境的照明方面,突出灯光的艺术效果,常使用折射、折射等各类新型光源和灯具,在金属和镜面材料的烘托下,营造出光彩照人、绚丽夺目移步换景、交相辉映的空间环境,表现出丰富、夸张、富于戏剧性变化的室内气氛。

4.2.3 白色派

白色派在室内设计中大量运用白色,构成了这种流派的基调。室内造型设计可简洁,也可富于变化。白色派以其造型简洁、色彩纯净、文雅的感觉,深受人们喜爱。早期后现代主义学术团体的建筑师们早已在设计中偏爱白色。由于白色给人以纯净、文雅的感觉,又能增加室内的亮度,使人增加乐观感或让人产生美的联想。在白色派的设计中,注重空间、光线的运用;强调白色在空间中的协调性以及精美陈设、现代艺术品的装饰组合;突出在白色空间中色彩的节奏变化和多样性的表现。白色不会限制人的思维,同时,又可调和、衬托或者对比鲜艳的色彩、装饰,使人增加乐观。与一些刺激的色相配时也能产生良好的节奏感。

4.2.4 超现实主义派

超现实主义派是指人们在室内设计中追求并体现超现实的艺术再现。通过调动所有的设计手段,力求在有限的设计空间中出创造出所谓的"无限空间",创造出"世界上不存在的世界"。体现出设计师在现实与理想的矛盾冲突中,使虚幻空间的形式成为寄托自身困惑的载体。在超现实主义设计的室内空间中,注重奇特的造型、浓重的色彩和变幻莫测的灯光效果;突出其流动的线条以及抽象的装饰图案的艺术效果;更以其大胆、猎奇的艺术手法,创造出意想不到的空间效果如:在室内设计中,经常采用现代派的绘画、雕塑或兽皮等作为饰品,来渲染室内的空间氛围。超现实主义的室内设计,以其大胆、奇特的艺术造型走入了人们的现实生活。

4.2.5 解构主义派

解构主义派是西方现代主义流派的批判继承，运用西方哲学的理念来分析，它是对逻辑上的否定，对统一、秩序的挑战。解构主义凭其巨大的抨击力和启发性席卷西方文化界的各个领域，当然还闯入了室内设计界的创作中。解构主义运用散乱、残缺、突变、动势、奇绝等各种手段创造室内空间形态，对传统功能与形式的对立统一关系转向两者叠加、交叉以并列，用分解和组合的形式表现时间的非延续性，以此迎合人们渴望新、奇、特等刺激的口味，同时满足人们日益高涨地对个性、自由的追求。它同样反映了20世纪设计者内心的矛盾与无奈，但它更表现为忽视理性，完全作为精神的追求，其必然要以经济为后盾，必须有丰裕的财力、物力和独特的审美素养才能从事"解构创作"。

4.2.6 装饰艺术派

装饰艺术派善于运用多层次的几何线型及图案，重点装饰于建筑内外门窗线脚、檐口及建筑腰线、顶角线等部位。上海早年建造的老锦江宾馆及和平饭店等建筑的内外装饰，均为装饰艺术派的手法。近年来，一些宾馆和大型商场的室内，出于既具时代气息，又有建筑文化的内涵考虑，常在现代风格的基础上，在建筑细部饰以装饰艺术派的图案和纹样。

当前社会人们对自身周围环境的需要除了能满足使用要求、物质功能之外，更注重对环境氛围、文化内涵、艺术质量等精神功能的需求。室内设计不同艺术风格和流派的产生、发展和变换，既是建筑艺术历史文脉的延续和发展，具有深刻的社会发展历史和文化的内涵，同时也必将极大地丰富人们的精神生活。

4.2.7 其他

当然，在历史的发展中，伴随着文化、艺术及设计观念的不断深入，各种流派层出不穷，如新地方主义派强调地方特色或民俗风格；新古典主义派注重运用传统美学法则来使现代材料与结构的建筑造型和室内空间产生规整、端庄、典雅、高贵气质的环境；孟菲斯派则以打破常规而红极一时；在东方情调派中，"天人合一"、朴素、古雅的中国风、东方情也在设计中占有一席之地。其他流派的表现形式众多，不再一一详述。

单 元 训 练

1. 了解室内设计的概况以及发展，掌握室内设计的作用。
2. 明确并培养室内设计师专业素养。
3. 熟练掌握室内设计的学习方法以及室内设计程序步骤。
4. 了解各个时期的室内设计风格，掌握并熟知常用的几种室内设计风格。

单元 2　室内设计要素

- 现代室内空间环境的构成因素包括空间构成、形式美与色彩、采光与照明、家具陈设与绿化、装饰材料等,与人的生活、思想、行为、知觉有着重要的关系。
- 创造丰富多彩的室内空间形态,利于在设计组织空间时选择和运用。
- 结合具体的空间类型和功能使用要求,进行空间的围合与分隔;协调处理空间设计的诸多元素,充分运用形式美法则,有效地解决形式美与色彩的协调问题,在符合色彩功能要求的原则下,可以充分发挥色彩在空间设计中的作用。
- 掌握、运用采光与照明设计,考虑家具的构成元素、功能、质感等因素,明确空间的使用功能,识别空间的性质,运用室内陈设方法美化室内环境。
- 在方案设计和项目实施过程中,充分了解和运用材料,利用不同材料的不同特性,解决实际环境中的各种问题,使室内整体环境效果协调、美观。

第 5 章

空间的构成

5.1 空间的基本概念

5.1.1 建筑与空间

建筑与人类的生活息息相关。经过了漫长的不断与自然环境进行改造与斗争的过程，人类的居住方式由原始人类的穴居逐渐发展到具有完善设施的建筑空间。大自然赋予我们人类以阳光、空气、水和食物等一系列人类生存所必需的物质条件，但同时也有对人类生产生活和生存产生负面的影响，如狂风、暴雨、严冬、酷暑、水灾等，包括自然界中其他物种对人类的侵袭，如野兽侵袭、蚊虫叮咬，这促使我们人类不断改变居住的条件，我们的建筑也在这一进程中不断地演化，并反映出人们的生活活动和社会特征。

建筑表现人类的文明与进步，影响人类的观念与行为，创造适合人类生存的空间环境，是建筑活动发展的主要目的和基本内容。在人类的生产生活中，室内空间作为建筑的主体与人的联系显得直接而亲切。

我们通常将建筑分成两部分，即建筑实体与建筑空间。

建筑实体是指建筑的构造构成的实体，包括建筑本身的墙体结构、轮廓造型、细节装饰等。建筑的实体是以物质的形式存在的。

建筑空间是指建筑实体的限定与围合产生的空间形态，是实体存在界定的结果。建筑空间主要是以空间为物质构成形式，影响和制约人的观念和行为。从某种意义上来说，室内空间反映了人类存在时代、民族、地域、生存方式、生活观念等一系列情况，而科学技术的进步与艺术创造的完美结合，正是室内空间设计的前提和基础。

空间是建筑的主体，室内设计是对建筑空间的再创造。

室内空间影响人的各种活动。我们起居、学习、工作、交往的绝大部分时间都要在建筑室内空间完成，因而室内设计的效果直接作用于人们的物质生活与精神生活。室内设计是建筑设计的组成部分，旨在创造合理、舒适、优美的室内环境，以满足使用和审美要求。室内空间是人类劳动的产物，相对于自然空间，是人类有序生活所需要的产品。

在室内设计中，人工与自然、室内与室外空间的交融与渗透便成了我们室内空间设计的重要手法。在创造室内外空间环境的同时，人类越发认识到发展科学改造自然与大自然环境的联系，我们的城市化进程并不是单纯的向自然环境资源进行索取，对自然生态系统的破坏必然会影响我们赖以生存的生态环境，作用于我们的生活，因而维护生态平衡，创造可持续发展的建筑与设计便成了人类的共识。

5.1.2 室内空间的特性与功能

室外空间是无限的，室内空间是有限的。通过建筑实体的限定而产生的室内空间是由许多具有不同性质的因素构成的，室外的空间环境与室内的空间环境总是有所区别，室外环境中常见的构成有天空、陆地、阳光、山水、树木等；室内空间环境中常见的构成有墙面、地面、顶棚、灯光、照明、家具、陈设与绿化等。前者以自然因素为特征，后者以更多的人工因素为特点。室外空间具有无限性，而室内空间总是有一定限定，无论室内空间有多大，总要有其特定的长度、宽度、高度的限定。因而有限的室内空间对人的视距、视角、视点等方面有一定的限制。室外的光线通常由阳光直射而成，而室内则以反射光、漫射光和灯光构成。当然也有一部分室内环境可以接受阳光直射。室外的物象色彩鲜明，室内则略显暗淡柔和。这些因素和特征对于我们室内设计是非常有益的，有效的协调处理室内外环境，可以充分调动发挥空间的特性与功能。

现代室内空间环境的构成因素包括照明、色彩、陈设等，对人的生活、思想、行为、知觉有着重要的影响。人在室内的一切活动都要与室内空间环境发生频繁关系，应充分利用自然材料与自然采光，重视室内设计的空间序列、合理利用空间、重视绿化、创造可持续发展的，保障人与自然的协调发展的室内空间环境。

空间的功能包括物质功能和精神功能。

空间的类型、尺度、形状、采光、照明、通风隔热、隔声等物理环境是其物理功能产生的前提。而室内空间的塑造仅停留在如何对实体进行营造与如何美观，却忽视人的感受是不够的，"空间是建筑的主体，人是建筑的主角"。所有纷繁的装饰与陈设最终都要满足人的要求，个人的心理需要有其特定的产生背景，包括经济条件、社会地位、职业特点、兴趣爱好、文化构成、地域习俗、审美趋向、年龄特点等。

现代设计的重心，则从单纯的建筑空间转向时空环境，即在原有建筑的三维空间的基础之上加上一个时间因素，构成具有四维空间的时空环境，强调以人为本，以人为主体。注重人的参与和体验。

5.1.3 室内空间的组成

室内空间是由基面、垂直面、顶面三部分围合而成的。这三部分确定了室内空间大小和不同的空间形态，从而形成了室内空间环境。

1. 基面

通常是指室内空间的底界面或底面，建筑上称为"楼地面""地面"。或"水平基面"基面由于与人体的关系最为接近，作为室内空间的平整基面，是室内环境设计的主要组成部分。因此，地面的设计应在功能区域划分明确，在具备实用功能的同时应给人一定的审美感受和空间感受。

2. 垂直面

垂直面又称"侧面"或"侧界面"，是指室内空间的墙面（包括隔断）。墙面是室内外环境构成的重要部分，对控制空间序列，创造空间形象具有十分重要的作用。

3. 顶面

顶面即室内空间的顶界面，在建筑上称为"顶棚""天棚"等。顶棚是室内空间的上界面，是室内空间设计中的遮盖部件。顶棚的高度对于空间的尺度有着重要影响。较高的顶棚能产生庄重严肃的气氛，在整体设计时应给予足够的考虑。低顶棚设计能给人一种亲切感，顶棚过于低矮也会使空间的压迫感增强,而使人感到压抑。作为室内空间构成部分,其艺术形态与表现功能越来越受到人们的重视。

5.2 室内空间的类型

日益发展的科技水平和人们不断求新的开阔意识,使人们创造了丰富多彩的室内空间形态,空间的类型可以根据不同空间构成所具有的性质与特点来加以区分,以利于在设计组织空间时选择和运用。常见的空间形态有:固定空间、可变空间、开敞空间、封闭空间、静态空间、动态空间、结构空间、共享空间、虚拟空间、虚幻空间、地台空间、下沉空间、凹入空间、外凸空间、母子空间、悬浮空间等。

5.2.1 固定空间与可变空间

建筑空间有室内空间和室外空间之分,而室内空间又可分成固定空间和可变空间两类。固定空间是由建筑的主体墙、顶、地面围合而成的空间形态,具有空间固定明确的特点,如图5.1所示。

图5.1 固定空间

可变空间与之相对应,为了适应不同的使用功能,在固定空间的内部采用特定的划分手法,通过在固定空间内部的特定设置将空间分成不同的空间,产生可变空间,如图5.2所示。常用的划分手法有利用隔断划分、利用家具划分、利用绿化划分、利用水体划分等。

图5.2 可变空间
在固定空间内部通过幔帘设置产生可变空间。

5.2.2 开敞空间与封闭空间

在室内空间中，与外部空间联系较多的空间相对开敞，称为开敞空间；与外部空间联系较少的空间形态较为封闭，称为封闭空间。

开敞的程度取决于有无侧界面、侧界面的围合程度、开洞的大小及启闭的控制能力。

在空间感上，开敞空间具有一定的外向性、限定度和私密性较低，强调与室外空间的环境交流和渗透，讲究对景、借景，与大自然或周围空间有某种程度的融合，灵活性较大，表现为开朗，活跃具有收纳性和开放性。开敞空间强调与周围环境的交流和渗透，室内陈设的设计可以通过巧妙的设置，将室外环境和室内空间融为一体。也可以根据相邻的室内环境的特点，将室内设置的色调设计为与大环境相协调的色调，使整体效果形成开朗、活跃的氛围，如图5.3所示。

图5.3 开敞空间

封闭空间与开敞空间恰恰相反，用限定性较高的围护实体围合而成，在视觉，听觉上都有较强的隔离性，具有很强的隔离性和区域感。表现为静止、严肃、安静，个体性较强。封闭空间的隔离性使之与外界的流动性显得很少，利用护围实体将一个小区域包围起来，使人产生私密感和亲切感。在这样的环境中，构成的设置色调运用不宜选用过重的色调，以免使面积不大的空间显得更加窄小，产生压抑感，如图5.4所示。

图5.4 封闭空间

5.2.3 静态空间与动态空间

静态空间的空间限定性较强，与周围的环境联系较少，趋于封闭，空间形式较为稳定。比例、尺度相对均衡协调，无较大的对比与落差，常采用对称式和垂直水平界面处理，空间的陈设方式较为平衡，色彩淡雅和谐，光线柔和，给人以恬静、幽雅、稳定的感觉。静态空间是人们居住环境的重要场所，以静态的平衡为主要特征。在这种空间中，室内陈设设计应以淡雅的色调为主，纹样造型也不宜过于繁杂。产生舒适和温馨空间环境从而加深人对自己居家室内环境的良好感受，如图5.5所示。

图 5.5　静态空间

动态空间往往有其鲜活而富于活力的因素，具有开敞性。界面与室内陈设的方式具有连续性和节奏性。空间形式变化而多样，常采用具有动态韵律特征的设计语言组织空间，产生较强的导向作用，空间组织灵活，且常常运用自然景观来构成动态的景观效果，诗意而独具匠心，常用的自然景观有小型瀑布、喷泉、流动水体等。在这样的空间里，室内景观的设置可以适当采用较为活泼的色调，也可以利用具有动感装饰品进行装饰，如纤维艺术，软雕塑等就是很好的选择。在空间环境里动感装饰能增强室内空间的线条流动感，造成光与影、静与动交错，增添室内环境的活力和情趣，如图5.6所示。

图 5.6　动态空间

动和静是人存在的两种基本状态，运动和静止之间应予良好的结合，当静则静，当动则动，动静相互依托，相互协调，相互补充，从而使空间的形态满足符合人的生理需要与心理需要，正是设计以人为本的体现。

5.2.4　结构空间与共享空间

通过对建筑结构构件的部分外露，来展现结构构思及营造技艺而形成的空间称为结构空间。精巧而富于感染力的结构可以表现力度感、科技感，自然而真实，具有美感的结构构件的构成本身就具有较强的装饰效果，特别是新材料、新工艺的不断产生，使之成为现代空间艺术的重要表现形式手法之一，比烦琐的装饰更有表现力，如图 5.7 所示。

共享空间是一种含有多种空间要素的空间形式，其形式表现为室内的多个序列空间与某一个空间连通，形成多个空间共享一个空间的构成样式，共享空间可以使室内环境显得灵活和开敞，富于艺术性和感染力，其特点是外中有内、内中有外，通常将室外的景观特征引入室内，从而使

图 5.7　结构空间

室内具有较强的自然气息。共享空间的产生是为了适应各种频繁的社会交往和丰富多彩的旅游生活的需要。它往往处于大型公共建筑（主要是饭店）内的公共活动中心和交通枢纽，含有多种多样的空间要素和设施，使人们在精神上和物质上都有较大的挑选性，是综合性、多用途的灵活空间，如图 5.8 所示。

图 5.8　共享空间

5.2.5　虚拟空间与虚幻空间

虚拟空间是一种既无明显界限，又有一定范围和区域感的空间形式。该空间的范围没有十分明确的隔离形态，但可以依据部分实体设置来启迪和暗示，依靠我们的感觉而划分空间，产生空间区域，通常又称心理空间。虚拟空间的范围并不是依靠隔墙来进行空间分割，而是以联想与部分形态的启示来完成人们视觉上的完整性。所产生空间同样可以使人在心理有各自独立的感觉，如图 5.9 所示。

在现代室内设计中，心理空间的运用正越来越普遍，虚拟空间可以借助列柱、隔断、陈设、绿化、水体、照明、色彩、材质等因素进行设置，还可以通过对界面（地面、顶面、墙面）局部的调整获得落差来设置产生，常见的空间形式有地台空间、下沉空间、凹入空间、外凸空间。

虚幻空间是利用镜面玻璃对室内镜面反映的虚像，产生的由镜面形成的虚幻空间形态。在虚幻空间中可产生假体空间，扩大开阔视觉，也通过几个镜面的折射，把原来单一平淡的空间造成幻觉的立体空间，在较小的室内空间环境，常利用镜面来扩大室内空间环境空间感，如图 5.10 所示。

5.2.6　地台空间与下沉空间

所谓地台空间是将地面局部抬高，而划分出的空间形式，它的特点是具有较强的外向性、展示性和扩张感，产生简洁而富有变化的室内空间形态，如图 5.11 所示。

图 5.9　虚拟空间

图 5.10　虚幻空间

将地面局部下沉限定出比较明确的空间称为下沉空间。具有较强的内向性，常常通过与界面边界上的座椅、围栏相结合，创造围护感较强的空间环境。随着视线的降低，空间感觉增大，对室内景观会产生不同凡俗的变化，适用于多种性质的空间，如图 5.12 所示。

5.2.7　凹入空间与外凸空间

凹入空间是指在墙面上进行的局部凹入的空间，具有较强的领域感和私密性，其领域感和私密性随凹入的程度大小而有所变化，凹入越深领域感和私密性越强，如图 5.13 所示。

外凸空间是指空间的围护部分向外突出，凸向室外，通常突出的维护为外墙，并结合栅栏、玻璃、窗等设置与室外景观取得沟通，使视野开阔室内与室外有机融合，如图 5.14 所示。

图 5.11　地台空间　　　图 5.12　下沉空间

图 5.13 凹入空间

图 5.14 外凸空间

图 5.15 母子空间

5.2.8 母子空间与悬浮空间

母子空间又称为大空间中的小空间,"母"是大空间,"子"是原母空间(大空间)用实体或象征性手段限定而出的小空间,其典型特征是大中有小,小中有大。可以起到强化空间层次的效果,丰富空间的形态的作用,如图 5.15 所示。

悬浮空间是指室内空间在垂直方向的划分采用悬吊结构,空间呈悬浮之态,有一种新鲜有趣的"悬浮"之感。具有通透完整,轻盈高爽,并且低层空间的利用也更为充分自由、灵活,如图 5.16 所示。

图 5.16 悬浮空间

5.3 空间创造中的围合与分割

随着社会发展、人口增长，可利用的空间趋于减少；空间的价值观念日趋增强。如何合理地组织空间就成为一个空间设计的重要问题。室内空间环境一般要对空间进行序列组合，合理地组织不同性质空间，巧妙设置空间的构成形态，这是空间设计的重要组织基础。随着建筑内部空间不断扩大发展，使用功能日趋复杂，建筑内部不仅需要美化，还需要进行科学的划分，以全面满足人的行为的、生理的、心理的需要。

空间的围合与分割涉及空间"围"与"透"的问题，室内设计中空间的围合与分割是密不可分的，空间的围合与分割要满足人们的需要，结合具体的空间类型和功能使用要求，进行空间的围合与分割，是我们创造的前提和目的。正确地处理围合与分割是明确空间性质的重要途径，而针对不同的设计目的采用不同的分割方式就显得尤为重要。

5.3.1 室内空间的常见分隔方式

1. 绝对分隔

用承重墙、到顶的轻体隔墙等限定度较高的实体界面分隔空间的形式称为绝对分隔，该种方式的分割具有分割明确、界限清晰的特点，有良好的隔离性（隔视线和光线、隔声音）。其良好的隔离性限定了空间与周围环境的流通，具有安静、私密的特性，如图5.17所示。

2. 局部分隔

与绝对分隔相对应，运用片段的面划分空间的方式称为局部分隔（通常用不到顶的隔墙和较高的家具或陈设设施等划分空间）。它的特点介于绝对分隔与象征性分隔之间，其限定度随分割界面的大小、材质、形态而有所区别，如图5.18所示。

图5.17 绝对分隔

图5.18 局部分隔

3. 象征性分隔

用片段、低矮的面；栏杆、花格、构架、玻璃等通透的隔断；家具、绿化、水体、高差、悬垂物、音响、色彩、材质、光线、气味等因素分隔空间，属于象征性分隔。象征性分隔的限定性很低，空间界限通过人们的感觉和联想而完成，侧重于心理效应，如图5.19所示。

图 5.19　象征性分隔

4. 弹性分隔

利用比较灵活的设置，如拼装式、升降式、直滑式、折叠式等活动隔断的帘幕、家具、陈设等分隔空间，可以根据使用要求而随时启闭或移动，空间也随之在分合之间变化，或大或小，或分或合，具有较大的弹性，如图 5.20 所示。

图 5.20　弹性分隔

5.3.2　室内空间具体分隔方法

常见的室内空间具体分隔方法有以下 8 种：

（1）建筑结构分隔或装饰构架及装饰造型分隔，如图 5.21 所示。

图 5.21　建筑结构分隔或装饰构架及装饰造型分隔

空间的分割方式决定着空间的联系程度，是空间设计的重要内容，不同的分割方式可以创造不同的室内空间环境，产生情趣和意境。

(2) 隔断分割，如图5.22所示。

(3) 用色彩、材质分隔，如图5.23所示。

(4) 用家具与陈设分隔，如图5.24所示。

(5) 用水体、绿化分隔，如图5.25所示。

(6) 用界面高差分隔，如图5.26所示。

(7) 用照明分隔，如图5.27所示。

(8) 用综合手法分隔，如图5.28所示。

空间的围合与分隔涉及空间的功能与空间气氛，合理利用空间的围合与分割，不仅反映在对内部空间的巧妙组织，而且在空间的大小、形状的变化，整体和局部之间达到协调和统一。人们对空间环境气氛的感受，通常是综合的、整体的。既有空间的形状，也有作为实体的界面。空间形态是空间环境的基础，对空间环境的气氛、格调起着关键性的作用，同时决定空间的总体效果。

图5.22　隔断分割　　　　　　　　　图5.23　用色彩、材质分隔

图5.24　用家具与陈设分隔

图5.25　用水体、绿化分隔

图 5.26　用界面高差分隔

图 5.27　用照明分隔　　　图 5.28　用综合手法分隔

第 6 章 形式美与色彩

6.1 室内设计中的造型要素

空间本身是无形的,室内设计的实际意义就是研究处理室内环境中的静态实体及其关系。对于空间形态的艺术创造,需要从实体形态要素出发,关照虚体空间,进行综合设计。实体占据三维空间,具有"体"的性质。将实体进行分类,可以得到点、线、面和体,在造型设计中具有普遍意义。

在室内设计的造型设计中,实体与空间创造是形、色、材质、光照诸多的综合构成。这些基本单位是一个密不可分的整体,彼此间关系紧密,作为形式美构成的一部分,每一个构成要素又有其独特的性质。

6.1.1 视觉元素中的点

点是具有空间位置的视觉单位,是一切形态的基础,点表示位置,是最小的视觉单位。在几何概念中,点只有位置,没有面积。但室内设计中点要见之于形象,依靠对比而存在,至于面积或形象多大是点,要根据室内环境中形体的大小和其他要素的比较来决定。如果与周围对比形成的差异较大,同时点的特征明显,则可判定为点。如一件小的工艺品对于整个房间;一幅小巧的装饰画对于一面墙;在室内环境中顶棚上的筒灯对于顶棚,都可成为视觉元素中的点。下面我们研究点的性质和作用。

(1)点是力的中心,单独的点具有向心性和强烈的注目性。点在构成中具有集中、吸引视线的功能。独立的点,或者说独立的具有点特征的物体,具有画龙点睛的作用,可以集中、吸引视线。我们可以利用点的这一特性,在室内设计中用具有点的特征的形象装点和美化环境。它们以各自的形态出现在空间环境中,创造和调节室内气氛。

(2)空间中两个大小相同且相隔一定距离的点,由于点的张力作用会使人在心理上产生连线的感觉。当我们视线反复于两点之间时,"线"的感觉便产生。

等大的多个点呈线形排列,会在我们的视觉上产生线的感觉,线的感觉随点的密集程度而有所不同,点越密集,线的形态越明显。

等大的多个点呈面形排列会在我们的视觉上产生面的感觉,面的感觉随点的密集程度而有所变化,点的个数越多,点与点之间的距离越小,"面"的感觉越强。

(3) 两个大小不同并隔一定距离的点,大点首先吸引我们的视线,然后将我们的视线移向并集中于小点。点的这些特性有利于建立空间中的视觉引导。

将多个点以由大到小按一定的轨迹、方向进行变化,可以产生一种优美的韵律感。

点的这些特性可用于建立空间中的视觉引导,既丰富了表现手法,又恰到好处地增加了空间层次,烘托出浓郁、活泼的气氛。

点在空间环境中处处可见,如一部电话或者一点灯光是"点";吊灯、桌面的蜡烛在空间中都以点的状态存在。这里的点都具有性格和表情,或通过造型或通过色调,所形成的形象语言,具有丰富的表现与内涵。

在界面中,点既是空间界面相交的角点,又是这些面的起点。空间中点的位置,决定了各界面的位置。室内每一个构成点的元素,就其本身来说,都是一个微小的构成单位。

点在空间环境的位置相对稳固,外在而言,每一个点都是一个元素;而对于内在,每一个点则不单纯是点的本身,而是活跃其中的内在张力元素。这种内在张力,是每一种视觉元素按照视觉规律进行不同配置的结果,由此产生出不同的设计表现,如图6.1所示。

图6.1 室内空间中视觉元素中的点

6.1.2 视觉元素中的线

线是点移动的轨迹。几何学上的线只有位置而没有粗细,只有长度和方向。在室内设计中线是相对视觉特征为线的空间视觉构成单位。

线的类型较为复杂,直线和曲线是基本的划分方式。

1. 直线

直线可分为水平线、垂直线、倾斜线等。

直线在最简洁的形式中表现了无限的张力和方向,明确、简洁、爽朗、锐利。在心理影响上更为简洁和直接,其形象心理具有男性化的特征。

水平线容易让人联想起地平线、水平面等自然界的特征。"平"构成了水平线的基调,所以它有稳定、庄重、静止、平和、永恒等意味。当水平线两端无限延长时,它富有深远的心理感应。

垂直线容易让人联想起自然界的树木、柱、旗杆等物象,有肃穆、崇高之感,坚强、直硬、固执而倔强。它竖起正好与水平线构成直角,成为空间结构的基本框架。垂直线具有崇高与庄重的性格。水平线和垂直线的交错、组合形成了室内大大小小的界面。

倾斜线使人联想到飞机的起飞、人的运动状态等,具有不安定感和速度感,富于运动和活力,具有向上和向下冲刺的感觉,倾斜线的运用可大大增加室内环境的活跃性,丰富空间气氛。

与其他直线相结合,可产生不同的角度和视觉特征,如45°锐角、90°直角、135°钝角,产生出的内在感受分别为敏锐、公正、舒缓的特征。倾斜线可对室内界面角度的形成产生直接影响。

从线的自身形态上还可以将线分成粗直线和细直线。

粗直线：豪放，厚重，富于力量；细直线：纤细，敏感，具有神经质的倾向。

室内出现较多的是由两条水平线和两条垂直构成的方形面。由此框定了一个个相对独立却又多方连续的实体。这种元素提供了构成空间的可能性。

2. 曲线

曲线富于女性化的特征，具有弹性、丰满、柔和、流畅、柔软、优雅等特点。与直线不同的是硬度消失，更大的柔韧力出现了，从而使有曲线加入的界面更富弹性、流畅而且亮丽。

曲线包括几何曲线和自由曲线。

几何曲线：是指规整的曲线形态，如圆、椭圆等，具有秩序规整之美。富有现代感的审美趣味，柔和、成熟、完满。与自由曲线相比趋向于理性。

自由曲线：造型较为随意，表现力丰富，流畅，富于变化，充分表现自然美。

线的情感力量随线形的具体形态不同而不同。可在追求运动感和自然风格的空间时，较多地使用自由曲线。

直线和曲线，它的本身是多变的。任何一种变化都对设计风格产生直接或间接的影响。长线具有持续性、速度性和时间性的运动特征；短线具有断续性、迟缓的动感；粗线厚重、迟缓；细线轻松、敏感。

线在造型中的地位十分重要，因为面的形是由线来界定的。也就是形的轮廓线。不同的线表现不同的意念，它们以不同的建筑材料表现出来，给人不同感受，具有丰富的表现力，带给人很强的心理感受，如图 6.2 所示。

图 6.2　室内空间中视觉元素中的线

6.1.3　视觉元素中的面

面是线移动的轨迹，在几何定义中，只有长度、宽度，无厚度，是体的表面，具有一定的形状。在室内空间环境中，面的存在方式是多种多样的，是设计中最为直接的因素，如墙面、地面、顶面。

（1）直线型面：即由直线构成的面。具有与直线相近的特征，随不同的具体面形表情又有所不同。

（2）曲线型面：具有与曲线相近的特征，柔和、轻松，生动而富于变化。

（3）不规则的面和偶然性的面，面的表情更为灵活多变。

根据自身形态构成面又分两大类：一类是实面，另一类是虚面。实面是指有明确形状的能实在看到的面；虚面是指不真实存在但能被我们感觉到的，由点、线密集而成的面。

任何形态的面都以通过分割或面与面的相接、联合等方法，构成新的形态的面，呈现不同的风格。运用、控制好界面的形式和风格，是把握整体空间的良好环节。它也是形成空间气氛的决定因素，如图 6.3 所示。

图 6.3 室内空间中视觉元素中的面

6.1.4 视觉元素中的体

面的平移或线的旋转，就形成了三维的体。

在室内设计中体可以是实体，也可以是虚体，可以看作体是室内的一切构成物，如结构部件、家具、陈设等，它们是构成空间的实体。与之相对应的是实体之外的虚体，即空间。

室内设计与任何环境一样，都是由环境的构成要素及环境设施所组成的空间系统。强调在室内空间中进行家具、灯具、陈设艺术品以及绿化等方面进行规划和处理。其目的是使人们在室内环境工作、生活、休息时感到心情愉快、舒畅。满足并适应人们心理和生理上的各种需求，起到美化室内环境的作用。设计在整体的环境中具有相对独立的功能，也具有由环境设施构成的相对完整的空间形象，并且可以传达出相对独立的空间内涵，满足人们精神上的慰藉及对美的、个性化环境的追求，如图 6.4 所示。

图 6.4 室内空间中视觉元素中的体

6.2 形式美的基本原则和规律

协调处理空间设计的诸多元素，离不开形式美的关照。探讨形式美的法则，是所有设计学科共同的课题，在日常生活中，美是个体追求的精神享受。在现实生活中，由于人们所处经济地位、文化素质、思想习俗、生活理想、价值观念等不同而具有不同的审美观念。然而从形式上来评价某一事物的视觉形象时，在大多数人中间存在着一种基本共识。这种共识是从人们长期生产、生活实践中积累的，它的依据就是客观存在的美的形式法则，我们称之为形式美法则。

在西方自古希腊时代就有一些学者与艺术家提出了美的形式法则的理论，时至今日，形式美法则已经成为现代设计的理论基础知识。在所有的设计学科中扮演着重要的角色，把握实体要素构成的形和色彩在空间中的存在方式显得极其重要。

形式美法则和规律主要有以下四个方面。

6.2.1 平衡与和谐

1. 平衡

在衡器上两端承受的重量由一个支点支持,当两端处于力学上的平衡状态时,称为平衡。在美学中平衡是根据形象的大小、轻重、色彩及其他视觉要素的分布作用于视觉判断的平衡。主要是指空间构图中各要素之间的相对平衡关系,平衡方式有对称式和均衡式两种方式。

(1) 对称式平衡。沿一条对称轴线安排相同的形体要素,形体要素的造型,尺寸相同位置相互照应,形成力的平衡,称为对称式平衡。

对称的形态在视觉上有自然、安定、均匀、协调、整齐、典雅、庄重、完美的朴素美感,符合人们的视觉习惯。在某一图形的中央设一条直线,将图形划分为相等的两部分,如果两部分的形状完全相等,这个图形就是轴对称的图形,这条直线称为对称轴。

在平面构图中运用对称法则,要避免由于过分的绝对对称而产生单调、呆板的感觉。有的时候,在整体对称的格局中加入少量不对称的因素,能避免了单调和呆板,增加构图版面的生动性和美感,如图 6.5 所示。

图 6.5　运用对称的法则进行设置室内设计

(2) 均衡式平衡。又称为非对称式平衡,依赖于非对称式平衡构成的平衡称为均衡式平衡。室内设计中均衡是指整个空间的构成力场与效果的平衡,它和空间中设置的大小、形状、质地、色彩有关系。空间各种物体的重感是由其大小、形状、色彩、质地所决定。大小相同的两物体,深色的物体比浅色的物体感觉上要重一些,表面粗糙的物体比表面光滑的物体显得重一些。室内设计中均衡效果突出,是室内设置最为常见的组织手法,如图 6.6 所示。

图 6.6 运用均衡的法则进行设置室内设计

2. 和谐

和谐指构成视觉形象的要素，整体与部分或部分与部分相互关系的整体协调。和谐统一与对比两者之间不是乏味单调或杂乱无章。单独的一种颜色、单独的一根线条无所谓和谐，几种要素具有基本的共通性和融合性才称为和谐。

6.2.2 统一与对比

统一是视觉形象中共性或个性协调的具体反映，在设计中通过多种设计手段，使诸多因素的个性变化统一于总体构想中。但有时过分的和谐会产生单调感，需要在统一中求得变化。在室内设计中利用室内设置的诸多因素的完美结合，可形成协调的室内空间整体，如图 6.7 所示。

图 6.7 运用统一的法则进行设置室内设计

对比是强调视觉要素的变化和反差，它能使主题更加鲜明，视觉效果更加活跃。对比关系主要通过视觉形象形状的大小、粗细、长短、曲直、高矮、凹凸，方向的垂直、水平、倾斜，数量的多少，色调的明暗、冷暖，色彩的明暗、饱和度、色相，位置的上下、左右、高低、远近，形态的虚实、轻重、动静、隐现、软硬等多方面的对立因素来达到的。对比法广泛应用在现代设计当中，具有很强的实用效果，如图 6.8 所示。

图 6.8　运用对比的法则进行设置室内设计

室内设计中的对比与统一是基本的形式美法则之一。运用技术和艺术的手段去创造空间的协调和统一，把所有设计要素有机结合在一起，是设计工作者的使命。在室内设计中各种设计要素必须综合为一个有机的整体，个个设计要素又在各自所处的条件下为设计的主题和气氛起到相应的作用。在室内空间中过分地强调协调和统一容易导致空间气氛单调、沉闷。一个好的设计应该既不单调，又不混乱；既有所变化，又要协调统一。

6.2.3　比例与尺度

比例是部分与部分或部分与全体之间的数量关系。

人们在古希腊时期就已发现，至今为止全世界公认的黄金分割比 0.618 正是人眼的高宽视域之比。恰当的比例有一种协调的美感，是形式美法则的基本手段。比例是设计中一切视觉单位的大小，以及各单位间编排组合构成美感的重要因素。

只有比例和谐的物体才会引起人们的美感。在室内空间环境中，比例是指空间各要素之间的数学关系，是物体本身或物与物量度间的关系，如图 6.9 所示。

尺度是人们感觉上的大小印象，指人与空间的比例关系所产生的心理感受。它和比例是相互联系的，凡是和人有关系的物体都有尺度问题，例如建筑空间、日用品、家具等。人们在长期的生产实践和生活中一直运用着比例关系,并以人体自身的尺度为中心,根据自身活动的便利总结出各种尺度标准,体现于生活中(图 6.10)。

图 6.9　比例在室内设计中的运用　　　　　图 6.10　室内空间的尺度变化

6.2.4　节奏与韵律

节奏本原指音乐中节拍轻重缓急的重复和变化。形式美中节奏就是有规律的重复与变化。形象要素之间具有单纯的、明确的、秩序井然的关系,使之产生规律化的美感,如图 6.11 所示。

图 6.11　室内空间环境中的节奏之美

韵律原指音乐中音的高低、轻重、长短的组合,有规律的间歇或停顿,而产生的美感。设计中单纯的单元组合重复易于单调,由有规则变化的形象以数比、等比处理排列,使之产生音乐般的旋律感称为韵律。节奏富有理性,而韵律富有感性。韵律是节奏运用的产物与节奏形式的深化。

在室内设计中连续的线条有流动的感觉,可产生韵律之美。可通过室内设置的色彩、形状、图案或空间的连续和重复而产生连续的韵律美;室内的线条、形状、明暗、色彩的渐变。可产生渐变的韵律,比连续的韵律更为生动。在室内设计中有效的运用韵律,可以使空间效果突出,产生愉悦的美感节奏,富有理性,如图 6.12 所示。

图 6.12　室内空间环境中的韵律之美

6.3　室内设计中的色彩

色彩,在室内设计中不是一个抽象的概念,它和室内每一物体的材料、质地紧密地联系在一起,如何有效地解决协调色彩的问题,就成了室内设计的重要组成部分。

6.3.1　色彩的产生

色彩是光的产物,光照射在物体上,物体由于自身物理结构的不同反射不同波长的光,这些不同波长的光被我们的眼睛所发现,视神经会将这种刺激传递给大脑的视觉神经,从而产生了色彩的感觉。色彩的发生,是光对人的视觉和大脑发生作用的结果,是一种视知觉。

6.3.2　色彩的基础知识

1. 无彩系和有彩系

色彩大致可分成两类:无彩系和有彩系。

(1) 无彩系。黑色与白色以及黑白相混形成的各种灰统称为无彩系。

(2) 有彩系。黑、白、灰以外的其他色彩统称为有彩系。如赤、橙、黄、绿、蓝、紫等色,统称为有彩系。

2. 原色、间色、复色

(1) 原色。指不能透过其他颜色的混合调配而得出的基本色。

(2) 间色。由两个原色相混合所得的新色称间色。

(3) 复色。如果一个颜色包含了三种原色的成分,那么该色为复色。

3. 色彩的三要素

任何一种色彩都具有三个基本属性——色相、明度、纯度,称之为色彩的三要素。

(1) 色相。色相指色彩的相貌。色彩的相貌是以红、橙、黄、绿、青、蓝、紫的光谱色为基本色相。不同色相是不同波长给人的一种感觉。在可见光谱上,人的视觉能感受到不同特征的色彩,人们给这些可以相互区别的色定出名称，当我们称呼到其中某一色的名称时，就会有一个特定的色彩印象，这就是色相的概念。

我们把色相接近的那些色（色相环中相距30°左右的色）称为同类色；色相差别较大的那些色（色相环中相距90°～180°的色）称为对比色或互补色，色相差别适中的那些色（色相环中相距50°左右的色）称为类似色。

（2）明度。指色彩的明暗程度。明度的、浅的颜色称为高明度；反之称为低明度；高明度与低明度之间的称为中明度。

从人们的感觉上来说，色彩明度高，易形成淡雅、明亮的格调，有轻松、明快等特点；色彩明度偏低，就会给人一种沉稳、凝重甚至压抑的感觉。

（3）纯度。纯度是指色彩的纯净饱和程度。纯度又称彩度，反映色彩的鲜艳程度。接近纯色的色叫高纯度色，接近灰色的色称为低纯度色，处于中间状态的称为中纯度色。

6.3.3 色彩混合

由两种以上不同的色相混合，会产生新的颜色，混合形式包括三种形式：加法混合、减法混合、中性混合。

1. 加法混合

加法混合是指色光的混合，两种以上的光混合在一起，光亮度会提高，混合色的总亮度等于相混各色光的亮度之总和，因此称为加法混合。

色光混合中，三原色光是朱红、翠绿、蓝紫，这三个色光都不能用其他的色光相混合而产生。在加法混合中，用两种原色相混产生间色。如朱红色与翠绿相混产生黄色光，翠绿色光与蓝紫色光相混产生蓝色光，蓝紫色光与朱红色光相混产生紫红色光。

色光中的各色相混，如果比例不同、亮度不同、纯度不同会产生不同的色彩效果。

2. 减法混合

减法混合主要指的是色料的混合。

色料的混合属于色彩的减法混合。色料都有颗粒和杂质，因此颜料混合的种类越多，颜色越浑浊，因而把色料的混合称为减法混合。

减法混合的三原色是红、黄、蓝。在减法混合中，用两种原色相混产生间色：红色与蓝色相混产生紫色，黄色与红色相混产生橙色，黄色与蓝色相混产生绿色。

在减法混合中，混合的色越多，明度越低，纯度也会有所下降。

3. 中性混合

色彩还可以在进入视觉之后才发生混合，称为中性混合。中性混合是指各种颜色的反射光先后刺激或同时刺激人的视觉，而在人眼中留下的印象，同时将信息传入人的大脑皮层，形成的色彩混合称为中性混合。

6.3.4 色彩的对比与调和

1. 色彩的对比

两种以上的色彩，以空间或时间关系相比较，能比较出明显的差别，并产生比较作用，被称为色彩对比。对比是以强调变化而组合的和谐的色彩。明度、色相、纯度三种要素处于对比状态，色彩更富于活泼、生动、鲜明的效果。

通常可将对比为两大类：同时对比和连续对比。

（1）当两种不同的色彩先后被人看到时，两者的对比称为连续对比或先后对比。

（2）同时对比是指能被同时看到的两种颜色的对比，它可以表现为色相对比、明度对比和冷暖对比。

1) 色相对比。因色相之间的差别形成的对比，在色相对比中各色都有沿色相环向相反方向移动的倾向。如红色与黄色对比，红色倾向于紫色，而黄色倾向于绿色。原色与间色对比时，各色都显得更鲜艳。

2) 明度对比。因明度之间的差别形成的对比明度不同的色彩相对比，明者越明，暗者越暗。对比方明暗差别越大，对比效果越明显。

3) 纯度对比。彩度不同的色彩相对比，高者越显得高，低者越显得低。

4) 补色对比。将红与绿、黄与紫、蓝与橙等具有补色关系的色彩彼此并置，使色彩感觉更为鲜明。

5) 冷暖对比。由于色彩感觉的冷暖差别而形成的色彩对比，称为冷暖对比。冷者更显得冷，暖者更显得暖。

2. 色彩的调和

调和是在色彩设计中，两种或两种以上颜色并置在一起时给人以视觉上的愉悦感。色彩关系要达到某种既变化又统一的和谐美。

色彩的调和分为同一调和、类似调和、对比调和面积调和。

（1）同一调和。同一调和即在色相、明度、纯度三属性上具有共同的因素，在同一因素色彩间搭配出调和的效果。

（2）类似调和。类似调和即色相、明度、纯度三者处于某种近似状态的色彩组合，它较同一调和有微妙变化，色彩之间属性差别小，但更丰富。

（3）对比调和。对比调和即选用对比色相或明度、纯度差别较大的色彩组合形成的调和，色彩之间属性差别大，对比强烈。

（4）面积调和。面积调和在色彩运用中占据非常重要的位置，它通过对比色之间面积增大或缩小来调节色彩对比的强弱，并得到一种色、量的平衡与稳定的效果。

6.3.5 色彩的心理感受

色彩可以使人产生冷暖、远近、轻重、大小等不同的心理感受。

1. 色彩的冷暖感

蓝绿色使人感到凉爽，黄红色使人感到温暖。色彩的冷暖感主要是由色彩的色相决定的。

我们通常根据色彩的冷暖感将色彩分成暖色和冷色：

（1）暖色。接近红、橙、黄的色彩容易使人联想到阳光、火等生活中的事物，有温暖之感，称为暖色。

（2）冷色。接近蓝、绿的色彩容易使人联想到海洋、雪地、冰川，使人感觉凉冷，称为冷色。

2. 色彩的距离感

不同的色彩可以使人感觉进退、远近的不同，一般而言暖色系和明度高的色彩具有前进、凸出、接近的效果，而冷色系和明度较低的色彩具有后退、凹进、远离的效果。

3. 色彩的分量感

色彩的分量感主要是由它们的明度决定的，一般来说，高明度色使人感到轻松，而低明色度使人感到沉重。

色彩的重量感主要取决于明度和纯度，明度高的显得轻，如粉红色、浅绿色。明度低的显得重，如黑色、熟褐色等。

4. 色彩的尺度感

暖色和明度高的色彩具有扩散作用，因此物体显得大；冷色和暗色则具有内聚作用，因此物体显得小。

5. 色彩的华丽和质朴感

明亮、鲜艳的色彩，会使人感到华丽，而灰暗、陈旧的色彩会使人感到质朴。

这主要是由于色彩的纯度和色相决定的。通常，高纯度色显得华丽，低纯度色显得质朴。色彩的华丽程度和光泽也有关系，同一种色，有光泽感的就显得华丽，无光泽感的就显得质朴。

6.3.6 色彩性格与象征

通常人们会对不同的色彩表现出不同的体验与情感，这种心理反应，常常是由人们生活经验以及由色彩引起的联想造成的。此外对于色彩的认识和体验，和人的年龄、性格、性别、心性、情绪等都有特定的联系。以下是常见色的性格与象征。

1. 红色

知觉度高，穿透力强，容易使人联想起太阳、火焰、血液、红旗、红花等事物，因而给人的感受是热情、活泼、热闹、温暖、强烈、幸福、喜悦、吉祥。

红色在我国有着悠久的历史，为广大人民所喜爱，有强烈的喜庆色彩。

红色的色感温暖，性格刚烈而外向，是一种对人刺激性很强的颜色。充实、饱满，容易引起人的注意，也容易使人兴奋、激动、紧张、冲动，还是一种容易造成人视觉疲劳的颜色。也可以表现急躁与愤怒。

在红色中加入少量的白色，会使其性格变得温柔，趋于含蓄、羞涩、娇嫩。

在红色中加入少量的蓝色，会使其热性减弱，趋于文雅、柔和。

在红色中加入少量的黑色，会使其性格变得沉稳，趋于厚重、朴实。

2. 黄色

黄色轻快，通明容易使人联想起向日葵、迎春、郁金香、油菜花等事物。

黄色是明亮、年轻、开朗，充满活力明朗、愉快、高贵、希望、发展、注意。也有冷漠、高傲、敏感、具有扩张和不安宁的视觉印象。

在黄色中加入少量的红色，则具有明显的橙色感觉，有分寸感的热情、温暖。

在黄色中加入少量的黑色，成为一种具有明显橄榄绿的印象。其色性也变得成熟、随和。

在黄色中加入少量的白色，其色感变得柔和，趋于含蓄，易于接近。

3. 蓝色

蓝色容易联想到天空与水面。从心理上蓝色是冷的、安静的、透明而湿润的。性格偏安静和内向。

蓝色具有理智的平静的印象感，深远、永恒、沉静、寒冷，令人觉得清凉和整洁，蓝色象征安静、清新、舒适和沉思。

4. 橙色

橙色具有红和黄之间的性质，响亮、温暖、辉煌、华丽、兴奋、甜蜜、快乐。

橙色容易使人联想秋后的果实，橙色常象征活力、精神饱满。

5. 绿色

绿色是大自然的颜色，容易使人联想大自然中的田野、草地、树木。是一种柔顺、恬静、满足、优美的色。

绿色给人以清新、清爽、年轻的印象感，新鲜、平静、安逸、和平、柔和、青春、安全、理想。

在绿色中加入黄色的成分，其性格活泼、友善，具有幼稚性。

在绿色中加入少量的黑色，其性格就趋于庄重、老练、成熟。

在绿色中加入少量的白色，其性格就趋于洁净、清爽、鲜嫩。

6. 紫色

紫色的明度在有彩色的色料中是最低的。紫色的低明度给人以沉闷、神秘的感觉，优雅、高贵、魅力、自傲、轻率。

在紫色中红色的成分较多时，其知觉具有压抑感、威胁感。

在紫色中加入少量的黑色，其感觉就趋于沉闷、伤感、恐怖。

在紫色中加入白色，可使紫色沉闷的性格消失，变得优雅、娇气，并充满女性的魅力。

7. 黑色

黑色代表严肃、庄重、权威、恐怖、崇高、严酷、刚健、坚实、粗犷、沉默、黑暗、罪恶、绝望、死亡。

8. 白色

白色的色感光明，性格朴实、纯洁、快乐。白色具有圣洁的不容侵犯性，代表纯洁、纯真、朴素、神圣、明快、柔弱、虚无。

9. 灰色

灰色代表谦虚、平凡、沉默、中庸、寂寞、忧郁、消极。

6.3.7 室内色彩设计的基本要求和方法

室内设计的色彩组织，往往直接决定整体设计的最终面貌。在进行室内色彩设计时，应了解和色彩有密切联系的系列问题：

（1）空间的使用目的对颜色具有特定的要求。不同的使用目的，如会议室、病房、起居室，在考虑对色彩的要求、性格的体现、气氛的形成时应分别对待。

（2）空间的大小与形式可以运用色彩进行二次调节。色彩可以按设计要求，对不同空间大小、形式来进一步强调或削弱。改变视觉与心理体验。

（3）空间在光照下的呈现状态，可借助色彩来调节。不同方位在自然光线作用下的色彩是不同的，冷暖感也有差别，因此，可巧妙地利用色彩来进行调整。

（4）空间使用人的差别，对色彩有不同的需要。男人、女人、老人、小孩对色彩的要求有很大的区别，色彩应适合居住者的爱好。使用者对于色彩的偏爱，在符合原则的前提下，应该合理地满足不同使用者的爱好和个性，符合使用者的心理要求。这也是设计以人为本的充分体现。

（5）使用者在空间内的活动对色彩也有特定的要求。如学习用的教室、工业生产车间、医院等，不同的活动与工作内容，要求不同的色相、彩度对比等。

（6）空间所处的环境，对色彩也有一定的要求。色彩和环境有密切联系，尤其在室内，色彩的反射可以影响其他颜色。同时，不同的环境，通过室外的自然景物也能反射到室内来，色彩还应与周围环境取得协调。

在符合色彩的功能要求原则下，可以充分发挥色彩在空间设计中的作用。总之，解决色彩之间的相互关系，是室内色彩设计的中心。室内色彩可以统一划分成许多层次，色彩关系随着层次的增加而复杂，随着层次的减少而简化，不同层次之间的关系可以分别考虑为背景色和重点色。作为大面积的背景色，常用灰调色彩进行设置，而小面积的色彩，在彩度、明度上比背景色要高。在色调统一的基础上可以采取加强色彩力量的办法，即重复、韵律和对比强调室内某一部分的色彩效果。室内的趣味中心或视觉焦点或重点，同样可以通过色彩的对比等方法来加强它的效果。色彩之间有主有从有中心，形成一个完整和谐的整体。加强色彩的韵律感和丰富感，使室内色彩达到整体统一，同时在统一中求变化，变化中求统一。

第 7 章 采光与照明

光线作为人与空间的主要媒介，具有物理、生理、心理、美学等综合作用。采光与照明不仅是进行生活的必要条件，同时也是构成视觉美学的基本要素。它能直接影响到室内环境的使用功能、空间氛围和艺术效果，是室内空间设计的重要组成部分。采光与照明设计的任务与目标是选择经济合理的采光方案，充分利用日光资源与人光资源，提供高质量的采光照明条件，创造安全、适用、经济、美观的光环境。

7.1 采光与照明设计基本概念

掌握、运用采光与照明设计，需要了解一些基本概念，主要有照度、光色和眩光。

7.1.1 照度

照度是指入射到受照表面单位面积上的光通量的数值，它表示被照面单位面积上被照射的程度，单位为勒克斯（lx）。照度是一个在光学中常用的概念，无论是天然采光还是人工照明，首先都需要考虑照度的要求。

照度不足，将导致人眼视力下降以及头晕等心理或生理不适，会使记忆力下降，思考能力下降，不利于提高工作效率。照度过度，容易造成视觉疲劳，对身体不利。合适的照度应该是：即使人们长期工作，也不会因为照度不适而产生疲劳。不同类型的空间对照度的要求不同。应根据工作、生产的特点和作业对视觉的要求确定照度，对于公共空间还要根据其用途考虑各种特殊要求。如商场，除要求工作面适当的水平照度外，还要有足够的空间亮度，给顾客一种明亮感和兴奋感，不同商品销售区，要求有不同照度，以渲染促销重点商品；又如宾馆等空间，常常运用照明来营造一种气氛；像体育竞赛场馆，更需要很高的垂直面照度或半柱面照度，以满足彩色电视转播的要求及观众观看的清晰和舒适感。

根据照度要求，对不同类型的工作环境制定了相应的照度标准，见表 7.1。

7.1.2 光色

光色主要取决于光源的色温。光源的色温不同，光色也随之不同，相应的环境氛围也不相同。

暖色光源的色温小于3300K，冷色光源的色温大于5300K，中间色光源的色温为3300～5300K。低色温的光源在低照度时，具有温馨、宁静、亲切的气氛；高照度时，则会造成闷热感。高色温的光源在高照度时，具有凉爽、活跃、振奋的气氛；低照度时，会形成阴暗的气氛。

表 7.1　　　　　　　　　　　　　照 度 标 准 表

场所或作业的类型		照度标准值/lx
一、住宅建筑		
1	缝纫等精细工作	200～300～500
2	书写、阅读	150～200～300
3	床头阅读	75～100～150
4	起居室、卧室、厨房	30～50～75
5	餐厅	20～30～50
6	卫生间	10～15～20
7	楼梯间	5～10～15
二、商店建筑		
1	陈列柜、橱窗	200～300～500
2	自选商场营业厅、收款处、试衣间	150～200～300
3	一般商店柜台、货架	100～150～200
4	一般商店、一般区域	75～100～150
5	室内菜市场营业厅	50～75～100
6	库房	30～50～75
三、旅馆建筑		
1	旅馆美容室	200～300～500
2	总服务台、大宴会厅、客房梳妆台	150～200～300
3	客房写字台、理发室、厨房、洗衣房、小卖部	100～150～200
4	休息厅	75～100～150
5	客房服务台、卫生间、主餐厅、酒吧柜台、游艺厅	50～75～100
6	健身房、游泳池、小件寄存处	30～50～75
7	西餐厅、酒吧间、舞厅	20～30～50
四、影剧院建筑		
1	美工室、绘景室、化妆室的化妆台	200～300～500
2	售票房、声光电控制室、排演厅、门厅	100～150～200
3	接待室、剧场观众休息室、化妆室、电影放映室	75～100～150
4	演员休息室、影院观众厅	50～75～100
5	电影放映室在放映时	20～30～50
五、办公楼建筑		
1	设计室、绘图室、打字室	200～300～500
2	有视觉显示屏的作业	150～200～300
3	办公室、报告厅、会议室、营业厅	100～150～200
4	装订室、复印室、晒图室、档案室	75～100～150
5	值班室	50～75～100

7.1.3 眩光

眩光是由视野中极高的亮度或视野中心与背景间较大的亮度差引起的。它会使人感到刺眼，引起眼睛酸痛、流泪，或视力下降等。室内设计时要尽可能避免眩光，通常采用百叶窗、磨砂玻璃、扩散均匀的灯具等方法来避免炫光。

7.2 采 光 设 计

采光包括自然采光和人工采光两种。室内环境中的采光设计主要是指如何利用自然采光。对于我们生存的地球而言，所有的自然采光都来源于太阳光。

7.2.1 自然光的功能

自然光的功能很多，除了能给人带来光明，还有许多其他功能。

1. 生理功能

人们经常接受太阳的照射，有利身体健康，特别是阳光里的紫外线对细菌具有较强的杀伤力，可满足人们的卫生需求；此外，紫外线可使人体产生维生素 D。从医学上讲，缺乏维生素 D，会妨碍人体骨骼的正常发育，导致婴儿的软骨病。因此，我国的建筑设计规范对住宅、医院、疗养院、敬老院、幼儿园等建筑物的日照时间都做了相应的明确规定，以此保障使用者的基本利益。

2. 心理功能

人的第一需要是阳光，即自然光，自然界中自然光是非常可贵的。自然光不仅对人们的生理健康有重要意义，而且对人的心理也有很大影响。长期生活在没有自然光的室内，人们会容易产生沉闷、压抑的心理感受；在阳光充足的室内，能使人感受到温暖，体会到人与自然的沟通与交流。在人的心中，阳光和光明、幸福是连在一起的。在德国北部汉堡等地，由于阳光照射的时间短，因而显得更加珍贵，人们迫切希望得到更多的阳光，许多人把阳光看成是生活中的一种追求。

3. 节能功能

20 世纪 70 年代能源危机后，能源和环境问题日趋突出。建筑物如何充分利用自然光，节约照明用电，引起国际建筑和照明界的高度重视。充分利用自然光，将天然光引进室内，能节约白天的照明能耗，有助于提高室内温度。自然光的利用越来越引起人们的重视。

7.2.2 自然采光的形式

室内设计中的自然采光主要有顶部采光和侧向采光两种形式。

1. 顶部采光

顶部采光时，光线自上而下，有利于获得较为充足、均匀的自然光线，光照效果宜人，在现代室内设计中经常采用。采用顶部采光需要注意的是：防止直射光对一些工作的影响；加强通风解决夏日闷热问题，如图 7.1 所示。

2. 侧向采光

侧向采光是最常见的采光方式，根据窗的位置，可分为单向采光和双向采光，及高侧窗采光和低侧窗采光。

双向采光能够使室内环境获得较为均匀、充足的光线，通风效果好，但保温性差，由于多种原因，受条件限制，常不能采用双向采光。目前室内空间多是单向采光，如图 7.2 所示。

采用低窗时，离窗较近的区域较明亮，离窗较远的区域则较暗，照度的均匀性较差；采用高窗时，有助于光线射入房间较深的部位，提高照度的均匀性，如图 7.3 所示。

图 7.1　顶部采光

随着科技的进步，室内设计中大量运用大面积玻璃窗或玻璃幕墙进行采光。大面积的玻璃面使整个侧面成为采光面，引进大量光线，带来充足的阳光，改善了采光效果，如图7.4所示。

图 7.2　双向采光　　　　图 7.3　高窗采光　　　　图 7.4　大面积玻璃面采光

7.3　照　明　设　计

室内设计中采光是指自然采光，照明则是指人工采光。照明设计的好坏直接影响室内空间的效果。

7.3.1　室内照明的功能

1. 采光

采光是室内照明的主要功能。室内照明首先要满足采光的要求，任何室内空间都离不开采光，如不能满足采光的要求，人们就不能正常的工作、学习和生活，室内照明也就不能起到基本的功能，没有存在的价值。

2. 强化空间、烘托气氛

灯光与灯具有形有色，用它们来渲染、烘托室内环境氛围，往往可以取得非常显著的效果。明亮整齐的灯光可以使室内环境显得简洁大方；一盏水晶吊灯可以使门厅、客厅等显得十分富丽豪华。灯光与灯具还具有强化空间的作用，可以通过不同的灯光或灯具明确室内空间不同的使用功能，如图7.5所示。

3. 突出重点

一般来讲，明亮的地方比黑暗的地方容易吸引人的注意力，所以为了突出室内空间的某一重点，常常加强这一区域的照明设计，或设置一些与其他区域不同的灯具，使之重点突出。例如，商场的橱窗，目的是将商品展现给人们，提高人们的注意力，因此常在橱窗内增加专用灯具，使其突出，如图7.6所示。

4. 装饰空间

灯具与灯光的造型和色彩非常丰富，可以起到装饰室内空间的作用。灯具的造型美观多样，是室内设计中很好的装饰品，灯光的不同色彩能使室内空间产生不同的艺术效果，如图7.7所示。

图7.5　灯光强化空间烘托气氛

图7.6　灯光突出重点

图7.7　灯光装饰空间

7.3.2　照明的类型与方式

1. 照明的类型

（1）直接照明。光线通过灯具直接照射物体，90%～100%的光通量到达工作面，这种照明方式被称为直接照明。直接照明的照度高而集中，立体感强，但容易产生眩光和阴影。根据不同的灯型，可以适用于一般空间的大面积照明或局部工作照明，如图7.8所示。

（2）反射照明。反射照明的光线先投射到界面，然后再反射到被照射物上。特点是光线柔和，没有较强的阴影，不容易出现眩光，视觉舒适，适合安静雅致的室内空间。通常有两种处理方法：一种是利用不透明的灯罩将光源部分阻挡，光线受灯罩的阻挡，反射到天棚和墙面；另一种是将光源安装在固定的灯槽内，光线经过灯槽界面反射到天棚和墙面，如图7.9所示。

图7.8　直接照明

图7.9　反射照明

（3）漫射照明。漫射照明是利用磨砂玻璃、塑料等半透明材质的灯罩将光源完全围合，光线透过半透明的灯罩均匀扩散至四周，使光线形成多方面均匀的投射。特点是光线稳定柔和，适用于多种室内空间，如图7.10所示。

图7.10　漫射照明

2．照明的方式

（1）整体照明。整体照明是指在一定室内空间内不考虑特殊的局部要求，灯具均匀地分布在被照空间内，被照空间内形成均匀的照度。特点是光线均匀，能使室内空间明亮宽敞，不突出重点。适合于对光线的投射方向没有特殊要求、活动点多的空间，如图7.11所示。

（2）局部照明。局部照明是指在活动区域或重点区域设置灯具，光线有方向的照射，以满足相应的照度标准需求。局部照明可以突出重点，增加艺术效果，但容易出现眩光和视觉疲劳的现象，如图7.12所示。

图7.11　整体照明　　　　　　　　　　　　　图7.12　局部照明

7.3.3　照明设计原则

1．功能性原则

照明设计必须符合功能的要求，根据不同的空间、不同的场合、不同的对象选择不同的照明方式和灯具，并保证恰当的照度和亮度。例如会议大厅的灯光照明设计应采用垂直式照明，要求亮度分布均匀，避免出现眩光，一般宜选用全面性照明灯具；商店的橱窗和商品陈列，为了吸引顾客，一般采用强光重点照射以强调商品的形象，其亮度比一般照明要高出3～5倍，为了强化商品的立体感、质感和广告效应，常使用方向性强的照明灯具和利用色光来提高商品的艺术感染力。

2. 美观性原则

灯光照明是装饰美化环境和创造艺术氛围的重要手段。为了对室内空间进行装饰，增加空间层次，渲染环境氛围，采用装饰照明，使用装饰灯具十分重要。在现代家居建筑、影剧建筑、商业建筑和娱乐性建筑的环境设计中，灯光照明更成为其整体的一部分。灯具不仅起到保证照明的作用，而且十分讲究其造型、材料、色彩、比例、尺度，灯具已成为室内空间的不可缺少的装饰品。灯光设计师通过灯光的明暗、隐现、抑扬、强弱等有节奏的控制，充分发挥灯光的光辉和色彩的作用，采用透射、反射、折射等多种手段，创造温馨柔和、宁静幽雅、怡情浪漫、光辉灿烂、富丽堂皇、欢乐喜庆、节奏明快、神秘莫测、扑朔迷离等艺术情调氛围，为人们的生活环境增添了丰富多彩的情趣。

3. 经济性原则

灯光照明并不一定以多为好，以强取胜，关键是科学合理。灯光照明设计是为了满足人们视觉生理和审美心理的需要，使室内空间最大限度地体现实用价值和欣赏价值，并达到使用功能和审美功能的统一。华而不实的灯饰非但不能锦上添花，反而画蛇添足，同时造成电力消耗，能源浪费和经济上的损失，甚至还会造成光环境污染而有损身体的健康。

4. 安全性原则

灯光照明设计要求绝对的安全可靠。由于照明来自电源，必须采取严格的防触电、防短路等安全措施，以避免意外事故的发生。

7.3.4 灯具的类型与选择

1. 灯具的种类

随着新技术新材料日新月异的发展，灯具花色品种繁多、造型丰富，光、色、形、质可谓变化无穷，灯具不仅为人们的生活提供照明的条件，而且是室内环境设计中重要的画龙点睛之笔。

（1）根据灯具的光源种类来分类。灯具的光源多种多样，就室内而言常用的有白炽灯、荧光灯及LED灯。

白炽灯光色偏暖，发光面积小，外形紧凑，尺寸较小，适合作点光源。用它照明的室内，空间层次丰富、立体感强、色调柔和。荧光灯光色偏冷，适合作面光源。LED灯是近几年市场应用最广泛的灯的类型。LED灯寿命长、环保、节能、显色性好、回应时间短、耐震动等诸多优点。利用LED灯饰能够创造出各式各样、非常美丽的外观造型和灯光造型，其潜在市场很大。

（2）根据灯具的安装方式来分类。

1）悬吊类，通称吊灯。有一般性吊灯，用于一般性室内空间；花灯，用于豪华高大的大厅空间；宫灯，一般用于具有传统古典式风格的厅堂；伸缩性吊灯，采用伸缩的蛇皮管或伸缩链作吊具，可在一定范围内根据需要调节灯具的高度，如图7.13所示。

图7.13 吊灯

2）吸顶类，是附着于顶棚的灯具。凸出型吸顶灯，这类灯具适用面较大，可以单盏使用，也可以组合使用，前者适用于较小的空间，后者适用于较大的空间；嵌入型吸顶灯，灯具嵌入天棚内，弱化灯具在空间的体量关系，如图7.14、图7.15所示。

图7.14　单盏吸顶灯　　　　　　　　　　　　图7.15　组合吸顶灯

3）壁灯类，分附墙式和悬挑式两种，安装在墙壁和柱子上。壁灯造型要求富有装饰性，适用于各种空间，如图7.16所示。

4）落地灯，也称坐地灯。是家居客厅、起居室、宾馆客房、接待室等空间的局部照明灯具，是室内陈设之一，具有装饰空间的作用，如图7.17所示。

图7.16　壁灯　　　　　　　　　　　　　　　图7.17　落地灯

5）台灯，坐落在台桌、茶几、矮柜的局部照明的灯具，也是现代家庭中富有情趣的主要陈设之一，在现代宾馆中，台灯已经成为具有特色的装饰照明手段，如图7.18所示。

图7.18　台灯

2. 灯具的选择

室内设计中，灯具的设计与家具一样，需要总体构思，与整体环境气氛相统一，是室内设计中的一个重要环节。现今灯具的品种繁多，千姿百态，如何选择合适的灯具，需要考虑下列几点：

（1）室内空间的用途。在选择灯具时，必须首先根据室内空间的用途进行选择，不同用途的空间所需灯具不同。办公空间的环境明亮，需要有充足照度的灯具；卧室营造的是温馨、舒适的空间氛围，灯具就要选择以反射照明为主的灯具；舞厅内，常需要灯光强弱反差大、色彩缤纷的灯具……如果灯具不能满足室内空间用途的要求，就会影响室内空间的用途，违背使用者的意愿。

（2）室内环境的风格。室内环境的风格是影响灯具选择的又一因素。灯具的选择应与整个室内环境的风格相协调。中式风格的室内空间，宜选用具有民族形式的灯具，以显示中国的传统特色；儿童用的室内空间，要选用活泼，色彩鲜艳的灯具，如动物图案的灯具、飞机图案的灯具等。

（3）室内空间的尺度大小。室内空间的尺度大小经常影响灯具的选择。面积较小、高度不高的室内空间，不能选择大型吊灯，否则会使人产生压抑感，需要选择吸顶灯或小型吊顶；面积较大、高度较高的室内空间，宜选用体积较大的灯具，烘托空间高度。

（4）室内空间的形。在选择灯具时，需要适当地考虑室内空间的形状。例如，狭长的走廊内，比较适合在墙面安装壁灯或在顶部安装一排装饰型吸顶灯；圆形的顶部应配以圆形的灯具，长形的屋顶则需要配以长形的灯具。

7.3.5 不同空间的照明设计

1. 客厅照明

客厅是家庭成员活动的中心区，也是接待亲朋宾客的场所，灯光照明不能马虎凑合，要精心设计布置。理想的设计是：灯饰的数量与亮度都有可调性，使家庭风格充分展现出来。一般采用一般照明与局部照明相结合的方式，即一盏主灯，再配其他多种辅助灯饰，如壁灯、筒灯、射灯等，如图7.19所示。

图7.19 客厅照明

对于主灯而言，若客厅层高在3m左右，宜用中档豪华型吊灯；层高在2.5m以下的，宜用中档装饰性吸顶灯或不用主灯；如果层高超过3.5m以上的客厅，可选用档次高、规格尺寸稍大一点的吊灯或吸顶灯。

另外用独立的台灯或落地灯放在沙发的一端，灯光散射于整个起坐区，用于交谈或浏览书报。也可在墙壁适当位置安放造型别致的壁灯，能使壁上生辉。若有壁画、陈列柜等，可设置隐形射灯加以点缀。在电视旁放一盏微型低照度白炽灯，以减弱厅内明暗反差，有利于保护视力。

客厅中的灯具,其造型、色彩都应与客厅整体布局一致。灯饰的布光要明快,气氛要浓厚,给客人"宾至如归"的感觉。

2. 宴会厅、餐厅照明

宴会厅是宴请高级贵宾的场所,灯饰应是宫殿式的,它是由主体大型吸顶灯或吊灯以及其他筒灯、射灯或多盏壁灯组成。配套性很强的灯饰,既有很强的照度又有优美的光线,显色性很好,但不能有眩光,如图7.20所示。

家庭餐厅是就餐的场所,灯光装饰的焦点当然是餐桌,灯饰是否合理,直接影响人们的食欲。灯饰一般可用垂悬的吊灯,为了达到效果,吊灯不能安装太高,在用膳者的视平线之上即可。长方形的餐桌,则安装两盏吊灯或长的椭圆形吊灯,吊灯最好有光的明暗调节器和可升降功能,以便兼作其他工作用。餐厅光源宜采用暖色白炽灯,不宜用冷色荧光灯。因为菜肴讲究色、香、味、形,若受到冷色光的照射,将直接影响菜肴的成色,影响人的食欲,如图7.21所示。

图7.20 宴会厅照明

图7.21 家庭餐厅照明

3. 卧室照明

卧室主要功能是休息,但不是单一的睡眠区,多数家庭中,卧室亦是化妆和存放衣服的场所,也是在劳动之余的短暂休息之地。要发挥卧室的多种用途,必须对灯光装饰做周密的设计。

灯具造型、色彩的选择,要以营造恬静、温馨的氛围为主;若想把卧室创造成罗曼蒂克或富有魅力的小天地,就要借助柔和、优美的灯光。

照明方式以间接或漫射为宜。室内用间接照明,天花板的颜色要淡,反射光的效果才好。若用小型低瓦数聚光灯照明,天花板应是深色,这样可营造一个浪漫柔和感性氛围。尽量避免将床布置在吊灯的下方,这样人在床上躺着时,不会有灯光刺激眼睛。最好的方法是将下照灯装在墙上,并定向安装,让光线照在画上和书架上,产生优美的气氛,也可在适当位置设置半透明罩壁灯,上部罩口将光投向顶棚中心彩饰,下部以漫射光照在底层空间,可获得上下辉映的装饰效果。

若卧室内有其他需要有亮度的设施,可根据需要设灯,如壁橱,设"拉门自开灯",方便取物。要显现壁画的魅力,可用射灯照明。梳妆台镜面两侧装两盏小巧玲珑的壁灯,用光对称且无阴影,方便梳妆。在卧室内设置床头灯,在提供照明的同时,亦满足主人躺在床上读书的功能。这就需要床头灯既有亮度,又不刺眼,一般采用可调光源灯。平时不"躺读"时,照明可低些,光色宜柔和,如图7.22所示。

4. 书房照明

书房的环境应是文雅幽静,简洁明快。宜采用直接照明或半直接照明方式,光线最好从左肩上端照射,或在书桌前方装设亮度较高又不刺眼的台灯。专用书房的台灯,宜采用艺术台灯,如旋臂式台灯或调光艺术台灯，使光线直接照射在书桌上。一般不需全面用光，为检索方便可在书柜上设隐形灯。若是一室多用的"书房"，宜用半封闭、不透明金属工作台灯，即可将光集中投到桌面上，满足作业平面的需要，又不影响室内其他活动。若是座椅、沙发上阅读时，最好采用可调节方向和高度的落地灯，如图7.23所示。

图7.22　卧室照明

图7.23　书房照明

5. 厨房照明

厨房照明对亮度要求较高，因为灯光对食物的外观很重要，它可以影响人的食欲。由于人们在厨房中度过的时间较长，所以灯光应惬意而有吸引力，这样能提高制作食物的热情。一般厨房照明，在操作台的上方设置嵌入式或半嵌入式散光型吸顶灯，嵌入口罩以透明玻璃或透明塑料，这样顶棚简洁，减少灰尘、油污带来的麻烦。灶台上方一般设置抽油烟机，机罩内有隐形小白炽灯，供灶台照明。若厨房兼作餐厅，可在餐桌上方设置单罩单头升降式或单层多头式吊灯。光源宜采用暖色白炽灯，不宜用冷色荧光灯，如图7.24所示。

6. 浴室照明

家庭浴室是与洗盥间、厕所融为一体的，尽管面积小，但功能多，给人的印象是湿气大又幽暗，故多数人喜欢浴室有明亮的灯光；但入浴又是享受宁静的时候，希望灯光柔和，所以有调节亮度的灯饰最适合于浴室。浴室照明可安装吊灯或日光灯于半透明顶棚上方；或在浴室天花板装置嵌灯；也可在浴池上方天棚处安装浴霸，既照明、加热又可进行换气。此外，洗脸池上方装有镜饰时，在镜子的一侧或上方设一盏全封闭罩防潮灯具，以便梳理。其他浴室，如桑拿浴室、蒸汽浴室、冲浪浴室等都要设置全封闭防潮灯具，配合各自功能，选择合适灯饰，如图7.25所示。

图7.24　厨房照明　　　　　　　　　图7.25　浴室照明

7. 门厅、大堂、走廊照明

门厅、大堂、走廊是人们过往必经之地，是进入室内第一印象处，亦是体现室内装饰的整体水准之一。一般门厅、大堂、走廊照明灯具顶部选用小的球形灯、扁圆形或方形吸顶灯，其规格、尺寸、大小应与客厅配套，根据需要也可设置射灯。门厅、走廊用灯应与其他房间有主、次之分；而大堂是公共建筑的大厅，它的布灯很重要，灯饰往往是标志性的装饰之一，应装饰得富丽堂皇、豪华精致，如图 7.26～图 7.28 所示。

图 7.26　门厅照明　　　　图 7.27　大堂照明

图 7.28　走廊照明

第 8 章

家具、陈设与绿化

8.1 室内家具

8.1.1 家具的发展

家具是室内环境的一项重要组成部分，是不可缺少的室内生活器具。在人们日常的工作、学习、生活和休息中占有重要的位置，从家庭到社会的公共活动场所，都少不了家具的运用。家具在室内空间中占有重要的地位，对室内环境效果起着重要的影响。

家具起源于生活，同时改善和促进人类的生活。随着生产力和人类文明的进步，家具的类型、功能、形式和数量也随之不断地发展。在不同的历史时期产生了不同的家具，家具的发展与演变反映着不同国家和地区、不同历史时期的社会生活方式及物质文明的水平。

国内和国外家具的发展都经历了一个漫长的历史过程。家具的发展与当时社会的生产技术水平、生活方式、风俗习惯、思想观念以及审美意识等因素有着密切的联系。

1. 中国传统家具

中国家具是中国文化的重要组成部分，历史悠久，中国家具是中华民族的文化遗产，是全世界的共同财富。

我国家具的历史可谓源远流长。随着社会经济、文化的发展，家具也同样在漫长的历史变迁中发展变化着。我国的起居方式自古至今可以分成"席地而坐"和"垂足而坐"。人们的生活方式决定家具发展方向。

席地而坐包括跪坐，可追溯到公元前17世纪的商代，距今有3600多年。西周以后从春秋战国至秦国，室内以床为中心，地面铺席；再后来出现屏、几、案等家具，床既是卧具也是坐具，在此基础上又衍生出榻等家具。商、周、战国时期是我国低型家具的形成期，其特点是造型古朴，用料粗壮，漆饰单纯，纹饰粗犷。榫卯在这一时期已有了一定的发展。两晋、南北朝时期是中国历史上民族斗争和民族大融合的时代，西北少数民族进入中原，导致长期以来的生活习俗的改变，直到西汉末年，"胡床"进入中原地带并普及到了民间，高型坐具陆续出现，垂足而坐开始盛行。两晋、南北朝时期由于受到民族大融合和佛教传入的影响，家具在此时也发生了很大的变化，已由"矮"向"高"发展，品种不断增加，造型和结构也更趋丰富完善。

起居形式到了唐代人们开始坐高，双足悬起，中国垂足家具才逐渐兴起，但席地而坐仍然是很多人的日常习惯，仍然是两种形式并行。隋唐时期是我国高型家具的形成期，唐至五代士大夫和名门望族们以追求豪华奢侈的生活为时尚，家具以发展得初步完善，造型上已达到简洁、朴素大方的境地，工艺技术也有了极大的发展和提高。

经五代十国至宋代起居方式完全进入垂足而坐的时代，宋王朝经济高速发展、城市繁荣富有，园林大量兴建，打造家具以布置房间成为必然，这给家具业的蓬勃发展提供了良好的社会环境。垂足家具完全取代席地家具，制作工艺也基本成熟。宋代是中国家具史中空前发展的时期，也是家具空前普及的时期。为明清家具的发展奠定了基础。

到了明清时期，中国家具达到鼎盛时期，真正将中国家具推向艺术顶峰。优良的材质，纯熟的工艺，这些都是明代以前的家具所无法比拟的。

明清时期的家具如图 8.1 所示。

图 8.1　明清时期的家具

明式家具是在宋代家具发展的基础上发展起来的。明手工艺的繁荣，对家具的发展起了推动作用。明代手工业的艺人较前代有所增多，技艺也非常高超，明代江南地区手工艺技术较前代大大提高了，并且出现了专业的家具设计制造的行业组织。家具艺术在明代初期至中期有很大的发展。流传至今的大批家具珍品记录了手工艺人的勤劳智慧和光辉业绩。

明代是我国古代家具发展的高峰期，在我国家具史乃至世界家具史上占有最重要的地位，以形式简洁、构造合理而著称。其特点主要表现如下：

（1）重视使用功能，家具结构科学，讲究舒适，基本符合人体工程学原理。

（2）制作省工，用材适当、广泛，形式简洁，构造合理。

（3）造型优美，比例和谐，重视天然材料的色泽、纹理的表现。

清代家具在继承和发展明式家具特点的同时，又采用了更多的嵌、绘等装饰手法。新形式更是层出不穷。装饰上求多、求满，常运用描金、彩绘等手法，显出光华富丽、金碧辉煌的效果。清代家具进入鼎盛时期，这一时期的家具品种多，式样广，工艺水平高，最富有"清式"风格。在装饰上，力求华丽，并注意与其他各种工艺品相结合，使用了金、银、玉石、珊瑚、象牙、百宝镶嵌等不同质材，追求金碧璀璨、富丽堂皇，遗憾的是，这一时期的家具，有的由于过分追求奢侈，显得烦琐累赘。

清代家具的雕饰精美、豪华富丽，在室内起到突出的装饰效果，仍然获得不少中外人士的喜欢，在许多场合下至今还在沿用，成为我国民族风格的杰出代表。

2. 外国家具

国外的古代家具在发展过程中也经历了一段漫长的过程，出现了罗马式、哥特式、文艺复兴式、巴洛克式、洛可可式及19世纪的各种风格。

19世纪初期，欧洲各国都先后完成了工业革命。1888年，"艺术与手工艺运动"提出了以大规模的工业化生产来满足社会生活需求的倡议，家具设计从古典装饰走向工业设计。之后的"新艺术运动"发源于比利时，1895年由法国兴起，波及了整个欧洲。新艺术运动的发展摆脱了历史的束缚，寻找新的表现风格。1907年10月，"德意志制造联盟"在慕尼黑成立，主张把艺术、工艺和工业化融合在一起，并以此来扩大工业化生产的作用，取得了理论和实践的相结合。

1919年，包豪斯学院成立，该校创造了一整套"以新技术来经济地解决新功能"的教学和创造方法，注重功能和工业化生产，并致力于形式、材料和工艺技术的统一。包豪斯学校家具造型设计组的建立，树立了功能主义的现代设计理论，强调设计规律和表现材料的结构性能和美学性能。

19世纪中期起，西方家具在家具风格动荡、变革的进程中发生了许多根本性的变化，开始了对现代家具的探索，从重装饰向重功能转变，从重手工向机械转变。50年代，丹麦的有机形态的木质雕塑家具是北欧设计风格的代表。另外，在欧洲的另一地区，意大利也出现了新动向，以近乎古典几何形为基调，显示出雍容端庄的风姿，单纯简朴，另有一番气质。

进入19世纪60年代后，范围广泛的技术革新活动已进入一个新的阶段，各种体积小、重量轻、高性能、高精度的专用设备不断涌现，为家具用材的加工开辟了新的途径。首先，值得重视的是组合家具，已完全脱离了传统的整体组装的单独形式，而由单体组合发展成为部件装配化的单元组合形式；其次，壳体模型家具的发展，也给家具设计带来新的面目。虽然它缺乏木材等传统材料家具的自然特色，但却表露透明效果的优越特性，而且是与大批量生产。此外，尚有充气家具和纸板式家具，是现代家具革新的产品，由于它的形式新颖，价格低廉，而且耐用，深受低收入家庭的欢迎。

在不到100年的时间里，现代家具的崛起使家具设计发生了划时代的变化，各种不同形式，不同材料和不同机能的家具相继问世，现代家具的成就主要表现在以下几点：

（1）注重科学性，把家具的使用功能和人体工程学作为设计的主要因素。

（2）利用现代先进技术和多种新材料，产品的部件标准化、系列化、通用化。

（3）采用多种材料，充分发挥材料性能及构造特点，显示材料固有的形、色、质。

（4）设计理念上不受传统家具的束缚和影响，重视家具的系列化、组合化、装卸化。

近现代家具如图8.2所示。

8.1.2 家具的分类

目前我国的家具市场日趋繁荣，家具品种繁多。室内家具可按其使用功能、制作材料、结构构造体系、组成方式等来分类。

图 8.2　近现代家具

1. 根据基本功能分类

根据其基本功能的不同可分为人体家具、储物家具和装饰家具三种类型。

（1）人体家具。人体家具是指与人体发生密切关系的家具。它既包括直接支撑人体的，同时又包括与人的活动直接相关的家具。人体家具是最基本、最常见的家具，使用范围也是最广的。

人体家具又可以分成坐卧类家具和凭倚类家具：坐卧类家具有椅类、凳类、沙发、床类等；凭倚类家具有茶几、书桌、餐桌、柜台等。

（2）储物家具。储物家具主要是指用于储存物品的家具形式，如柜、橱、箱、架等，储物家具主要考虑的是如何满足不同物品的存放要求及与使用者的关系。

（3）装饰家具。以美化空间、装饰空间为主的家具称为装饰家具，如博古架、屏风等。装饰家具除了具有一定的实用功能外，还在分隔空间、组织空间、增进层次等方面具有相当大的作用。

2. 按制作材料的不同分类

随着科学技术的发展，家具的制作已经打破了以木材为主的家具生产工艺，材料在向多元化发展。不同的材料有不同的质感，其视觉形象与触觉感受各不相同。不同的材料的制作工艺也不相同，因而造型和构造也各具特色。

根据使用材料的不同，可以将家具分为木制家具、金属家具、软垫布革面家具、塑料家具、竹藤家具、玻璃家具。

（1）木制家具。木制家具主要以木材为原料制成的家具。

以天然成材和各种人造材（如胶合板、纤维板、细木工板、刨花板等）构成家具的主要用材。其取材广泛，易于加工制作，质感柔和，纹理清晰，便于造型，富于自然气息，具有很高的观赏价值，易于创造环境气氛。目前木制家具仍是家具中的主流，如图 8.3 所示。

常用的树种有：水曲柳、红松、白松、榆木、桦木、杉木、椴木、紫檀、花梨、红木等。其材色随树种不同而各有不同，纹理美观、悦目，易于油漆装饰。

图 8.3 木制家具

（2）金属家具。金属家具是指直接用金属材料制成或用金属材料制成框架与其他材料（如布材、木材、塑料、纤维、皮革等）组合而成的家具。

金属家具可采用机械化生产，精度较高，表层可以与电镀、喷涂、喷塑等工艺相结合。

常用的材料有：铸铁、钢材、铝合金等。

金属家具通常以金属材料为骨架，在其他与人体相接触的部位（如座面、靠背、扶手等）附以其他材料。这种家具的特点是充分利用不同的材料特性，合理运用于家具的不同部位，通过不同色彩和质感的处理，金属冷硬与其他材料相结合形成反差。通过不同色彩和质感的处理产生变化，使其极具现代感，如图 8.4 所示。

（3）软垫布革面家具。采用弹簧、海绵和布料等多种材料组合而成的家具称为软垫布革面家具。

它常以其他材料（如铁、木、塑料等）为基本骨架。软垫家具最常用于人体类家具的床、凳、椅、沙发等，它能增加人体与家具的接触面，使人体在休闲时得到较大程度的松弛。软垫家具的造型及面料的图案和色彩都有许多的变化，往往能带给人温馨亲切的效果，如图 8.5 所示。

图 8.4　金属家具

图 8.5　软垫布革面家具

（4）塑料家具。塑料家具是以塑料为主要材料制成的家具。一般采用模具成型，造型灵活简洁，易于成型，其特点具有质轻、高强、耐水、表面光洁等特点，如图 8.6 所示。

塑料家具在色彩和造型上均有独特风格，与其他材料如帆布、皮革等相互并用更能创造独特效果。

（5）竹藤家具。竹藤家具是以竹、藤为材料制作的家具。

竹藤材料易于弯曲、富有弹性和韧性容易编织，多采用编织的工艺制作完成，是理想的夏季消暑家具。竹藤家具在造型上也是千姿百态，工艺特点鲜明，淳朴、自然、清新，且具有浓厚的乡土气息，如图 8.7 所示。

图 8.6　塑料家具

（6）玻璃家具。以玻璃为主要原材料制作而成的家具，通过透明的玻璃与光的作用，晶莹剔透，精致而别具一格，如图 8.8 所示。

图 8.7 竹藤家具

图 8.8 玻璃家具

玻璃有有色玻璃、毛玻璃、镜面玻璃、透明玻璃等诸多种类。通过这些材料与其他材料搭配为极具观赏性与实用性的家具。

3. 根据结构形式的不同分类

根据结构形式的不同家具可分为框架式家具、板式家具、折叠家具、拆装家具、充气家具和固定式家具等。

（1）框架式家具。凡是主要骨架由框架构成的都称为框式结构家具。具有坚固耐用的特性，常用于柜、箱、桌、椅、床等家具。

（2）板式家具。板式家具是用各种细木工板和人造板黏结或用连接件连接在一起，可采用活动连接件。这不但简化了结构工艺，而且便于加工、油漆的机械化和自动化。在造型上也有线条简洁、大方的优点。

（3）折叠家具。能折叠起来的家具称为折叠式家具，它的特点是占地少、体积小，移动、堆积和运输等都比较方便。常用于面积较小的场所或具有多种使用功能的场所。

4. 根据的家具组成不同分类

（1）单体家具。单体家具作为一个独立的个体存在，用户可根据使用的要求来单独购买，自行搭配组合，因搭配方法灵活富于变化而独具个性。

（2）组合家具。组合家具是由多个单元组合而成的一种家具样式，如沙发与组合柜等，可根据不同的使用要求组成不同的形状，组合灵活。

（3）配套家具。在日常生活之中，有一些家具彼此间有固定的组合关系，如餐厅中的餐桌、餐椅；客厅中的沙发、茶几；办公室中的办公桌椅；卧室中的床与床头柜。为了使其造型风格高度统一，常采用配套设计、生产和销售的方式，造型风格色彩较多，便于用户选择。因其组成的序列化而易于摆设。

8.1.3 家具的选择与布置

在家具产品极为丰富的今天，家具的设计与选择是非常重要的。设计和选购家具首先应当注重的是个人的品位与喜好，不应完全随从仿效。除了家具的造型、色彩等应配合居室的整体效果外，家具尺寸的比例、功能、品质都要仔细观察，应考虑家具的造型、色彩、功能、质感等因素能否与室内环境的设计整体效果相适应，如地面材料、家饰、灯光等相互协调搭配构成一个连贯呼应、相得益彰的整体室内空间效果。

1. 家具与环境的关系

家具的基本功能是满足人们的使用要求，所以家具必须符合人体的形态特征和生理条件，例如，桌子的高度、椅子的高度以及床的长短都与人体尺寸和使用条件有关。此外，家具还应便于清洁、搬运、布置灵活、少占空间。

下面我们来看家具在空间环境中的作用。

（1）明确空间的使用功能，识别空间的性质。不同家具在室内空间中的布置与组合是室内空间性质的直接体现。如在室内空间中放办公桌椅，那么该空间的性质为办公室；在家居环境里放置床，那么该空间可能是卧室；放置电视柜、沙发、茶几，那么该空间的性质为客厅。因而，要注意针对不同的空间使用性质，合理地组织不同的家具。

（2）利用空间且组织空间。好的家具配置可以有效地组织空间，充分地调动空间气质，满足人的需要，利用家具的布置手法又可以有效的组织空间。

（3）建立空间气氛，创造美感。家具在室内空间中总要占有一定的位置，体量较为突出，人们在对家具的使用功能的重视之外，尤为重视家具在室内空间环境中所营造的美感，可通过家具展现自我的社会地位、经济背景、职业特点和审美情趣。良好的家具组织，可以使室内环境具有浓厚的艺术氛围，富于感染力。

2. 家具的布置方法

家具陈设本身就是一门艺术。摆放位置是否得体除去功能上的需要外，更重要的是奠定了居室陈设装饰的基调。在布置家具之前首先应对空间条件有一个清晰的认识，根据具体的空间环境进行布置才能使家具与室内相得益彰。

无论何种空间类型都有一定的尺度，所以家具的数量应与空间环境相适应，留出更大的活动空间，家具在室内的摆放面积一般不宜超过室内总面积的 30%～40%。

（1）根据家具在室内的位置分类。

1）单边布置：家具集中于室内的一侧，形式简洁。

2）双边布置：将家具布置在室内两侧，留出中间的空间。

3）周边布置：家具沿四周墙壁布置。

4）岛式布置：将家具布置在室内的中心部位，留出四周。

（2）根据家具与墙的关系分类。

1）靠墙布置：将家具紧靠墙面，减少不必要的空间浪费，充分利用空间。

2）垂直于墙：将家具垂直于墙面布置，可起到分割空间，组织空间交通动线的作用。

4）临空布置：临空布置的方法可以形成特殊的空间环境，通常采用成组的布置方法，形成空间中的空间，比较适合大空间。

家具的类型和数量要结合空间的使用性质和特点，做到功能分区合理，利用家具组织安排空间的活动动线，动静分区特征鲜明，从布置格局、风格特点等方面加以考虑，使家具的布置规律有序，产生良好的视觉空间环境。

8.2 室内陈设

室内陈设是指对室内空间中的各种物品的陈列与摆设。陈设品的范围非常广泛，内容极其丰富，形式也多种多样。室内陈设是美化室内环境、增添室内意境、渲染气氛、强化室内风格的重要手段，与我们生活密切相关。缺少室内陈设的空间环境使人感到冷漠，乏味，没有生机。因此，陈设艺术设计是室内设计的有机的组成部分，室内陈设是室内空间不可缺少的部分，我们要加以重视。

在室内设计的过程中，设计者根据环境特点、功能需求、审美要求、使用对象要求、工艺特点等要素，精心设计出高舒适度、高艺术境界、高品位的理想环境。

8.2.1 室内陈设的目的和作用

1. 室内陈设的目的

室内陈设的主要目的是装饰室内空间，烘托和加强环境气氛，满足人们的精神需要。室内"物质建设"以自然的和人为的生活要素为基本内容，使人体生理获得健康、安全、舒适、便利为主要目的，兼顾"实用性"和"经济性"。

2. 室内陈设的作用

（1）点缀空间。点缀空间是室内陈设的基本功能。如果室内空间没有陈设品的点缀，就会空洞乏味，没有生趣。陈设品能使"苍白、冷漠"的空间更充实、更完美，如图 8.9 所示。

（2）烘托室内气氛、营造环境意境。气氛即内部空间环境给人的总体印象，如欢快热烈的喜庆气氛，亲切随和的轻松气氛，深沉凝重的庄严气氛，高雅清新的文化艺术气氛等。

而意境则是内部环境所要集中体现的某种思想和主题。与气氛相比较，意境不仅被人感受，还能引人联想给人启迪,是一种精神世界的享受。

室内气氛和环境的形成由多种因素构成,室内陈设是其中重要的因素之一。恰当合理地运用室内陈设可烘托气氛,营造意境,使空间更完美,更具整体感,如图8.10所示。

图8.9 陈设点缀空间

图8.10 陈设烘托气氛

图8.11 陈设强化风格

(3) 强化室内环境风格。室内空间有多种不同的风格,如古典风格、现代风格、中式风格、欧洲风格等。通过室内陈设品不同的形状、色彩、式样、材质及摆设表现和强化各室内空间的风格。如中式风格的室内空间,陈设布置以对称为主,家具材质以木材居多,墙上装饰画大多摆放国画和书法,以此来突出中式风格的古朴;古典风格通常装潢华丽、家具式样复杂,材质高档做工精美;现代风格则是简洁、明快,如图8.11所示。

(4) 组织、柔化室内空间。室内陈设可以划分、组织空间,使空间之间功能明确。由墙面、地面、顶面围合的空间称为一次空间,由于它们的特性,一般情况下很难改变其形状,除非进行改建,但这是一件费时、费力、费钱的工程。而利用室内陈设物分隔空间就是首选的好办法。人们把这种在一次空间划分出的可变空间称之为二次空间。在室内设计中利用家具、地毯、绿化、水体等陈设创造出的二次空间不仅使空间的使用功能更趋合理,更能为人所用,使室内空间更富层次感。例如我们在设计大空间办公室时,不仅要从实际情况出发,合理安排座位,还要合理地分隔组织空间,从而达到不同的用途。餐桌椅的摆

图8.12 陈设组织空间

放划分出餐厅的区域,客厅的沙发为人们限定出会谈的空间,如图8.12所示。

随着现代科技的发展,城市钢筋混凝土建筑群的耸立,大片的玻璃幕墙,光滑的金属材料等构成了冷硬、沉闷的空间,使人越发不能喘息,人们企盼着悠闲的自然境界,强烈地寻求个性的舒展。因此植物、织物、家具等陈设品的介入,无疑使空间充满了柔和与生机、亲切和活力。人们在

观察空间色彩时会自然把眼光放在占大面积色彩的陈设物上，这是由室内环境色彩决定的。陈设物的色彩既作为主体色彩而存在，又作为点缀色彩。可见室内环境的色彩有很大一部分是由陈设物决定的。室内色彩的处理，一般应进行总体控制与把握，即室内空间六个界面的色调应统一协调，但过分统一又会使空间显得呆板、乏味，陈设物的运用，点缀了空间丰富了色彩。陈设品千姿百态的造型和丰富的色彩赋予室内以生命力，使环境生动活泼起来。需要注意的是，切忌为了丰富色彩而选用过多的点缀色，这将使室内显得凌乱。应充分考虑在总体环境色协调的前提下适当地点缀，以便起到画龙点睛的作用。

图 8.13 陈设反映情趣

（5）反映个人情趣。室内空间的使用者不同，使用者的文化修养、情趣爱好、品位不同，选择的陈设品不同，通过室内陈设品可反应使用者的情趣。体育爱好者家中体育器材是其陈设的钟爱；书籍是学者、文人的陈设佳品；商人则会选择财神爷等预示生意兴隆的摆设品，如图 8.13 所示。

8.2.2 室内陈设品的分类

室内陈设品的种类非常多，凡是具有美感、有价值的物品都可以作为陈设品，具有使用功能的物品也可以作为陈设品。就陈设品的使用功能来分，可分为功能性陈设品和装饰性陈设品两种。

1. 功能性陈设品

功能性陈设品是指以使用功能为主，本身又具有观赏性的物品。这类物品在满足使用功能的前提下，还要考虑其形状、色彩、材质等要求。大致可分为如下几种。

（1）家具。家具是室内陈设中主要构成部分之一，它首先是以实用而存在，其次又具有观赏性、美化环境。如衣柜、书架、沙发等，它们不仅要满足人们休息、储藏货物等使用功能，从造型、色彩、材质等方面又要满足审美的要求。

（2）灯具。灯具种类多种多样，有吊灯、吸顶灯、台灯、壁灯、落地灯等。各类灯具式样丰富，造型美观，除可以起到照明的作用外，还能起到装饰、点缀室内空间的作用，是很好的陈设品。

（3）容器。如陶瓷、玻璃、铜、铝、竹、木等器皿，包括餐具、茶具、饮具、花瓶等。这些容器除具有日常使用的功能外，还具有陈设品的功能。如一套形状、材质、色彩考究的茶具，它是人们品茶的工具，具有使用功能，当摆放在茶几、展架时就会成为很好的陈设品。

（4）书籍。书籍杂志是室内陈设品的佳品之一。合适的布置不仅可以增加阅读时的方便，而且使室内空间充满文雅脱俗的书香气息。这在学者、文人及文学爱好者的生活环境中极为常见，即使普通人家，也经常摆放一些书籍，以求为室内空间增添一点文化氛围。

（5）玩具。玩具是儿童的喜爱之物，但成年人及老年人喜爱玩具的人也很多。因而，玩具不仅是儿童环境的最佳陈设品，在其他空间环境中，也可以加以点缀，这样的布置可以产生童趣和淳朴天真的情调。

（6）音乐器材。乐器的造型一般都很优美，如钢琴、吉他、古筝等，把它们布置在室内可增加音乐气氛，可反映主人的爱好、修养，是音乐爱好者的爱。

（7）运动器材。运动器材作为室内陈设品，可以表现出爽朗活泼和朝气蓬勃的空间氛围。

（8）家用电器。电视机、洗衣机、电冰箱、空调等家用电器，一般都具有时尚的造型，在摆放时应考虑摆放在使用方便的地方，同时考虑同周围环境相协调，增添室内环境的美化效果。

2．装饰性陈设品

装饰性陈设品是指具有观赏性，能给人带来美感，没有使用功能或使用功能很少的物品。此类物品有各自的特点，从色彩、造型、材质等方面非常考究。主要包括：

（1）艺术品。书画、雕塑、摄影、饰物、陶瓷等物品是室内设计中常用的陈设品，应用的范围很广，只要造型、材质、色彩与空间环境协调就可以选用。

（2）纪念品。先人的遗物、亲友的赠品、爱人的信物等，都是富有情感和精神意义的陈设品，此类陈设品能使室内空间富有人情味，使使用者精神有所寄托。

（3）个人爱好收藏品。因个人的不同喜好，各类物品都可以作为陈设品，如标本、邮票、服饰、钱币等。

8.2.3 陈设品的选择

陈设品的种类非常丰富，每个陈设品又都有各自的特点。所以，陈设品的选择因个人的文化修养、品位、爱好的不同而存在差异，但总的来说都要充分考虑到个性与共性、整体与局部的关系。如果不能妥善地选择题材，就会导致与室内环境风格的冲突，破坏整体效果。选择陈设品应注意以下 4 个方面。

1．空间功能

满足空间的功能是我们进行室内设计的首要前提，室内陈设的选择也应首先考虑是否满足空间功能的要求。不同的使用空间需要功能不同，陈设品要与其相吻合，否则会风马牛不相及，破坏整体效果。如书籍作为书房的陈设品，与其空间功能十分和谐，是很好的陈设佳品，但把书籍摆放在餐厅的酒架上，则与整体功能不相干，不但起不到强化空间功能的作用，还会破坏空间气氛；又如地毯在空间中有界定空间的功能，并能给人带来温馨的效果，而将其放在厨房或卫生间则会带来管理上的不便，与空间功能要求格格不入。

客厅的陈设品应雅俗共赏，这是因为客厅作为居室的公共空间，应体现出共性的特点，照顾多数人的品位；书房、卧室等是相对独立的私密空间，陈设品可以选择个人爱好体现个性的物品；餐厅的陈设品选择则应以不影响食欲为原则。

2．空间的面积大小

室内空间的面积大小各不相同，在选择陈设品时必须考虑其空间的面积大小。陈设品的大小和形状千变万化、各不相同，选择时要根据室内空间的面积大小进行选择，这样才能形成恰当的比例，达到理想效果。空间较大时，选择的陈设品应稍大一些，才能与空间相协调，给人以舒适感，否则空间会显得空旷，使人没有安全感。空间较小时，其陈设品应稍小些，这样才不会使空间变得拥挤，使人产生紧张、压抑的效果。

3．空间设计风格

满足、强化室内空间风格是陈设品的又一重要功能，陈设品的选择要以空间风格为首要依据。一般来讲，选择陈设品时有两种方式：选择与室内风格相统一的陈设品或与室内风格成对比的陈设品。

选择与室内风格相统一的陈设品是一种较为常用的方式，此种方式，陈设品选择的面比较广，数量较自由，布置较灵活；选择与室内风格成对比的陈设品是非常规的方式，这时陈设品的数量必须少而精，风格也不可以与室内环境过于冲突，否则极难取得良好效果。例如，将传统的卷轴画布置在中式厅堂，抽象的油画布置在欧式的室内空间，它们各得其所，与室内空间风格相协调，若调换两者，则必然格格不入，如图 8.14 所示。

4．陈设品的摆放位置

同一室内空间，不同的位置，所选择的陈设品不同。将陈设品摆放在什么地方为好需要精心构思，摆放的位置得当，会产生以点带面、相得益彰的效果。陈设品的摆放与人的视点高度、水平距离有关，位置、角度的变化会使陈设品的视觉效果随之发生变化。人的视觉高度在150cm以上，所以绘画作品的悬挂高度应不低于150cm，否则会给人带来视觉上的不舒服。一般来讲，人的眼睛与陈设品距离应不少于70cm为宜。尺度稍大的陈设品如雕塑、陶瓷等可以摆放在低台或直接放在地面，摆放的位置以不影响生活为原则。

8.2.4 室内陈设的布置

图 8.14 陈设强化空间风格

室内陈设的布置可以烘托环境气氛，满足精神要求，因此进行布置时要认真思考。由于室内空间环境的不同，个人性格喜好、文化修养的迥异，民族、地区、气候等的不同，很难有固定的模式，只能根据不同的需求，凭借个人的聪明才智，因地制宜，创造良好的视觉效果。

1. 影响室内陈设布置的因素

（1）陈设品的特性。陈设品从功能上可分为装饰性陈设品和实用性陈设品两种，对于前者，布置时只需要考虑美观性；对于后者，布置时则不光要考虑视觉效果，还要满足日常使用时的方便。例如，冰箱摆放的位置不能只考虑视觉的美观，首先摆放位置要通风好，因为冰箱的散热量较大，只有保证良好的通风才能使冰箱正常工作，保证室内的环境不被污染；其次摆放位置要便于使用，冰箱是家庭中常用的电器，合理的位置能减少人的工作量。

（2）使用者的需求爱好。由于使用者的职业、身份、爱好、文化修养等各不相同，对室内陈设品的布置也有不同的要求。例如，儿童房常用各种玩具和色彩鲜艳的装饰品布置，突出儿童的心理特征；老年人选择古典风格、色调深稳的饰物；文人偏爱书籍做陈设品，商人则摆放财神爷等代表发财、一帆风顺的饰物。

（3）民族性、地方性、区域性的要求。不同的民族、地域，反映的室内陈设布置也不相同。这是由于各民族的生活方式、传统习俗及兴趣不同引起的。中式的室内陈设布置，采用中国传统的对称布置手法；日式的室内陈设布置，则习惯采用非对称的手法。

（4）室内空间环境的特性。室内空间环境特性是影响室内陈设布置的重要因素之一。室内空间的用途、功能、气氛各不相同，室内陈设布置也不相同。只有室内陈设布置符合空间环境特性，才能起到美化环境、烘托气氛、强化功能的作用。例如：北京人民大会堂全国人大常委会会议厅是举行各种重要会议、商讨国家大事的地方，需要庄重严肃的气氛，中央悬挂的大型玻璃吊灯，则采取完全对称的布置，烘托气氛。

（5）陈设品的保护。室内陈设布置时，应考虑陈设品的保护问题。如油画等饰物应布置在防潮、避光的地方；玻璃器皿、陶瓷制品布置的地方要防跌、防震；观赏鱼和鸟的陈设要防止猫、狗的袭击。

2. 室内陈设布置的原则

（1）美学要求。陈设品布置的主要目的是达到较好的视觉效果，因此，就要满足美学要求，即形式美原则，如图 8.15 所示。

（2）功能要求。室内陈设布置在满足视觉效果的同时，对于有实用功能的物品要考虑其功能要求。例如，电视机的位置摆放首先要考虑人的视线位置；茶具、餐具等日常器皿，摆放的位置高度应以人的可活动的范围为依据，如图 8.16 所示。

图 8.15　陈设满足美学要求

图 8.16　陈设满足功能要求

3. 不同部位的陈设布置

（1）悬挂装饰。为了减少竖向室内空间空旷的感觉，烘托室内气氛，可以在垂直空间悬挂不同的饰物。常见的悬挂陈设品有灯具、风铃、垂帘等。需要注意的是，悬挂物的高度应以不妨碍活动空间为原则。

（2）墙面装饰。墙面装饰物的种类非常丰富，书画、浮雕、挂毯、服饰、纪念品等都可以作为墙面陈设物。在布置时，首先要考虑陈设品摆放的位置，应选择较醒目、位置宽敞的墙面；其次要考虑陈设品的面积和数量与墙面及邻近家具的比例关系是否合适、是否符合美学原则。

陈设品的排列方式可分为对称式排列和非对称式排列两种。对称式排列的墙面布置，可以有庄严稳重的效果，但有时会显得呆板；非对称式排列的墙面布置，能有生动活泼的效果，但如果处理不好容易显得杂乱无章。在运用时要灵活运用，举一反三，如图 8.17 所示。

（3）桌面装饰。桌面装饰的内容包含广泛，如茶几、餐桌、工作台、花架、化妆台等。摆放的物品主要有茶具、植物、插花、文具、书籍、陶艺、灯饰等。

桌面装饰位置较低，与人的关系距离较近，其陈设品摆放的位置应以不影响人的日常生活行为为原则。对于一些有实用功能的物品摆放的位置应便于使用。

桌面陈设一般为水平摆放，摆设的物品不应过多、过杂，否则会出现杂乱无章的效果，桌面的陈设品应是点睛之笔，如图 8.18 所示。

图 8.17　墙面装饰

图 8.18　桌面装饰

(4) 地面装饰。因地面陈设品要占用一定空间，所以地面装饰一般放置在较大的室内空间。地面装饰有组织空间、划分空间的作用，但在布置地面陈设品时应注意不影响活动空间，注意自身的保护。家庭中常用的地面装饰有落地灯、座钟、瓷器等。

(5) 展架装饰。如果陈设品的数量比较丰富时，可采用展架陈设。它适用于单独或综合的数量较多的书籍、古玩、瓷器、工艺品、纪念品、玩具等的陈设。需要注意的是，在布置时要求陈设品摆放错落有致，从色彩、材质等方面结合美学原则合理摆放，切忌摆放得杂乱无章，没有秩序，如图 8.19 所示。

图 8.19　展架装饰

8.2.5　几种常见空间的陈设品应用

1. 宾馆空间中的陈设品应用

宾馆饭店除了提供给客人完善的服务外，其优美的室内环境应提供给客人一个精神享受的场所。从"生理"上考虑，舒适性要求较高。如织物陈设宜选用质地柔软、图案雅致、色彩柔和的设计，产生安宁、愉快之感，利于恢复体力。从"心理"特点考虑，一般外出旅行的人都希望看到甚至体验到异乡风情，欣赏到具有异国他乡独特风格的东西，因此，陈设品的选用应能体现地方文化和民族风格，使游人在大自然中感受到当地特有的风光。

2. 商业空间中的陈设品应用

商场是出售商品之处，因此室内环境中所有的布置、设计都应以突出商品为宗旨，以促使顾客产生购买欲望。现代商场中，在陈列商品时，逐步打破传统，引入一些装饰性的陈设以烘托商品。

3. 医院空间中的陈设品应用

医院建筑室内环境的处理，对病人的心理会产生直接的影响，与病人的健康状况有很大的关系，因此，陈设品的布置应作特别的考虑，尤其是陈设品的色彩，对病人的心理会产生不同的感受。

如暖色调属兴奋感色彩，较适于低血压病患者病房，能有助于病人血压的提高和增进食欲，对于消除儿童的恐惧心理也有帮助。

沉静感的冷色，如蓝色、绿色、紫色等，给人柔和宁静之感，起到消除烦闷、安定情绪的作用，较适于病人病房和妇产科病房。

明快感的色彩，如浅橘色、浅黄色，有助于病人坚定信心，消除精神上的悲伤感，减轻肉体痛感，给人以希望。明快感色调是医院室内环境的理想用色。

身处蓝色环境有助于病人恢复健康；紫色环境可以使孕妇感到安慰；褐色环境可帮助高血压患者

降低血压；黄色、红色有助于人体加快血液循环。

4. 办公空间中的陈设品应用

研究表明，办公空间环境的舒适性对办公效率的影响是非常大的。办公环境应以简洁为主，主要的陈设品应是与办公有关的物品，如办公用具、灯具、电脑、打字机、电话等。

为了使办公环境不显得单调，可通过一些设计手法的运用来丰富环境，其中最简单易行的就是布置一些陈设品，如挂几幅画、放几座小型雕塑。绿色植物和花卉也是办公空间的重要陈设品之一，它不仅带给枯燥的办公室以生气，而且人们长时间坐在桌前处理公务，大脑、眼睛都很疲劳，看看绿色植物或美丽的花草，对调节身心、提高办公效率十分有益。

5. 居住空间中的陈设应用

（1）客厅、起居室。客厅、起居室的风格反映着整个家庭的风格。陈设品应有助于表达出家庭的个性与趣味，给人轻松随和之感。装修的风格，因空间、地域、主人的喜好而风格迥异，导致陈设手法也大相径庭。装修的风格有欧式、中式、古典、现代之分。在欧式风格中，陈设应以雕塑、金银、油画等为主；在中式风格中，陈设应以瓷器、扇、字画、盆景等为主。古典风格的起居室中，陈设艺术品大多制作精美，比例典雅，形态沉稳，如古典的油画，精巧华丽的餐具、烛台。而现代的起居室中的陈设艺术品则色彩鲜艳，讲求反差、夸张。

（2）餐厅。餐厅的摆设与布置，直接影响着我们的食欲与心情，餐厅的陈设既要美观，又要实用，不可信手拈来、随意堆砌。

各类装饰用品因其就餐环境不同而不同。设置在厨房内的餐厅陈设应与其功能协调；与客厅相连的餐厅，陈设品要与客厅风格统一；独立的餐厅，则可以按照居室整体格局设计。相对来说，独立餐厅的陈设设计自由度大。

具体地讲，餐厅中的软装饰，如桌布、窗帘等，应尽量选用轻薄的化纤类好清洁的材料，因为厚实的棉纺类织物，极具吸附食物气味且不易散去，不利于餐厅环境卫生。花卉能起到调节心理、美化环境的作用，但切忌花花绿绿或者使用浓香型花卉，否则会干扰食物的韵味、影响食欲。灯具造型以实用、方便为主，可以运用筒灯、射灯营造柔和的光线，既限定空间，又可以获得亲切感。在隐蔽的角落，可安排音响系统，就餐时适时播放轻柔美妙的乐曲。医学上认为这样可以促进人体内消化酶的分泌，促进胃的蠕动，有利于食物消化。

其他的装饰品，如字画、瓷盘、壁挂等，可以根据餐厅的具体情况灵活安排，用以点缀环境，但要注意不可因此喧宾夺主，以免餐厅显得杂乱无章。

（3）卧室。卧室要求宁静、舒适，在织物陈设选用时可选用柔软的地毯，有助于消除脚步声和其他噪声；窗帘选用厚实的设计，可控制光线和减少外界噪声。儿童房陈设品应注意几个方面：

1）孩子喜欢玩耍、嬉戏，陈设品的布置不应占据太多孩子玩耍的空间。

2）陈设品的色彩应利用鲜明的调子来塑造明朗的性格，明快、深沉、寒暖的颜色都能给孩子不同的感受和想象。

3）造型、图案应活泼、生动，如动物、植物、人物等较为具象生动的造型。

4）陈设品的质地宜光滑，不易摔碎，尤其是对于较小的幼儿。

5）儿童的好奇心强，富有幻想的天性，因此，陈设品的选用尽可能给孩子以启迪，激发他们的想象力和创造力。

（4）书房。书房的陈设品选择范围较宽泛，可根据使用者的爱好选择。一般情况应选择庄重又有文化韵味的饰品。字画便是其中的一种，出于使用长久及美观的考虑，字画大都需要经过装裱，装裱过的字画（又称为抽轴）便于悬挂。在悬挂时需根据墙面面积及居室其他饰品位置统一考虑，使整个书房显得稳定和谐、浑然一体。

书房中除了常用的文具外，宜多陈列一些古玩、陶艺作品、书画、盆景等，这些陈设风格较

"雅",适于学习环境。

(5)浴室。浴室往往给人湿、冷之感,为了改变这种不舒服的感觉,常常在浴室中布置一些花卉、织物来产生柔和感,而且采用较鲜明的色彩点缀,与浴室常见的白色或浅色墙面形成对比。

8.3 室 内 绿 化

室内绿化是室内设计的一部分,与室内设计紧密联系。自古以来,室内绿化就被广泛应用到室内设计中,尤其在现代,应用更广泛。无论商场、宾馆、饭店、剧场等公共场所还是家庭的各个空间都大量应用绿化。

一般而言,室内绿化是由各类绿色植物与花卉组成。广义地说,山石、水体也是室内绿化的组成部分。

8.3.1 常用材料

1. 植物

室内绿化设计中的主要材料,具有丰富的内涵和作用。广义地说,室内绿化植物是指一切用于美化和装饰室内环境的植物。也就是说,它是指所有被当作室内各种装饰形式(如盆花、插花等)的植物;狭义地说,是特指比较适应室内环境条件,能够较长时间的生长于室内,起装饰美化作用的植物。

室内植物的特点是:一是适应室内环境,室内阳光一般不足,温差较小,通风较差,具有耐阴习性的植物较适合;二是装饰性强,室内植物多选择观赏性较强、观赏时间较长的植物。

根据室内植物观赏的部位不同,可分三类:

(1)观叶植物。观叶植物是室内植物的重要组成部分。观叶植物的叶十分美观,有的青翠碧绿、有的五光十色,形状也千姿百态。能使人感觉宁静娴雅,清新自然。常见植物有鹿角蕨、铁兰、棕竹、蒲葵等,如图 8.20 所示。

(a)鹿角蕨　　　　　　　　　　　(b)棕竹　　　　　　　　　　(c)铁兰

图 8.20　观叶植物

(2)观花植物。这类植物一般花色艳丽,光彩夺目,千姿百态。能使人感觉温暖热烈、喜气洋洋,可起到画龙点睛的作用。常见植物有水仙、君子兰、仙客来、秋海棠等,如图 8.21 所示。

(3)观果植物。观果植物的果实大都色彩艳丽、形状美观。能逗人欢喜快慰,享受收获的快乐。常见植物有石榴、草莓、冬珊瑚、观赏辣椒等,如图 8.22 所示。

(a)水仙　　　　　　　　　(b)君子兰　　　　　　　　　(c)秋海棠

图 8.21　观花植物

(a)观赏辣椒　　　　　　　(b)草莓　　　　　　　　　(c)冬珊瑚

图 8.22　观果植物

2. 水

水是绿化设计中不可缺少的材料之一，它能带给人以清凉、自然、深远的意境，使整个设计带有灵气。

水有以下三个特点：

(1)可静可动。处于静态的水，水面如镜，给人以清澈、幽静的感受。处于动态的水，水流形态多样，产生不同的水声，给人以活泼、明快的感觉。

(2)无形。这是水的最大特点，它的形状随着容器形状的不同而不同，千姿百态。

(3)无色。在不同的环境灯光下，会变成不同的颜色，绚丽多彩。使整体环境富有变化，产生神奇色彩。

水型的种类有池、喷泉、瀑布、溪、潭、井等，如图 8.23 所示。

图 8.23　室内水景　　　　　　　　　　　图 8.24　室内石的运用

3. 石

石的造型和纹理非常丰富，具有一定的观赏作用，因此，石也是绿化设计中不可缺少的材料。石的种类和类型非常丰富，常见类型有太湖石、英石、黄石、花岗石、钟乳石等，如图8.24所示。

8.3.2 室内绿化的功能

1. 改善室内环境

室内绿化可以在一定范围内调节室内的温度和湿度，净化室内空气，减少噪声。

室内植物以观叶植物为主，大多枝叶茂盛，可以吸附一些有毒气体和尘埃，净化空气。例如，现代各类装修运用大量板材，甲醛含量较高，导致装修后室内空气甲醛含量偏高，对人身体造成很大伤害，室内摆放芦荟可吸收空气中的甲醛，减轻对人身体的伤害。许多植物都可以吸收空气中的有害气体，使空气得到净化。

室内植物在进行光合作用时，会吸收或蒸发一些水分，从而调节室内温度和湿度。茂盛的枝叶对于声波的反射与漫反射有一定影响，可降低一些室内噪声，保持良好的室内听觉效果。

2. 美化、柔化环境

室内绿化可以美化环境，柔化、填充剩余空间，衬托气氛，强调主体。

室内绿化经过精心设计和摆设，能给人以很强的艺术感染力，使人得到美感。不同的绿化设计可以衬托出不同的空间气氛，近似的绿化设计又可以使不同的空间达成统一，有利于构成良好的视觉效果，如图8.25所示。

现代建筑空间，运用大量的钢筋混凝土，空间呆板生冷，利用绿化中植物独有的曲线、多姿的形态，柔软的质感，丰富的色彩，柔化空间，拉近空间与人的关系，如图8.26所示。

在室内空间中常会出现死角，利用绿化装点可充实、完善空间。如家具沙发的死角、墙角、楼梯间等难利用的空间，通过绿化的点缀，景象一新，充满生机，增加情趣，如图8.27所示。

图8.25　绿化美化环境　　　图8.26　绿化柔化空间　　图8.27　绿化点缀空间

3. 满足精神、心理需要

室内绿化能给人以回归自然的感觉，使人精神放松、心情舒畅。不同的绿化设计也能反映人的不同思想和意境。

现代生活环境使人们工作生活节奏加快，精神压力增大，人们向往回归自然，放松心情。室内绿化可以使精神放松、缓解压力、消除疲劳，所以人们在宾馆大堂、办公空间、居室等空间中经常布置绿化。当人们情绪烦躁不安或感到疲劳时，室内绿化能安抚情绪，起到缓解压力的作用，如图8.28所示。

图 8.28 绿化缓解压力

自古文人墨士就常以不同植物自喻,表达自己的思想,体现文化修养。如松竹代表清高,葡萄代表桃李满天下。现代人也常用植物象征愿望,公司大多摆放发财树,寓意生意蒸蒸日上。

4. 组织空间

室内绿化对组织空间具有重要作用。绿化的摆放可以组织引导室内空间的路线。每栋建筑一般都由许多空间组成,各个空间可以通过绿化联系,这种联系更自然、更生动。一个空间有时同时要求多个功能,利用绿化分割、组织,使空间更灵活,如图 8.29、图 8.30 所示。

图 8.29 大型植物顺序摆放产生了方向感

图 8.30 绿色植物组织出休闲空间

8.3.3 室内绿化运用的基本原则

1. 根据空间的面积和形状布置

不同的室内绿化其姿态、色彩、大小各不相同,在进行布置时应根据空间和家具的形态、大小来选择。

室内空间面积较大时,应选择体积较大的室内绿化,如比较高大的盆栽植物或巨型盆景,这样才能给人舒适感,否则会使人感到空旷,产生荒凉感,甚至不安全感,如图 8.31 所示。

室内空间狭小时,就不宜选择高大、占地面积较大的室内绿化,也不宜布置过多的悬垂室内绿化,避免产生拥挤压抑的感觉。宜选用较小的盆栽植物或普通盆景。

布置室内绿化时还应考虑与空间形状、家具大小摆设的关系。室内绿化应放在"最佳视点"。如餐桌和沙发是人们用餐和经常休息的地方,盆花安放时应考虑这些位置的最佳视点。此外,还应讲究悬吊绿化的悬吊长度和位置。

2. 根据空间的基本风格布置

进行绿化设计时,应首先考虑室内的气氛、主题等要求,通过室内绿化设计,充分发挥室内空间的风格,增强艺术感染力。如中式风格的室内空间,绿化设计要讲究平衡对称。选择绿化的色彩

图 8.31　大空间选择大型盆栽点缀

时要根据其空间的整体色彩设计，在统一中求变化。

3. 根据空间的功能布置

室内空间的功能性是设计中最重要的因素，没有功能室内空间就没有存在的必要，因此，室内绿化设计同样要为其空间功能服务。不同的功能空间室内绿化的选择和布置也不同，如纪念性的室内空间，其功能是供人们瞻仰纪念，需要庄严肃穆的气氛，通常选用松柏、万年青、铁树等植物。

4. 根据植物的生长习性布置

不同的植物其生长的习性不同，按其对阳光的需要程度不同，可分为阳性植物、阴性植物和半阴性植物。阳性植物需要充足的阳光，如阳光不足，会造成枝叶生长缓慢，叶色变淡变黄，难以开花或开花难看；阴性植物需要弱光或散射光；半阴性植物不喜欢阳光，也能耐阴。根据这些植物的不同生长习性，在室内布置时，应将阳性植物安放在阳光能直接照射的地方，如阳台、阳面屋子；阴性植物安放在阴凉处，如大厅的角落。

此外，不同的植物所适宜的温度、湿度不同，布置时应考虑。

5. 根据使用者的喜好

不同的室内空间使用者不同，不同的使用者在文化修养、生活习惯等也不同，进行室内绿化布置时应考虑此因素。

8.3.4　不同功能空间的绿化设计

1. 公共空间的绿化设计

（1）餐饮空间。餐饮空间的功能是供人们进餐娱乐。需要提供使心情舒畅、促进食欲的环境。因此，餐饮空间的绿化布置需节奏明快，色彩要鲜明，以暖色调为主，如图 8.32 所示。

（2）大型公共厅堂。视大型公共厅堂的特点和需要，其绿化手段最为广泛。如室外大自然的湖光山色的借用、花草树木的移栽、奇石古迹的布置、喷泉流水的引进改造等都可以在其内实施。

大型公共厅堂的绿化植物材料以观叶植物为主，观花植物为辅。水是最有灵气、最活跃的元素，用水造景，可增加回归自然的感觉。另外，石也可以作为陈设利用，如图 8.33 所示。

图 8.32　餐饮空间绿化

图 8.33 大型公共厅堂绿化

图 8.34 办公空间绿化

（3）办公空间。办公空间的功能主要是供人们工作和学习，因此，需要有安静素雅的环境气氛。绿化布置宜平和、有韵律，应以绿色观叶植物为主，花卉植物为辅，绿化应少而精。

选择观叶植物时，叶片不应过大或过小过碎，颜色不应过于强烈，宜选用中型大小的、颜色素雅的观叶植物。选择花卉植物时，也应选择色彩素雅或色彩艳丽但花型较小的，如富贵竹、竹芋、兰花、水仙等。

在进行绿化设计时，布局要节奏平和、有韵律，不要错综复杂，以免破坏安静的气氛，使人兴奋、激动，不能达到缓解压力、消除疲劳、增强效率的功能，如图 8.34 所示。

2. 住宅空间的绿化设计

（1）起居室。起居室是家庭会客、团聚、休闲、娱乐等活动的场所，是家庭的活动中心，公共性强，面积大。这个空间的绿化可以处理得多姿多彩，不落俗套。切忌过多，要有重点。布置起居室绿化还应注意两点：一是放置的地方勿阻塞走动的路线；二是布置尽量靠边，起居室中间不宜布置高大的绿化，如图 8.35 所示。

（2）餐厅。餐厅的绿化设计应着重考虑视线的位置，色调应以暖色为主，可以以观叶植物、蔬菜、水果等为材料。

图 8.35 起居室绿化

图 8.36 餐厅绿化

餐桌是绿化的重点。可摆放插花、水果等，但不应选择花粉过多、刺激过强的，以免污染食物；色彩以暖色为主，如橙色、黄色等，可促进食欲，如图 8.36 所示。

（3）卧室。卧室的绿化应简单、纯朴，体现舒适感、亲切感。材料的选择以卧室的面积、风格而定。

卧室的绿化植物以观叶植物为主，观花植物为辅，因为夜间大多卧室门窗紧闭空气流通不好，以免花粉过敏，有些花香还能影响人的休息和入睡。卧室的绿化不宜过多，植物的绿叶夜间吸收氧气呼出二氧化碳，容易导致室内缺氧，如图 8.37 所示。

儿童房不宜摆放大型或叶片细碎的植物。因为这些植物夜间通过光线形成影子，容易使人产生联想，惊吓孩子。

（4）书房。书房最能反映主人的爱好和文化修养。不同层次的人喜爱的风格不同，追求的品位不同，设计时要根据主人的喜好进行绿化设计。

书房的绿化布置要营造优雅宁静的气氛，应选择观叶植物或清香淡雅，颜色明亮的花卉植物，并不宜过多，如图 8.38 所示。

（5）走廊、楼梯。走廊、楼梯的空间较小，且人来人往，应选择较小的绿化或利用悬吊空间点缀绿化，如图 8.39、图 8.40 所示。

（6）阳台。阳台的环境条件与室内不同，它吸热快，散热慢，蒸发量大，空气干燥；同时阳台光照条件因阳台朝向不同而不同，因此，阳台进行绿化设计时要根据其朝向和面积的大小来定，如图 8.41 所示。

图 8.37 卧室绿化

图 8.38 书房绿化

图 8.39 楼梯绿化

图 8.40 走廊绿化

图 8.41 阳台绿化

第 9 章 装饰材料与应用

装饰材料是体现室内设计效果的重要组成部分，也是设计师进行设计思考的重要内容。设计师应熟知装饰材料的物理性能、外观特点、加工特点以及施工工艺和价格，善于运用各种物质技术手段，实现设计概念，推动设计实施。

9.1 常 用 材 料

9.1.1 天然板材类

1. 天然板材的特点

天然板材的装饰性能好，具有美丽的天然纹理，是室内设计中的重要装饰材料。天然板材加工后可以制作成地板、护墙板、踢脚板、装饰角线、门窗和各种家具等，给人带来自然清雅的视觉享受。

2. 天然板材分类

(1) 针叶树材。针叶树树干通直高大，易得大材，纹理平顺，材质均匀，木质较软易于加工，又称"软木材"。表面密度较小、胀缩变形不大、耐腐蚀性强。在室内工程中主要用于隐蔽工程和承重工程，如房屋的梁、吊顶用的木龙骨等。常见树种有松、柏、杉。

(2) 阔叶树材。阔叶树材质硬而且重，密度较大，又称"硬木材"。有些树种文理自然美观，是室内工程及家具制造的主要是面材料。常见树种有榉木、胡桃木、柚木、樱桃木、紫檀、红檀等。

常见树木比较和国外树种及性能，见表 9.1 和表 9.2。

9.1.2 人造板材

天然木材由于成长条件和加工过程等方面原因，不可避地存在缺陷，同时木材加工也会产生大量的边角废料。为了解决这些天然木材的易裂、易变形、体积面材受限、色彩不同等方面的缺陷，同时充分利用有限的木资源，人们发明了各种人造板材。

1. 细木工板

细木工板由上下两层夹板，中间为小块木条压挤黏结而成。有较大的硬度和强度、轻质、耐久易加工，是装饰装修中木工用施工的基础材料之一，一般不做面材使用。

表9.1　　　　　　　　　　　　　　　常见树木比较表

树材	树种	硬度	性能
针叶树	白松	软	纹理直、结构细、质轻
	沙木	软	纹理直、结构细、质轻、耐腐蚀
	泡杉	软	纹理直、结构细、质轻
	红松	很软	纹理直、耐水、耐腐、易于加工
	马尾松	略硬	结构略粗、不耐油漆
	柏木	略硬	纹理直、结构细、耐腐坚韧
	油杉	略软	纹理粗而不均
	落叶松	软	纹理直而不均、质坚、耐水
	杉木	软	纹理直、有韧性、易于加工
	银杏	软	纹理直、结构细、易于加工
阔叶树	水曲柳	略硬	纹理直、结构细、花纹美
	桦木	硬	纹理斜、有花纹、易变形
	樟木	略软	纹理斜或交错、质坚实
	楠木	略软	纹理斜、质细、有香气
	榉木	硬	纹理直、结构细、花纹美
	泡桐	硬	纹理直、质轻、易于加工

表9.2　　　　　　　　　　　　　　　国外树种及性能

树种	产地	性能
柚木	南亚	纹理直、含油质、花纹美、耐久
红檀木	东南亚	纹理直、有带状花纹、易于加工
紫檀	南亚	纹理斜、极细密、不易于加工
花梨木	南亚	纹理粗、质细、花纹美

2. 纤维板

将树皮、刨花、树枝干、果实等废材经破碎浸泡、研磨成木浆，使其植物纤维重新交织，再经湿压成型、干燥处理而成。因成型时温度与压力不同，纤维板又分为硬质、中硬质、软质三种。

3. 刨花板

刨花板是将木材加工剩余物、小径木、木屑等切削成碎片，经过干燥拌以胶料、硬化剂，在一定的温度下压制成的一种人造板材。在中低档家具制作中使用较多。

4. 胶合板

将原木经蒸煮软化沿年轮切成大张薄片，通过干燥、整理、涂胶、组坯、热压、锯边而成。木片层数一般为奇数，又称三厘板、五厘板、九厘板等。其中一面是饰面木材的三厘板，又称饰面板，由于其随树种的不同而表现出不同的花色及纹理，所以在装修中，多作为木工制品的面层材料。

5. 饰面防火板

防火板是将多层纸材浸渍于碘酸树脂溶液中，经烘干，再以275℃高温加上高压制成。表面的保护膜处理使其具有防火防热功效。在实际工程中多见于中低档次厨房家具。

9.1.3 涂料类

涂料，是一种含有颜料或不含颜料的化工产品，将它涂在物体表面，起装饰、防护功能。在我国一般认为涂料是水性的漆，而且是低档的，油漆是高档的。其实这是一种错误的概念。涂料包含了油漆，它可以分为水性漆和溶剂（油性）型漆。随着石油化学工业的发展，化工产品的层出不穷，大部分现代涂料已经脱离了用油生产漆的传统，越来越多的涂料产品经过化工合成制造，性能更优良，使用场合也越来越广。涂料按其成分分类如下。

1. 乳胶漆

乳胶漆是以石油化工产品为原料合成的乳液为胶粘剂，用水为分散体的一类涂料，具有不污染环境，安全无毒，无火灾危险，施工方便，涂膜干燥快，保光保色性好，透气性好等特点，按使用部位分可分为内墙涂料和外墙涂料，按光泽分可分为低光、半光、高光等几个品种。

2. 调和漆

调和漆分为油性漆和磁性漆两种。油性调和漆其附着力强，有较高的弹性和耐候性不易粉化、脱落、龟裂。缺点是漆膜较软，干燥较慢，光泽性差，因此多用于室外涂刷；磁性调和漆干燥较快，漆膜较硬平滑光亮且耐水洗，其缺点是耐候性差，漆膜较脆，易失光、龟裂和粉化，适用于室内屋面涂刷。

3. 清漆

清漆是不含颜料的以树脂作为主要成膜物质的透明油漆。一般包含酯胶清漆、酚醛清漆、醇酸清漆、硝基清漆、虫胶清漆等。是目前主要的装饰施工用漆。

4. 磁漆

磁漆是由清漆加颜料制成，干后呈磁光色彩，故得名磁漆，该漆坚硬、耐候性、耐久性比清漆好，但较脆，易失光、龟裂，适用于建筑室内外木材金属表面。磁漆分为酚醛磁漆、醇酸磁漆、酯胶磁漆等。

5. 防锈漆

防锈漆分为油性防锈漆和树脂防锈漆，油性防锈漆渗透性、润湿性好，附着力强、柔软性好，对被涂物表面要求不严，但漆膜软，干燥慢；树脂防锈漆干燥快，漆膜较硬。

6. 银粉漆

银粉漆一般使用较少，主要用于低档金属管道饰面。

9.1.4 瓷砖类

1. 按照制作工艺分类

目前市面上的瓷砖品种琳琅满目，多得让人眼花缭乱。瓷砖按照其制作工艺及特色可分为釉面砖、通体砖、抛光砖、玻化砖及马赛克。

（1）釉面砖。釉面砖就是砖的表面经过烧釉处理的砖。它基于原材料的分别，可分为两种：陶制釉面砖，即由陶土烧制而成，吸水率较高，强度相对较低。按当地土质区分，有红土也有白（黄）土。瓷制釉面砖，即由瓷土烧制而成，吸水率较低，强度相对较高。其主要特征是背面颜色是灰白色。根据光泽的不同，还可以分为两种：亮光釉面砖，适合于制造"干净"的效果；哑光釉面砖，适合于制造"时尚"的效果。

（2）通体砖。通体砖的表面不上釉，而且正面和反面的材质和色泽一致，因此得名。通体砖是一种耐磨砖，虽然现在还有渗花通体砖等品种，但相对来说，其花色比不上釉面砖。由于目前的室内设计越来越倾向于素色设计，所以通体砖也越来越成为一种时尚，被广泛使用于厅堂、过道和室外走廊等装修项目的地面，一般较少会使用于墙面，而多数的防滑砖都属于通体砖。

（3）抛光砖。抛光砖就是通体坯体的表面经过打磨而成的一种光亮的砖种。抛光砖属于通体砖的一种。相对于通体砖的平面粗糙而言，抛光砖就要光洁多了。抛光砖性质坚硬耐磨，适合在除洗手间、厨房室内环境以外的多数室内空间中使用。在运用渗花技术的基础上，抛光砖可以做出各种仿石、仿木效果。

（4）玻化砖。玻化砖也称全瓷砖。其表面光洁但又不需要抛光，所以不存在抛光气孔的问题。玻化砖是一种强化的抛光砖，它采用高温烧制而成。质地比抛光砖更硬更耐磨。毫无疑问，它的价格也同样更高。玻化砖主要是地面砖。

（5）马赛克。马赛克是一种特殊存在方式的砖，它一般由数十块小块的砖组成一个相对的大砖。它以小巧玲珑、色彩斑斓被广泛使用于室内小面积的墙面和室外大小幅墙面和地面。它主要分为陶瓷马赛克、大理石马赛克、玻璃马赛克。

2. 按照功能分类

（1）地砖。按花色分为仿西班牙砖、玻化抛光砖、釉面砖、防滑砖及渗花抛光砖等。

（2）墙砖。按花色可分为玻化墙砖、印花墙砖。

（3）腰线砖。多为印花砖。为了配合墙砖的规格，腰线砖一般定为 60mm×200mm 的幅面。

9.1.5 石材类

石材是建筑史上人类最早使用的材料之一，是原始人类最早居住的洞穴壁面材。石材分为天然石与人造石。天然石材是由天然岩体开采出来的石体，经加工制成块状、板状材料。人造石材是人工以天然岩石的矿渣为骨料制成的材料。

1. 天然石材

装饰天然石材分为大理石和花岗岩两大类。

天然大理石是指变质或沉积的碳酸盐类石材，其组织细密、坚实，可磨光，颜色品种繁多，花纹丰富，多用于建筑内部饰面。由于耐水、耐风化、耐摩擦较差，一般不用于室外，部分用于地面和台面，多用于墙面装饰。常见品种有大花白、大花绿、米黄石、咖啡石、珊瑚红、黑白根等。

天然花岗岩，也叫酸性结晶深成岩，属于硬石材，由长石、石英和云母组成，以二氧化硅为主要成分。其构造特点为：材质致密、硬度大、耐磨、耐压、耐火、耐腐蚀，其花纹为均匀的粒状斑纹及发光云母微粒，室内外皆宜的高档装修材料之一。按其结晶大小可分为"伟晶""粗晶"和"细晶"三种。常见石材有印度红、将军红、芝麻白、芝麻灰、蒙古黑、黑金沙、啡钻、金钻麻等。

2. 人造石材

人造石材有人造大理石、花岗石、水磨石及再造石等多种。

人造大理石和人造花岗石是以天然石粉及石块为骨料，加树脂为胶合剂，经搅拌后注入模具，再通过真空震荡，树脂固化后一次成型，经锯切、磨光，制成标准规格。其花色可以模仿自然石材也可以自行设计，发挥余地大。在抗污性、耐久性、材质均匀性都优于天然石材。

水磨石也是人造石的一种，以水泥或者其他胶黏剂和石渣为原料，经搅拌、配色、成型、养护、研磨而成的材料。根据设计需求水磨石可以制作成板材或者异型材。

人造石的产品特点主要有以下几点：

（1）实体面材，无孔隙，不渗透。

（2）环保优、无毒、无辐射，是可与食物直接接触的台面。

（3）对水、油、污渍、细菌有较强的抵抗力，容易清洗。

（4）手感温润，耐冷热，耐冲击，坚固耐用，不易变形。

（5）柔韧性好、可塑性强，可加热弯曲成型。

（6）每种颜色配有同色胶水，板材可以被拼接而不留明显痰迹。

（7）产品颜色丰富多彩，有净色、麻石、山峰、晶岩等系列搭配随心所欲，可满足各种不同的设计要求。

9.1.6 石膏类

石膏及其制品具有轻质、保温、不燃、吸声、表面光滑细腻、装饰性好等特点，是室内装饰工程常用的材料之一。常见的石膏装饰材料有纸面石膏板、装饰石膏板、石膏线、石膏造型制品等。石膏制品有石膏雕塑、壁炉、罗马柱等。

1. 纸面石膏板

纸面石膏板是以建筑石膏为原料，掺入纤维、外加剂（发泡剂、缓凝剂）、轻质填料，加水拌和成料浆，浇筑在特制的纸面上，成型后再覆上一层面纸的装饰材料。纸面石膏板质轻，保温性能好，防火性能好，可钉、可锯、可刨，施工安装方便，主要用作室内隔墙和吊顶材料。

2. 装饰石膏板

装饰石膏板是以建筑石膏为原料，掺入增强纤维、胶黏剂、改性剂等辅料，加水拌和成料浆，经成型、干燥而成的不带护面纸的装饰材料。装饰石膏板表面细腻，色彩、图案丰富，浮雕板和孔板具有较强的立体效果。并且具有质轻、强度高、保温、吸声、防火等优点。广泛应用于宾馆、饭店、礼堂、会议室、影剧院、住宅、办公等场所。

3. 石膏线

石膏线表面光滑、线条清晰、立体感强、尺寸稳定、阻燃、无毒、可加工性好、拼装容易，施工效率高且价格低廉，是室内装修不可或缺的材料。

4. 石膏造型制品

石膏造型制品是按照设计图案先制作阴模，然后浇入石膏麻丝料浆成型，再经硬化、脱模、干燥而成的装饰材料。石膏艺术制品图案、颜色、规格很多，用途广泛。

9.1.7 金属材料类

金属材料在室内设计中分结构承重材与饰面材两大类。色泽突出是金属材料的最大特点。钢、不锈钢及铝材具有现代感，而铜较华丽优雅，铁艺则古朴厚重。

1. 不锈钢

在室内装修中，不锈钢材的应用非常广泛，不锈钢为不易生锈的钢，其耐腐蚀性强，表面光洁度高，是装修材料中的重要材料之一，但不锈钢并非绝对不生锈，故保养工作十分重要。

根据不锈钢饰面处理的方法不同可分为光面板、雾面板、丝面板、腐蚀雕刻板、凹凸板、半珠形板或弧形板等。

2. 铝材

通常室内装修中的铝材指铝合金，是铝中加入镁、铜、锰、锌、硅等制成，其机械性能明显提高。铝合金可制成平板、波形板或压形板，也可压制成各种断面的型材。表面光平，光泽中等，耐腐蚀性强，经阳极化处理后更耐久。

3. 铜材

铜材在装修中的历史悠久，应用广泛。铜材表面光滑，光泽中等，经磨光处理后表面可制成光亮的镜面铜。常被制作铜装饰件、铜浮雕、门框、铜条、铜栏杆及五金配件等。

9.1.8 玻璃制品

玻璃在室内设计中的使用是非常普遍的，从外墙窗户到室内屏风、门扇等都会使用到。玻璃简单分类主要分为平板玻璃和特种玻璃。平板玻璃主要分为三种，即引上法平板玻璃（分有槽/无槽两种）、平拉法平板玻璃和浮法玻璃。浮法玻璃由于厚度均匀、上下表面平整平行，再加上劳动生产率高及利于管理等方面的因素影响，浮法玻璃是玻璃制造方式的主流。

1. 普通平板玻璃

(1) 3～4厘(mm)玻璃，mm在日常生活中也称为厘。我们所说的3厘玻璃，就是指厚度3mm的玻璃。其强度较小，不宜做任何受力的隔板。

(2) 5～6mm玻璃，主要用于外墙窗户、门扇等小面积透光造型等。

(3) 7～8mm玻璃，主要用于室内屏风等较大面积但又有框架保护的造型之中。

(4) 9～10mm玻璃，可用于室内大面积隔断、栏杆等装修项目。

(5) 11～14mm玻璃，可用于地弹簧玻璃门和一些活动人流较大的隔断之中。

(6) 15mm以上玻璃，一般市面上销售较少，往往需要订货，主要用于较大面积的地弹簧玻璃门、外墙整块玻璃墙面等。

2. 其他玻璃

(1) 钢化玻璃。又称强化玻璃，它是普通平板玻璃经过再加工处理而成一种预应力玻璃。钢化玻璃的强度是普通玻璃的数倍，抗拉度是普通玻璃的3倍以上，抗冲击是普通玻璃5倍以上。钢化玻璃不容易破碎，即使破碎也会以无锐角的颗粒形式碎裂，对人体伤害大大降低。

(2) 磨砂玻璃。它也是在普通平板玻璃上面再磨砂加工而成。一般厚度多在9mm以下，以5mm、6mm的厚度居多。

(3) 喷砂玻璃。性能上基本上与磨砂玻璃相似，不同的是改磨砂为喷砂。由于两者视觉上雷同，很多业主，甚至装修专业人员都把它们混为一谈。

(4) 压花玻璃。是采用压延方法制造的一种平板玻璃。其最大的特点是透光不透明，多使用于洗手间等装修区域。

(5) 夹丝玻璃。是采用压延方法，将金属丝或金属网嵌于玻璃板内制成的一种具有抗冲击平板玻璃，受撞击时只会形成辐射状裂纹而不至于坠下伤人。故多采用于高层楼宇和震荡性强的厂房。

(6) 中空玻璃。多采用胶接法将两块玻璃保持一定间隔，间隔中是干燥的空气，周边再用密封材料密封而成，主要用于有隔音要求的装修工程之中。

(7) 夹层玻璃。夹层玻璃一般由两片普通平板玻璃（也可以是钢化玻璃或其他特殊玻璃）和玻璃之间的有机胶合层构成。当受到破坏时，碎片仍黏附在胶层上，避免了碎片飞溅对人体的伤害。多用于有安全要求的装修项目。

(8) 防弹玻璃。实际上就是夹层玻璃的一种，只是构成的玻璃多采用强度较高的钢化玻璃，而且夹层的数量也相对较多。多使用于银行或者豪宅等对安全要求非常高的装修工程之中。

(9) 热弯玻璃。由平板玻璃加热软化在模具中成型，再经退火制成的曲面玻璃。在一些高级装修中出现的频率越来越高，需要预定。

(10) 玻璃砖。玻璃砖的制作工艺基本和平板玻璃一样，不同的是成型方法。其中间为干燥的空气。多用于装饰性项目或者有保温要求的透光造型之中。

(11) 玻璃纸。也称玻璃膜，具有多种颜色和花色。根据纸膜的性能不同，具有不同的性能。绝大部分起隔热、防红外线、防紫外线、防爆等作用。

9.1.9 墙纸和墙布

墙纸（布）是室内装修中使用较为广泛的墙面、天花板饰面装饰材料。通过印花、压花、发泡可以仿制许多传统材料的外观，甚至可达到以假乱真的地步。按基材的不同分为纸基纸、织物墙纸、天然材料墙纸、金属壁纸、塑料墙纸五大类。

(1) 纸基纸发展最早，纸面可以印图案、压花。纸基纸的优点是基底透气性好，水分易挥发，缺点是不耐水、难清洗、易断裂，改性处理后其性能有所提高，是壁纸中既环保又高档的产品。

图 9.1 常见材料

（2）织物墙纸以丝、毛、棉、麻等纤维织成，浸以防火、防水涂料，是室内装饰材料中的上等材料，给人以高雅、柔和的视觉效果。

（3）天然材料墙纸用草、麻、树木、树叶、草席等制成，其产品材质自然、舒服，给人以亲切、高雅的感觉，也是高档材料。

(4)金属壁纸在基层上涂有金属膜制成,给人以金碧辉煌、庄重大方的感觉,适合在气氛热烈的场合使用,如舞厅、酒吧等。

(5)塑料墙纸是发展最迅速、应用最广泛的墙纸(布),约占墙纸产量的80%,可分为发泡墙纸、特种塑料墙纸等。

墙纸墙布除了美观外,也有耐用、易清洗,寿命长,施工方便等特点。其图案、色彩的丰富性是其他任何墙面装饰材料所不能比拟的。

常见材料示例如图9.1所示。

9.2 材料的应用

9.2.1 材料的作用

1. 功能性

装饰施工的目的是对建筑物进行一定的改造,使之实现艺术与安全的统一。不论是为了实现艺术美,还是实现使用功能等,均须用装修材料来表达。借助各种不同材料的各不相同的物理属性,解决实际工程中的各种问题。

新型的纳米乳胶漆耐擦洗,能够分解污渍,在实际的装饰工程应用中,维护方便。防静电地板在有防静电要求的房间中使用能够起到充分的保护功能。在会议室、音像室等空间则需使用吸声材料,来克制回声所带来的混响。各种玻璃制品既能起到保护作用,还可解决采光问题。

2. 装饰性

相对于材料的使用功能来说,大部分材料同时具有相应的装饰性,尤其针对饰面层材料,大多数既具有实用功能,又具有装饰性。如花纹美观的木质饰面板,与不同的材料相结合,营造出不同的室内环境,起到了很强的装饰效果;色彩丰富的大理石,用在不同的场合,能烘托出不同的空间气氛,如图9.2所示。

9.2.2 材料应用的基本原则

1. 材料的性能与室内空间的功能一致性原则

各种材料由于各不相同的物理性质,使用的位置也是各不相同。木饰面板虽然拥有各种不同的花色,其天然的纹理能营造自然的效果,却绝不能使用在摩擦频率高的台面及湿度高的卫生间等位置;而公共计算机房必须使用防静电木地板;大型会议室在设计中必须考虑回声混响等因素,一般使用吸声材料,高回声的材料如铝塑板绝不能大范围使用;普通纸面石膏板由于其强度低、抗潮湿能力差也不能应用在卫生间,如图9.3所示。

图9.2 材料的装饰性

2. 材料的质感、色彩与室内风格协调性原则

在进行室内空间的设计时须整体考虑，使材料的质感、色彩体现的整体感觉，与室内整体的效果互相协调。充分发挥材料的质感及材料之间的色彩搭配，是室内设计师的基本功之一。医院要求营造整洁的效果，如果应用黑胡桃、樱桃木等材料，则整体感觉会接近办公室，所以一般使用浅色材质作为医院的装饰材料，如图9.4所示。

图9.3 材料的性能与室内空间
的功能一致性原则

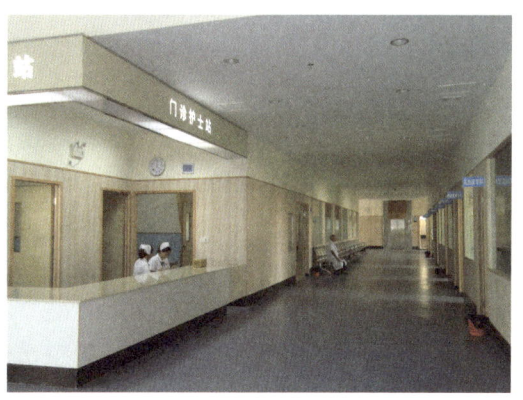

图9.4 材料的质感、色彩与室内
风格协调性原则

3. 材料的安全性原则

在选用装饰材料时，要妥善处理装饰效果和使用安全的关系。优先选用环保性材料和不燃或阻燃的安全材料；特殊空间要考虑材料在使用过程中的防滑、防碎、防电等问题。

4. 材料的施工性原则

选用的装饰材料，要考虑具体的施工条件，尽量选用加工方便、安装快捷的材料，降低劳动成本和施工周期。

5. 材料的地域性、民族性原则

装饰材料在运用的过程中，会受地域和气候的影响。如气候干燥的北方，竹制材料使用过程中开裂现象较多；南方潮湿地域，实木制品又有防霉的问题。因此，在选用时要结合当地气候情况选用合适的材料，或者对材料进行相应的预防工艺处理。

我国幅员辽阔、民族众多，为了避免室内空间环境千篇一律和运输的不便性，选择当地的特色材料进行施工，突出地方特色。

6. 材料的经济性、创新性原则

从经济的角度考虑材料的应用，应有一个总体观念。不但要考虑一次投资的费用，还要考虑后期的维护维修费用。除此以外，还要考虑材料的创新性，尝试选择一些新型材料，实现设计的新颖创新和科技的体现。

9.2.3 材料与室内设计之间的关系

1. 材料是表现设计内容的基本符号

进行室内设计工作的目的是营造需要的室内环境气氛，相应的材料是所要表现效果的载体。或者说室内设计工作的过程是设计师在使用材料作为基本元素来表现自己意图的过程。不同的材料应用在不同的位置，或者应用的方法不同其所表现的效果是有区别的。进行室内设计的光环境时，灯具便是我们设计的基本符号；设计天花造型时，石膏板、矿棉板、铝扣板便是我们设计的基本符号；设计楼梯护栏时，玻璃、不锈钢、铁艺构件及各种木材便是我们设计的基本符号。

2. 设计者必须了解材料及工艺常识

材料是室内设计的基本符号，那么室内设计师进行设计之前必须对材料的属性、相应的工艺做法、施工难易度应有足够的了解。只有对材料及施工做法有足够的了解，才能够在实际的工程中体现自己的设计意图，达到最初的设计要求，才不会出现诸如工程开工，因为无法施工，或者施工效果与设计效果出入较大而停工返工等情况，造成无谓的浪费。而这点就需要设计师有足够的工程经验。同时及时地把握材料市场的动态信息，掌握最新的材料，了解新型材料的表现能力、环保性能、材料属性，在充分了解的情况下尽量多地使用新型材料达到推陈出新的效果，在设计上实现环保，提升效果。同时，室内设计时还应清楚材料的建筑属性，进行设计时充分考虑材料的安全性能。

3. 设计应用材料力求经济环保

在能够保证完成设计要求的同时，使用造价较低、施工工艺较简单、环保性能较高的材料。装饰设计不一定追求奢华，要做到物尽其用才是一名合格的设计工作者。

9.2.4　材料的设计使用误区

1. 不考虑安全因素，盲目追求效果

室内设计时为了片面地追求使用某种材料带来某方面的效果，从而忽略其带来的副作用。例如，银行等公共活动场所的设计必须考虑其安全性能，曾经有关于银行的大理石地面过于光滑致人摔伤的报道，银行门口铺装光面大理石经打蜡处理后，其光可鉴人，乍看上去效果极佳，但一旦以失去安全为代价就不可取了；又如住宅室内设计中大面积的护墙，往往能够呈现富丽堂皇的效果，满足了部分追求豪华的业主的要求，但大面积木饰面带来了累积污染，对住宅的主人健康构成了威胁，得不偿失。

2. 形成固定思维

认为材料有其固定的适用范围，因此不能够充分发挥材料的功能，推陈出新，影响设计能力的提升，遏制设计的发展。室内设计应该在安全的前提下，充分发掘材料的各种性能，在设计中予以发扬光大，应用得当的设计往往能够达到使人耳目一新的感觉。

3. 不了解新型材料，一味守旧

在应用材料进行设计中，不清楚材料市场的动向，保守的使用将要淘汰的材料，使设计的作品无论从新意上还是从安全性、环保性都受到制约。在社会飞速发展的今天，新兴的装饰材料层出不穷，其中的大部分材料其物理性能、安全性能、装饰性能都有了大幅的提升，作为最前沿的装饰设计师，理应在第一时间了解新型材料的各种性能，在实际的设计中予以应用。

6m×6m 小空间要素设计

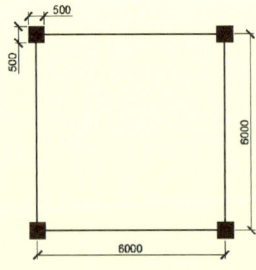

1. 自定主题功能空间，进行空间功能划分。
2. 根据设计主题进行三大界面的设计和表达。要注意材料、色彩与空间形态、概念立意、使用要求的关系；注意材料、色彩的含意，材料和质感肌理的表现力。
3. 根据设计需求，在室内空间中布置合理的家具、陈设及绿化。

单元3　室内设计的知识链接

- 室内设计作品能够顺利从图纸转化为工程成品，设计师在保证设计作品的艺术性之外，还要考虑作品具有良好的易用性，要让室内空间的各个元素符合人体工程学。
- 室内设计师应该掌握建筑结构基础知识，熟悉和了解消防安全、水电安装等专项知识，避免室内设计与建筑结构、建筑安装等功能性构件出现冲突，影响设计作品落地。
- 室内设计师作为室内项目的总的统筹发起者，还应具备相关学科的基础知识。

第 10 章

人体工程学与环境心理学

10.1 人体工程学

10.1.1 人体工程学的应用

人体工程学起源于欧美,第二次世界大战中开始运用人体工程学的原理和方法,在坦克、飞机的内舱设计中,如何使人在舱内有效地操作和战斗,并尽可能使人长时间地在小空间内减少疲劳,即处理好人-机-环境的协调关系。第二次世界大战后,各国把人体工程学的实践和研究成果迅速有效地运用到空间技术、工业生产、建筑及室内设计中去,于 1960 年创建了国际人体工程学协会。人体工程学(Human Engineering)也称人类工程学、人体工学或人类工效学(Ergonomics)。Ergonomics 原出自希腊文 "Ergo",表示工作、劳动,"nomos" 表示规律、效果,也表示探讨人们劳动、工作效果、效能的规律性。

1. 人体工程学的定义

人体工程学是一门研究人在某种工作环境中的解剖学、生理学和心理学等方面的各种因素;研究人和机器及环境的相互作用;研究人在工作中、家庭生活中和休假时怎样统一考虑工作效率、人的健康、安全和舒适等问题的科学。日本千叶大学的小原教授认为:人体工程学是探知人体的工作能力及其极限,从而使人们所从事的工作趋向适应人体解剖学、生理学、心理学的各种特征。

在室内设计中,人体工程学的含义为:以人为主体,以人为中心,"为人而设计"的原则,运用人体计测、生理、心理计测等手段和方法,研究人体结构功能、心理、力学等方面与室内环境之间的合理协调关系,以适合人的身心活动要求,取得最佳的使用效能,其目标应是安全、健康、高效能和舒适。人体工程学与有关学科以及人体工程学中人、室内环境和设施的相互关系。人体工程学的主要功用在于空间位置的把握及柜子、桌椅等家具的尺度把握等方面。它通过对于人的身体各部位的客观计测,对心理活动规律的正确认识,使室内环境因素和空间设备能够充分配合生理、心理的需要,进而达到方便使用,有效提高室内机能的目的。

2. 人体工程学在室内设计中的应用

由于人体工程学是一门新兴的学科,人体工程学在室内环境设计中应用的深度和广度,有待于进一步认真开发,目前已经开发应用方面如下:

(1) 确定人和人际在室内活动所需空间的主要依据。根据人体工程学中的有关计测数据,从人的尺度、动作域、心理空间以及人际交往的空间等进行研究，以确定空间范围。

（2）确定家具、设施的形体、尺度及其使用范围的主要依据。家具设施为人所使用，因此它们的形体、尺度必须以人体尺度为主要依据；同时，人们为了使用这些家具和设施，其周围必须留有活动和使用的最小余地，这些要求都由人体工程科学地予以解决。室内空间越小，停留时间越长，对这方面内容测试的要求也越高，例如车厢、船舱、机舱等交通工具内部空间的设计。

（3）提供适应人体的室内物理环境的最佳参数。室内物理环境主要有室内热环境、声环境、光环境、重力环境、辐射环境等，室内设计时有了上述要求的科学的参数后，在设计时就有可能有正确的决策。

（4）对视觉要素的计测为室内视觉环境设计提供科学依据。人眼的视力、视野、光觉、色觉是视觉的要素，人体工程学通过计测得到的数据，对室内光照设计、室内色彩设计、视觉最佳区域等提供了科学的依据。

10.1.2 人体尺寸、人体结构、人体动作域

人体的运动、活动能力都是有一定的限度制约的。手脚的活动有一定的活动域，各种活动皆有一定的距离和方式，因而，在设计与人活动有关的空间和家具时，必须考虑到人体工程学的三个方面：人体构造、人体尺度、人体动作域，以便使人的活动效率提高到最大程度，使身体疲劳减至最低程度。

人的活动能力与环境因素之间存在着极为密切的关系，室内湿度、温度、空气、噪声、光线、气味等环境因素，都会直接地影响人的活动及其状态，设计时还需注意年龄、性别、个体、体质、智能等个体差异。

1. 人体尺寸

人体尺寸是通过测量人的各个部分的尺寸来确定个人之间和群体之间在尺寸上的差别的学科，人体尺寸的测量可分为两类，即构造尺寸和功能尺寸。

（1）构造尺寸。指静态的人体尺寸，如手臂长度、腿长度等。它对与人体直接关系密切的物体有较大关系，如家具、服装和生活工具等。

（2）功能尺寸。指动态的人体尺寸，是人在进行某种功能活动时肢体所能达到的空间范围。是由关节的活动、转动所产生的角度与肢体的长度协调产生的范围尺寸。

人体尺寸的差异主要表现在以下几个方面：①种族差异。不同的国家、不同的种族因地理环境、生活习惯、遗传特质的不同，人体尺寸的差异是十分明显的。②世代差异。随人类的繁衍，人类的身高不断变化。

2. 人体构造

人体构造与人体工程学关系最紧密的是运动系统中的骨骼、关节和肌肉，这三部分在神经系统支配下，使人体各部分完成一系列的运动。骨骼是人体的支柱，关节起到各骨骼之间连接且活动的作用，肌肉中的骨骼肌受神经系统指挥收缩或舒张，使人体各部分的动作协调。

3. 人体动作域

人们在室内各种工作和生活活动范围的大小称为动作域，它是确定室内空间尺度的重要依据因素之一，也是人体工程学研究的基础数据。

室内设计时，人体尺度具体数据尺寸的选用，应考虑在不同空间与围护的状态下人们动作和活动的安全，以及对大多数人的适宜尺寸，并强调其中以安全为前提。人在从事某项活动时，需要占有一定的空间，这个空间的尺度大小必须满足人体活动的需要。充分地掌握和运用人体工程学是保障人类在空间活动中获得安全、舒适、有效的前提，并应在此基础上提高室内环境空间的使用功能和精神品位，更好地满足我们生活的需要。

10.2 环境心理学

10.2.1 环境心理学的定义

环境心理学是研究环境与人的心理和行为之间关系的一门偏应用的心理学分支。它着重于环境与人的行为之间的关系与相互作用，可运用心理学的一些基本理论和方法来研究人在城市建筑与室内的活动以及这些环境的反应。

10.2.2 环境心理学在室内设计中的应用

环境心理学主要研究环境和行为的关系、环境与空间的利用关系。比如设计的居室户型图，采光必须要有，根据建筑结构最大化地设计自然采光通道，如果不考虑采光的话，空间设计出来了，室内却一点阳光都没有，就会给人一种压抑、恐怖的感觉，这是极其失败的设计。根据环境心理学的原理，在室内设计中的应用面极广，暂且列举下述几点：

（1）室内环境设计应符合人们的行为模式和心理特征，例如现代大型商场的室内设计，顾客的购物行为已从单一的购物发展为购物—游览—休闲—信息—服务等行为。购物要求尽可能接近商品，亲手挑选比较，因此多功能布局的商场应运而生。

（2）认知环境和心理行为模式对组织室内空间的认知，从环境中接受初始刺激的是感觉器官，评价环境或做出相应行为反应的判断是大脑，因此，可以说对环境的认知是由感觉器官和大脑一起进行工作的。认知环境结合心理行为模式的种种表现，比如单纯从使用功能、人体尺度等设计依据，明确室内空间布局、确定其尺度范围和形状、选择其光照和色调等。

（3）室内环境设计应考虑使用者的个性与环境的相互关系，环境心理学从总体上既肯定人们对外界环境的认知有相同或类似的反应，同时也十分重视使用者的个人需求，充分理解使用者的行为、个性，在塑造环境时予以充分尊重，但也可以适当地动用环境对人的行为的"引导"、对个性的影响，甚至一定程度意义上的"制约"，需要在设计中辩证地掌握合理的分寸。

总之，室内设计的中心议题是如何通过对室外小空间进行艺术的、综合的、统一的设计，提升室内整体室空间环境的形象，满足人们的生理及心理需求，更好地为人类的生活、生产和活动服务并创造出新的、现代的生活理念。

第 11 章

室内设计与建筑结构

建筑由建筑构件组成，建筑构件包括结构性构件和其他建筑构件，承担建筑结构安全的构件称为结构性构件，其他建筑构件指不承担结构安全的构件。建筑结构是指在建筑物中由若干结构性构件连接而成，保证建筑物安全承受各种正常荷载作用的骨架结构。建筑物在设计时对其使用性质、使用年限、承载力等均进行了严格的计算，建筑的结构性构件之间互相作用形成受力体系，保证建筑物安全。结构性构件和其他建筑构件一起构成了建筑的外观、围合成建筑的内部空间。结构安全是建筑安全的基础，室内设计工作对涉及建筑结构性构件的设计施工需要进行充分论证和严格计算，对涉及其他非结构性构件的设计施工也应谨慎处理。近年来，因不合理的装修施工改造，致使建筑结构破坏，从而引发的危及人民生命财产安全的重大事故屡有发生，室内设计师们应当引以为鉴。掌握必要的建筑结构知识能够有助室内设计师开展工作。

11.1 建筑结构的基本知识

结构构件是为了保证建筑结构可靠而设置的实体结构，结构构件组成的体系称为结构体系，是建筑物的安全保证。建筑结构体系承载建筑物自身重量荷载、建筑物内部人员、货物、家具等产生的可变荷载、风雪等外界可变荷载以及地震爆炸等产生的偶然荷载。建筑结构因承重结构材料不同，可分为木结构建筑、砌体结构建筑、钢结构建筑、钢筋混凝土结构建筑和组合结构建筑等。建筑物的构造包括基础、墙（或柱）、楼板层、楼梯、屋顶、门窗等，如图 11.1 所示。

室内设计师取得建筑图纸后应清楚分辨建筑是哪种建筑承重结构，在完成室内设计任务时确保建筑结构体系安全。建筑结构按照承重方式不同常见有以下几种形式。

11.1.1 墙承重结构

墙承重结构是由墙体作为建筑物的承重构件，承受楼板及屋顶传来的全部荷载，并把荷载传给基础。

砖混结构是墙承重结构中使用最广泛的结构方式。砖混结构是由竖向承重的墙体、楼板、屋面板以及圈梁、构造柱等结构构件组成的体系。常见有横墙承重、纵墙承重以及纵横墙混合承重等类型。因受经济性等影响，楼板的跨度尺寸不会太大，房间开间和进深受此影响，难以形成大空间，所以砖混结构一般用于小开间建筑。砖混结构建筑现在依然保有一定数量，在室内设计时应注意甄

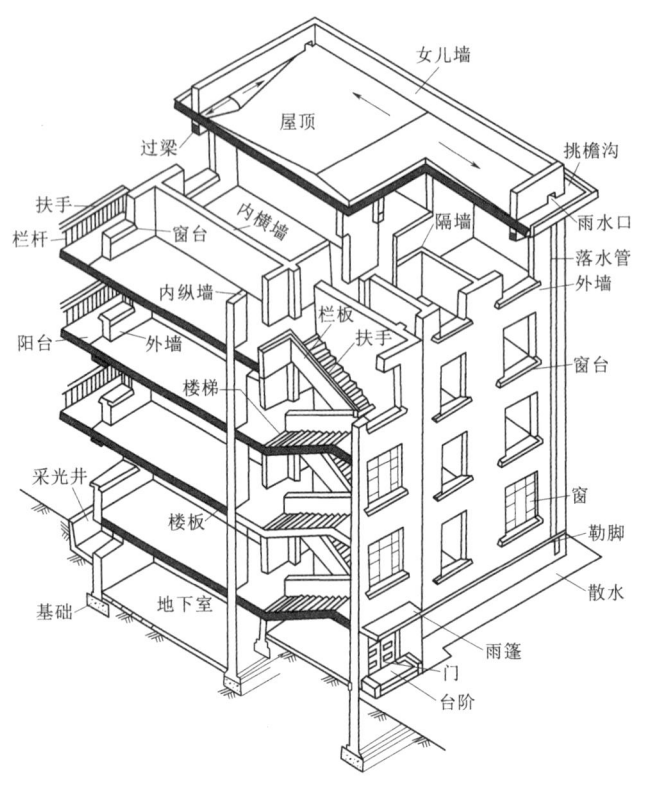

图 11.1 建筑物的构造组成

别。设计工作中遇到这种结构要注意对承重墙的判断与甄别，不能对有承重功能的墙体拆改、移位、开洞口等结构施工。若特殊情况需要改动结构，需要由有资质的结构设计单位重新对建筑荷载进行计算并制定加固方案，严禁根据主观经验判断墙体承重方式或采用未经专业结构计算的加固措施加固。

11.1.2 骨架结构

骨架结构是利用基础、柱或剪力墙、楼板或者屋面形成建筑的骨架，承担建筑的各类荷载。骨架结构又可细分为下列几种形式。

1. 框架结构

框架结构是指由梁和柱以组成的框架构成承重体系的结构，框架结构中的梁、柱是结构性构件。采用框架结构的建筑墙体不承重，仅起到围护和分隔作用。

框架建筑与室内设计的关系：框架建筑的优点是空间分隔灵活，自重轻，节省材料；可以较灵活地配合建筑平面布置，空间具有一定的可塑性。框架建筑的缺点是梁柱、梁梁结合处受力集中，室内设计应考虑避免局部荷载过大的情况，必要时对楼层承载力进行计算。

2. 剪力墙结构

剪力墙结构用钢筋混凝土墙板代替框架结构中的梁柱。剪力墙结构是结构性构件，不允许拆除或开洞口。剪力墙墙体厚度多为 200～300mm。采用剪力墙结构的建筑没有框架柱。需要注意的是，采用剪力墙结构的建筑内部可能有一些墙是二层砌筑的填充墙体，这些并非结构墙体的部分可以拆改，应对建筑图纸仔细甄别。

3. 框架剪力墙结构

框架剪力墙结构也称框剪结构，这种结构是在框架结构中布置一定数量的剪力墙共同承担荷载而成的建筑结构。框剪结构中的柱主要承担竖向荷载，剪力墙承担水平荷载，常见于中高层或高层建筑。

框剪结构中的框架柱和剪力墙都属于承重受力构件，建筑图纸中都有明确的标示，不能拆改。需要区分的是建筑工程中有一种短肢剪力墙，这种墙体一部分是剪力墙，另一部分为填充墙。剪力墙不可以拆改，填充墙属于二次结构，承重功能有限，可以适当调整。这种结合墙体因表层抹灰层等原因，现场不容易区分，应根据建筑图纸明确剪力墙的位置。

4. 筒体结构

筒体结构由剪力墙结构和框剪结构发展而来。由剪力墙或密柱形成的筒状结构分布于建筑内部或者外围。因剪力墙和框架柱集中，能够形成较大室内空间。筒体结构中的框架柱或剪力墙都属于结构性构件，如图 11.2 所示。

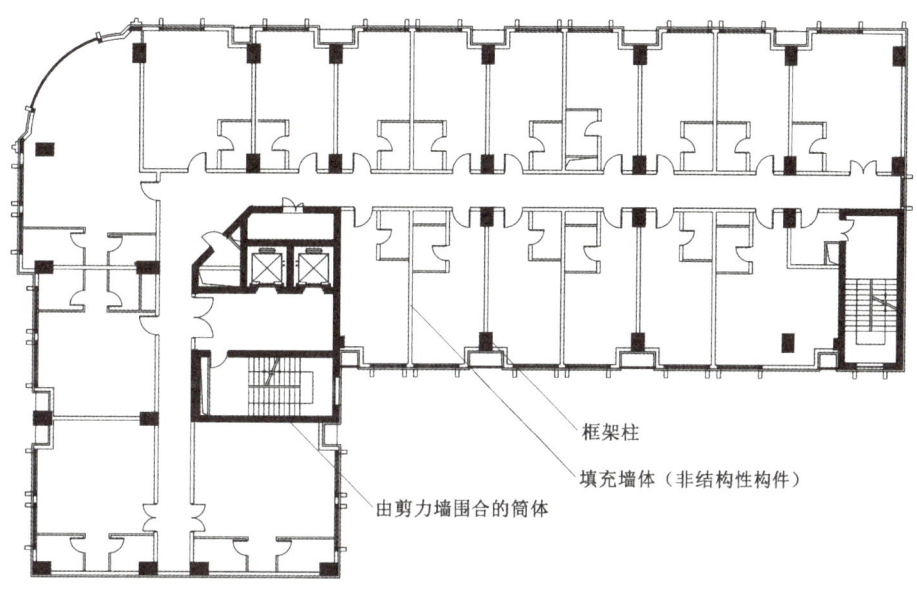

图 11.2 筒体结构示意图

11.2 室内设计与建筑结构的关系

建筑技术的不断提高、新材料的出现与发展，推动建筑行业出现一次次变革，建筑艺术设计得到了长足发展。土木结构、钢筋混凝土结构、钢结构等多种建筑结构形式的变化发展，使得建筑设计不再受传统材料和工艺的限制，建筑外观具备丰富的表现力。室内空间也因建筑材料和技术的升级，空间呈现出更大的可塑性、艺术性。室内空间设计是对建筑的二次设计，应考虑建筑风格的延续，发扬建筑结构特色，补足建筑结构的缺点。

11.2.1 室内设计发扬建筑结构的特色

建筑设计通常要考虑建筑物的安全性、经济性、功能性、美观性等方面，通常在建筑设计阶段已经形成了建筑结构的特色。室内设计工作的目的是在安全的前提下，充分分析具体使用要求，营造合理的室内空间，体现出室内空间的功能性、易用性、艺术性。进行室内设计时，需要对建筑进行整体分析，了解建筑特色，结合建筑的室内建筑构造进行设计，充分和发挥室内现有的梁、柱、墙、楼梯等建筑构件的特色，使之成为室内设计中的一部分。开展一项室内设计任务时，应先收集建筑资料，明确建筑结构类型，区分结构性构件和其他构件，充分考虑建筑风格、采光、室内水平和垂直交通等条件，明确建筑结构方面的优缺点，如挑空高、开间大、采光好、建筑外自然环境良好、框架柱排列等优点，在室内设计时应考虑利用、突出建筑结构的优点，实现因势利导、内外统一的目的，如图11.3所示。

图 11.3　室内设计发扬建筑结构的特色

11.2.2　室内设计弥补建筑结构的不足

进行建筑结构设计时，建筑构件可能会影响室内空间的连续性、采光、宽度、高度等。室内设计在对建筑进行分析时应明确建筑物室内空间的不利项。常见的不利项有：空间宽高比不适宜、机电设备管道影响层高、采光分布不合理、重要位置有结构性梁柱影响观感等。在进行室内设计时，先找到建筑结构对室内设计的不利因素，并根据重要性予以分类。对发现的问题要从多个维度思考解决方案，尽可能扬长避短，转劣势为优势。如某根结构柱比较突兀，可以考虑做一些装饰柱形成排列的韵律感，或者在色彩上弱化下。若建筑的自然采光不足、空间过高或通风不良等问题，可以在室内设计通过人工光可反光材料、悬挂装饰品或灯具、动线兼具"通风道"等方法予以解决或缓解。当建筑物的室内空间高度不够时，可以考虑在室内设计时考虑色彩搭配、吊顶造型、光线分布、分隔空间、后期配饰等多种方法进行改造。有些结构构件经过设计利用可以成为室内空间的"亮点"；不能处理成亮点的建筑构件可以考虑弱化，削弱室内空间中该构件的观感；有些可以通过修改方案适当予以遮挡等，如图11.4所示。

11.2.3　室内设计应保证建筑安全，避免对建筑结构及安全设施的破坏

1. 建筑结构构件安全

建筑结构构件安全是建筑物安全及其内部人员生产生活活动的基本保障。因擅改建筑结构，违法、违规施工造成建筑下沉、裂缝、损毁、坍塌、在地震时无法提供相应保护而危及人们生命财产安全，造成重大人身伤亡、重大安全生产事故的新闻报道经常在各种媒体上出现。室内设计师应在设计过程中绷紧安全弦，任何情况不能跨过安全的红线。若室内工程中有些情况必须要涉及结构构件的修改时，必须经具备资质的结构安全单位计算并出具相应材料。未经专业计算不得拆除或部分拆除建筑结构构件，不得在结构性构件上开洞、钻孔等。

2. 建筑承载力承载范围

建筑物在建筑设计阶段都有一定的功能要求，针对建筑物不同的使用功能要求，建筑物的基础和楼板会有一定的承载力指标。室内设计时应注意这个指标，尤其在对非首次室内设计的建筑物或者使用功能转变的建筑物进行室内设计时，尤其应当注意承载力指标。如果原建筑功能设计承载力低，改变功能后对承载力要求高，应由专业机构进行结构加固计算并完成加固工程。例如《建筑结构荷载规范》（GB 50009—2012）中规定办公楼的建筑楼面均布活荷载（可变荷载）标准值为 2.0kN/m^2，而

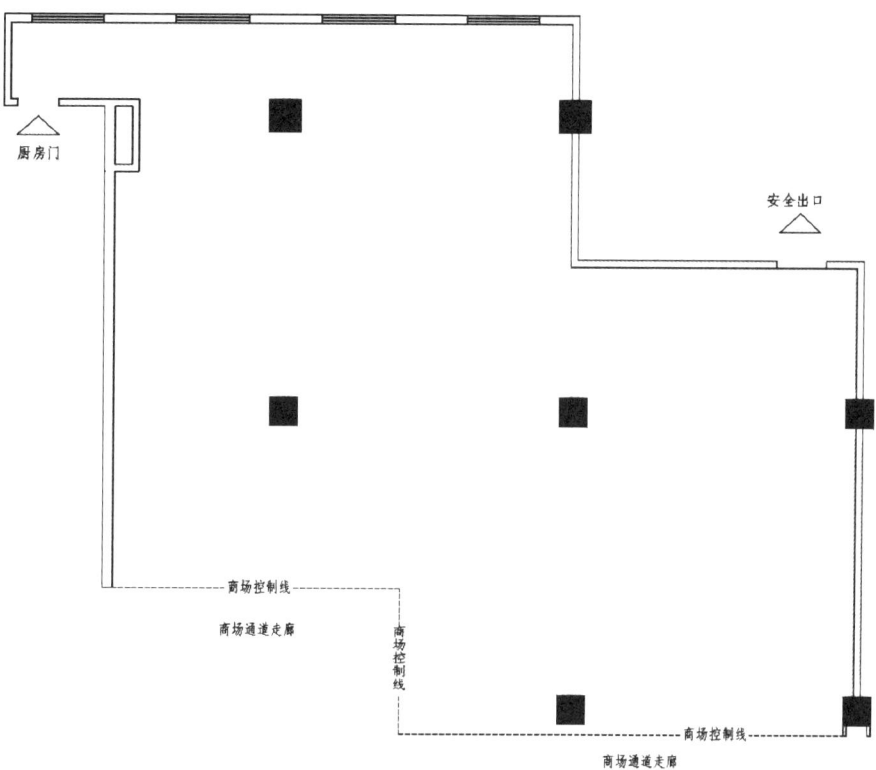

(a) 某商场餐饮区一商户原始结构图

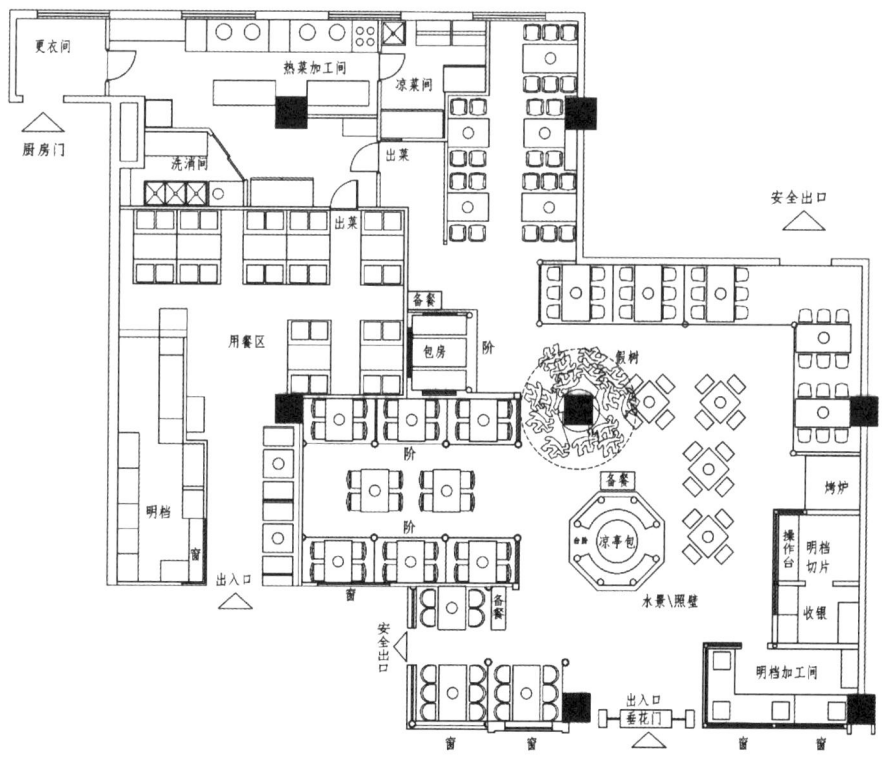

(b) 某商场餐饮区一商户平面布置图

图 11.4　室内设计弥补建筑结构的不足

健身房的标准值为 4.0kN/m², 书库标准值则为 5.0kN/m²。假设将办公楼改造为健身房，则务必先核查建筑物设计时楼层承载力指标，确保建筑物楼层承载力指标合格，方能开展室内设计工作。超出建筑楼层承载力指标，可能造成结构性损伤，危及结构安全，严重时能造成建筑物坍塌。

装修材料自重也会增加建筑基础和楼层的承载负荷。尤其天然石材等高密度装修材料以及相应的水泥等黏结材料结合使用时，对建筑楼面荷载影响较大。有媒体报道某办公楼装修过程中倾斜变成危楼，"大楼楼体严重超负荷"，原因可能是加装了钢结构和大量大理石，导致超出了地基承载力。此外，设计时还应考虑不均匀负载可能造成的局部承载力超标，比如存放建材、书籍、酒水饮料的库房等功能性空间，局部荷载较大，设计时应予注意。

3. 建筑安全设施

在结构构件涉及建筑结构安全之外，建筑内部一些构件、设施涉及使用安全，如疏散楼梯、疏散门、疏散通道，室内通风、消防设施等。进行室内设计工作时应区分建筑内部的结构构件、安全设施、附属构件的不同属性和重要性，在安全合理的前提下展开设计工作。

11.3 室内建筑结构的细部设计

室内设计中会涉及的多方面的内容，本节从建筑结构的角度对室内设计中涉及的主要建筑构件予以介绍。

11.3.1 对顶部及建筑梁的设计

几乎所有室内设计中，都涉及对建筑物的顶部及梁的设计。

1. 顶面设计原则与注意事项

顶部设计最终完成面是室内空间的顶面，所涉及的因素较多，在考虑美观的同时也要考虑其功能性。

(1) 考虑建筑顶部的附属设备设施。建筑顶部会设置消防设施、中央空调、通风设施、信号线缆、维修通道、排水管道、采光灯具以及监控等功能性设施。有些设备有维修需要，要保证维修空间和屋顶强度。

(2) 考虑功能性特殊需求。可能涉及自然采光或吸声、隔声等要求。

(3) 考虑与建筑物的整体协调性。考虑建筑内外风格的延续性和统一性，室内设计从设计风格、装饰材料、环境色彩等方面考虑内外协调性。

2. 顶面常见处理方法

顶部设计按照吊顶方式可分为建筑原顶、部分遮挡吊顶和全遮挡吊顶。保留建筑原顶是指对原建筑顶面不予遮挡，裸露建筑结构和附属设备设施，用灯具形成的照明面或色彩界定顶面与墙面的分界。部分遮挡吊顶是采用局部装饰、悬吊装饰物等，形成视觉分界的方法划分顶面与墙面的分界。全遮挡是利用装饰材料，对建筑结构和附属设施管道等全部遮挡，形成封闭装饰顶面的做法。几种顶面处理方式各有利弊，在实际设计中应根据具体情况分析使用，如图 11.5 所示。

11.3.2 对墙体的设计

1. 区分建筑结构

墙体是围合室内空间的主要建筑构件，也是室内设计中面积较大的部分，对室内设计效果影响比较明显，决定了室内设计的主体基调。在进行室内设计之前，首先应清楚墙体的性质，对属于结构性构件的墙体，如砖混墙、剪力墙一般不允许拆改，如果确需调整，需要建筑结构专业对调整位

图 11.5　顶面常见处理方法

置的负载进行核算出具相应材料，进行加固后方可开始设计工作。

2. 划分室内动线，明确隔墙位置和工艺

室内设计方案阶段应先完成动线设计，再在此基础上完成空间划分。根据室内使用功能方面的需求进行室内空间的划分简称为"功能分区"，按照分区要求制作新的墙体，室内设计中的墙体因其主要作分隔空间使用，故称为"隔墙"。隔墙的种类方式很多，因为自重及经济性等原因，室内隔墙较少采用黏土砖砌块或混凝土浇筑的方式。常见隔墙有预制-组装式隔墙和现场制作隔墙两种方式。预制-组装方式隔墙采用工厂化加工，现场组装的方式。这种隔墙方式具有自重轻、施工现场占用率低、施工效率高等优点，常见有硅酸钙板、水泥夹芯板、GRC板、石膏隔墙板、预制双层玻璃隔断等。现场制作隔墙常见有轻钢龙骨石膏板隔墙、轻质砌块隔墙等。设计项目中应根据防火、强度、遮光、隔声、防水、工期、经济性等设计要求选择不同类型的室内隔墙，如图11.6所示。

3. 明确饰面施工工艺

墙面常见的施工工艺如下：

（1）乳胶漆。乳胶漆在室内施工中有着广泛的应用，利用乳胶漆的色彩变化作为墙面最终效果的展现方法，其施工简单、成本低廉，设计工程中应用非常广泛等，如图11.7所示。

（2）大理石。天然大理石有着极其丰富的色彩及纹理，有着其他材质无可比拟的质感，在装饰效果、耐磨、清洁等方面也有很大优越性，同时也存在成本高、施工工艺复杂等缺点。天然石材存在放射性污染等因素，不太适宜在家庭居室中大量使用，如图11.8所示。

（3）瓷砖。瓷砖造价较大理石低，具有大理石的耐磨、清洁方便等优点，可作为大理石替代品，有广泛应用，如图11.9所示。

（4）软包。软包墙面有一定的立体感，且具备良好的吸声、隔声效果，但其不易清洁，防火性能较差，在室内项目中有一定的应用，如图11.10所示。

（5）壁纸壁布。其花色纹理丰富，因材质及加工工艺不同质感也不尽相同，在室内设计中有一定应用，如图 11.11 所示。

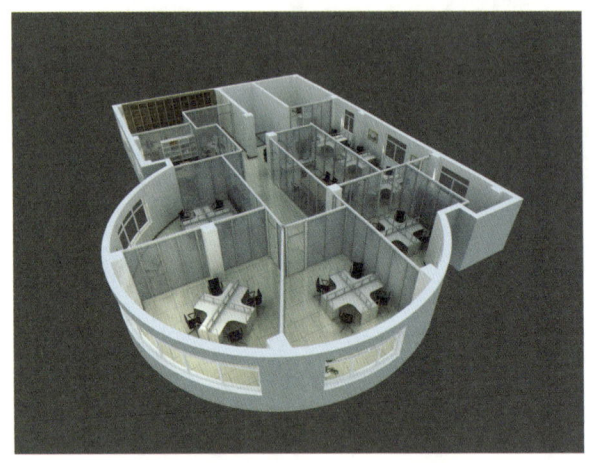

图 11.6　划分室内动线，明确隔墙位置和工艺

图 11.7　乳胶漆墙面效果

图 11.8　大理石墙面效果

图 11.9　瓷砖墙面效果

图 11.10　软包墙面效果

图 11.11　壁纸墙面效果

（6）其他。墙壁作为室内空间的主要围合结构，饰面材料丰富多样，除上面比较常见的材料，其他材料如浮雕、玻璃、有机板、木板、木地板等均有应用。

11.3.3 对地面的设计

建筑结构有屋面和楼面两个结构性构件，屋面是指建筑物的顶也是顶层室内空间的顶，楼面是指楼板层，楼面向上的面层是室内空间的地面，向下的面层是下一层室内空间的顶面。地面是建筑可变荷载（活荷载）的主要受力构件。可变荷载指由人员、车辆、物料等引起的活动荷载，根据建筑物功能需要，建筑设计对可变荷载（活荷载）留有一定浮动范围。室内设计中需要考虑楼面的负载在建筑物荷载承受范围内，如果设计需要增加过大的负载（例如水系、仓库、人员活动量大等），那就要对地面的负载能力进行论证，这项计算需要专业的建筑结构设计人员完成，对于超出建筑设计负载量的，要采取加固措施。另外，楼面还会涉及一些建筑功能性设施，如地暖层、防水层等，还会涉及地面厚度标高等。

地面饰面层对室内使用功能和效果影响也较大，涉及防滑耐磨和室内色彩光效等。常见地面敷设的主材有石材、瓷砖、木地板、地毯、有机物卷材、环氧树脂漆以及水泥地面等，水磨石也有一定的应用。除考虑装饰效果外，室内设计中应根据空间功能的需要划定可供选择的材料范围。在较潮湿环境中一般不考虑实木地板、竹木地板，因为其会因为空气中的湿度的变化吸水脱水造成开裂、膨胀等情况，在湿度大的条件下容易发生腐烂等问题。在人员活动量大的公共空间进行地面材料选择时，应考虑易清洁、防滑耐磨，如商场、宾馆等处一般选择大理石或者瓷砖作为地面的主材，近些年树脂地坪漆、石塑地板也有较广泛的应用。进行地面选材时还应考虑环境的要求，例如酒店宾馆客房、图书阅览室可考虑采用地毯，其在使用中不会产生噪声。而大型的微机室则必须选用防静电地面材料，以防止对设备造成损害。

第 12 章 室内消防工程与室内安装工程

建筑室内安装工程包括消防工程、电气工程、采暖通风工程、给排水工程，其中消防工程对建筑使用过程中人民生命财产安全尤为重要，室内设计师应当更加重视。图 12.1 和图 12.2 为室内安装工程的 BIM 总图和（智能）消防工程 BIM 图。

图 12.1　室内安装工程的 BIM 总图

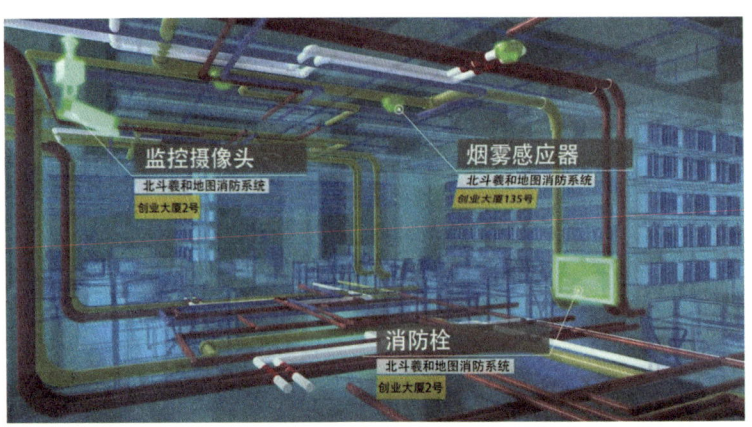

图 12.2　（智能）消防工程 BIM 图

12.1 室内设计与消防安全

室内空间作为人们日常主要生活工作的场所，安全性一直以来是室内设计首先要考虑的。在室内空间设计涉及安全的诸多方面中，消防安全一直以来都处于非常重要的地位，因火灾造成重大安全生产事故的案例屡屡发生。相较于其他影响安全的因素，火灾发生具有蔓延速度快、短时间内对人伤害严重、容易致人死亡等特征。室内空间作为一个相对封闭的空间，具有封闭、人员较密集、家具及装饰材料可燃、易燃等特点。在封闭的空间内，短时间产生的大量热，容易能让人失去行动能力；室内家具和装饰材料提供一定的可燃材料，加上封闭空间内的氧气有限，导致燃烧产生的烟气成分复杂，有些剧毒气体在人的肺部经气体交换，迅速致人死亡。为保障人民命财产安全，国家颁布了一系列消防安全领域相关法律、法规，在防火、消火、救援等多方面有严格的规定。作为一名室内设计师，应具备一定的消防知识素养。要保证与相关法律法规等强制性要求统一一致，更应在安全保障方面有更深层次的理解和执行。下面从材料防火、室内平面布置、疏散指示标志系统讲述。

12.1.1 室内材料的防火等级

火灾的发生有三个基本条件，即可燃物、助燃物（通常为氧气）和引火源（温度）。控制住室内可燃物的品类和数量能从源头控制火灾的起火温度、发展速度、蔓延范围、着火时长、破坏程度等。

随着室内设计行业及相关行业的快速发展，市场上的装饰材料、装饰品、陈设品、家具品类等品类丰富，其中大部分材料都能参与燃烧。对于不同类型的室内空间尤其是公共空间，相关设计规范对建筑装饰材料的使用有明确的要求，对人员密集场所的墙面、顶面、地面装饰材料的燃烧等级都有明确的要求。

根据《建筑内部装修设计防火规范》（GB 50222—2017），装修材料按照其燃烧性能分类划分为四个等级：易燃性（B_3）、可燃性（B_2）、难燃性（B_1）、不燃性（A）。

常用建筑内部装修材料燃烧性能等级划分见表12.1。

表12.1 常用建筑内部装修材料燃烧性能等级划分

材料类别	级别	材 料 举 例
各部位材料	A	花岗岩、大理石、水磨石、水泥制品、混凝土制品、石膏制品、石灰制品、黏土制品、玻璃、瓷砖、马赛克、钢铁、铝、铜合金、天然石材、金属复合板、纤维石膏板、玻镁板、硅酸钙板等；安装在金属龙骨上燃烧性能达到B_1级的纸面石膏板、矿棉吸声板；施涂于A级基材的无机装修涂料
顶棚材料	B_1	纸面石膏板、纤维石膏板、水泥刨花板、矿棉板、玻璃棉装饰吸声板、珍珠岩装饰吸声板、难燃胶合板、难燃中密度纤维板、岩棉装饰板、难燃木材、铝箔复合材料、难燃酚醛胶复板、铝箔玻璃钢复合材料、复合铝箔玻璃棉板；小于300g/m²的纸质、布制壁纸直接贴在A级基材；干膜厚度不大于1.0mm的有机涂料，施涂于A级基材
墙面材料	B_1	硬PVC塑料地板、水泥刨花板、水泥木丝板、氯丁橡胶地板、难燃羊毛地毯等
	B_2	半硬质PVC塑料地板、PVC卷材地板等
装饰织物	B_1	经阻燃处理的各类难燃织物等
	B_2	纯毛装饰布、经阻燃处理的其他织物等
其他装修装饰材料	B_1	难燃聚氯乙烯塑料、难燃酚醛塑料、聚四氟乙烯塑料、难燃脲醛塑料、硅树脂塑料装饰型材、经难燃处理的各类织物等
	B_2	经阻燃处理的聚乙烯、聚丙烯、聚氨酯、聚苯乙烯、玻璃钢、化纤织物、木制品等

注 本表摘录自《建筑内部装修设计防火规范》（GB 50222—2017）条文说明。

随着材料科技的发展，各种材料种类繁多，新材料层出不穷，表中不可能全面列举。工程实际中会对主要材料送检，依据现行国家标准《建筑材料及制品燃烧性能分级》（GB 8624—2012），根据材料测试结果，将材料划分为相应的燃烧性能等级。不同类型的室内空间尤其是公共空间，相关设计规范对建筑装饰材料的使用有明确的要求，对人员密集场所的墙面、顶面、地面装饰材料的燃烧等级都有明确的要求。完成室内设计工作时，应保证工程所涉及的材料符合消防要求，从源头上避免或减少使用参与燃烧的材料；或者同等装饰效果下，选择不燃、难燃的装饰材料替代可燃、易燃的材料，能从源头上防火。

12.1.2 室内平面布局上的消防设计要求

1. 防火分区

当火灾发生时，在一定时间把火灾限制在一定区域内，可以为人员疏散、消防扑救提供便利条件，同时能减少火灾损失。

《建筑设计防火规范》（GB 50016—2014）（2018 修订版）对不同建筑类型、使用功能、耐火等级的建筑室内防火分区的面积和要求有明确的规定，见表 12.2。根据防火分区的形式划分，可分为水平防火分区、竖向防火分区。围合成防火分区的建筑墙体、楼板、防火门（窗）、防火卷帘、防火水幕等在室内设计、施工时严禁未经消防专业复核的破坏、拆除、移动。

表12.2 不同耐火等级建筑的允许建筑高度或层数、防火分区最大允许建筑面积

名　称	耐火等级	允许建筑高度或层数	防火分区的最大允许建筑面积/m²	备　注
高层民用建筑	一、二级	按本规范第5.1.1条确定	1500	对于体育馆、剧场的观众厅，防火分区的最大允许建筑面积可适当增加
单多层民用建筑	一、二级	按本规范第5.1.1条确定	2500	
	三级	5层	1200	—
	四级	2层	600	—
地下或半地下建筑（室）	一级	—	500	设备用房的防火分区最大允许建筑面积不应大于1000m²

注　本表摘录自《建筑设计防火规范》（GB 50016—2014）（2018 修订版）中表 5.3.1。

2. 防烟分区

水平防火分区可以有一个或几个防烟分区，防烟分区主要是遏制延缓高温烟气蔓延，防烟分区不一定是封闭的，会涉及室内设计的顶面处理，尤其是吊顶内部的防烟设施、排烟设备要注意保护。

3. 安全疏散

火灾发生时，为保证人民安全撤离危险区域，建筑物设置必要的疏散设施。安全疏散重要的技术指标有室内人员密度（有时称为人均面积）、疏散宽度和安全疏散距离。安全疏散设施包括疏散出口、疏散走道、避难走道、疏散楼梯间、避难层以及应急照明和疏散标志等。

（1）疏散出口指在开在疏散走道的门、开在疏散楼梯间的门、开向室外的门。公共建筑疏散出口一般不少于2个且分散布置；特殊情况可能设置1个，需符合《建筑设计防火规范》（GB 50016—2014）（2018 修订版）中的要求。疏散门的开启方向必须朝向疏散方向，不能用推拉门。安全出口是指在疏散用楼梯间、室外楼梯、直通室内外安全区域的出口，属于疏散出口。

（2）疏散走道和避难走道。两者都是发生火灾时用于人员疏散的通道，除宽度需要符合疏散标准外，还需承受一定的耐火时间，其区别在于耐火时间、宽度、防烟前室、防火门设置等参数。室内设计中的大部分走廊、通道，都兼具疏散走道的功能，所以在设计时应避免 U 形或袋形走廊，合理布置与走廊联通的各个房间。

(3) 疏散楼梯间和疏散楼梯。除部分低层住宅和单层公共建筑可采用敞开楼梯间外，其他均应采用封闭楼梯间，封闭楼梯间上下贯通，当建筑中某一楼层失火时，火情会被楼梯间前室、防火门阻隔，烟气以及火焰不能通过楼梯间传播，阻止火势扩大为疏散救援提供时间和空间。楼层到达一定高度或人员达到指定密度，需要设置送风防烟楼梯间，在火灾发生时，楼梯间内的气体压力大于各楼层，防止烟气进入楼梯，保证疏散人员的氧气。

(4) 避难层（避难间）。考虑消防救援时间和难度等方面，超过100m的建筑以及符合规定的高层病房、老年照料等特殊室内场所设避难层（避难间）。当发生火灾时，超过火灾救援场地高度50m及以上的高度，疏散人员可以进入避难层，避难层耐火时间长，内部有消防专线电话和消防应急广播、消火栓等消防设施。

(5) 应急照明和疏散指示标志。消防应急照明和疏散指示系统是为人员疏散和发生火灾时提供照明和疏散指示的系统。火灾发生时，通常都会断电，失去灯光照明，消防应急照明自带蓄电池，停电时用蓄电池供电能提供一定时间的照明，一般公共建筑根据火灾照度来设置。近年来，疏散指示系统主要采用灯光疏散指示标志，布置在地面或墙面1m以下并遵守间距要求，如图12.3所示。现行设计标准为《消防应急照明和疏散指示系统技术标准》（GB 51309—2018），进行室内设计时要符合该技术标准。

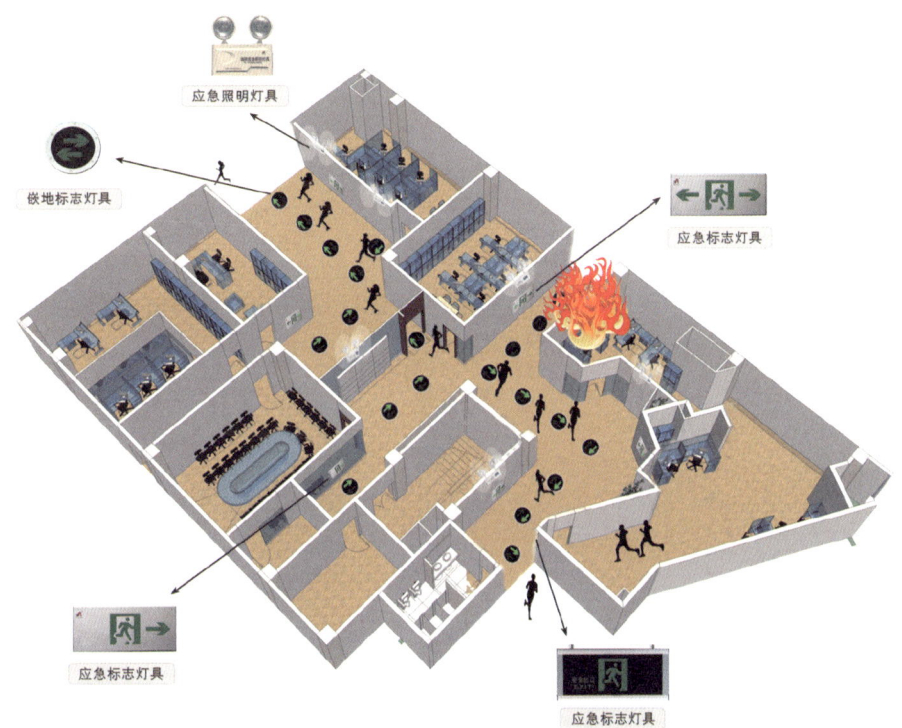

图 12.3　应急照明和疏散指示标志示意图

12.1.3　室内灭火相关知识

根据建筑使用性质、高度、面积等，设计相应的灭火方式。常见的灭火原理有隔离灭火、窒息灭火、降温（冷却）灭火、抑制灭火。常见的灭火方式有喷淋系统灭火、消火栓灭火和灭火器灭火。

1. 喷淋系统

利用水能降温、窒息原理灭火的消防管道供水结合消防栓、自动喷水系统在室内设计中较为常见。为适应寒冷地区，喷淋系统分为湿式系统、干式系统以及预作用系统集中。喷淋系统中喷淋头的高度和位置影响室内吊顶，在室内设计时，考虑喷淋头安装高度与吊顶高度统一；布置吊顶灯具时，考虑与喷淋头与灯具的位置重叠等情况，如图12.4所示。

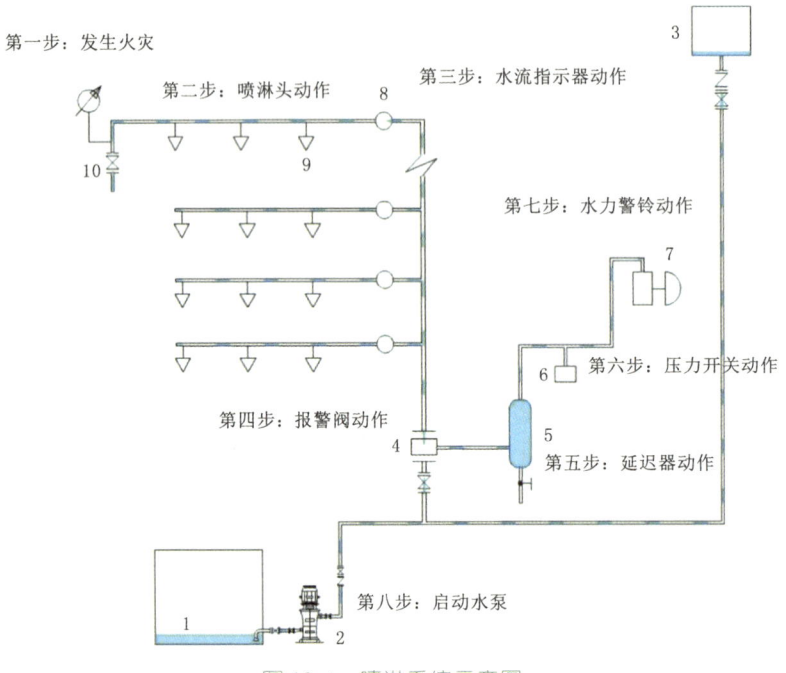

图12.4 喷淋系统示意图

1—水池；2—消防水泵；3—水箱；4—报警阀；5—延迟器；6—压力开关；
7—水力警铃；8—水流指示器；9—喷头；10—试验装置

2. 消火栓

消火栓又称消防栓，是一种常见室内灭火设备，如图12.5所示。在室内设计时应注意消火栓箱门不应被装饰物遮挡，消火栓箱门四周的装修材料颜色应与消火栓箱门的颜色有明显区别或在消火栓箱门表面设置反光标志，如图12.6所示。

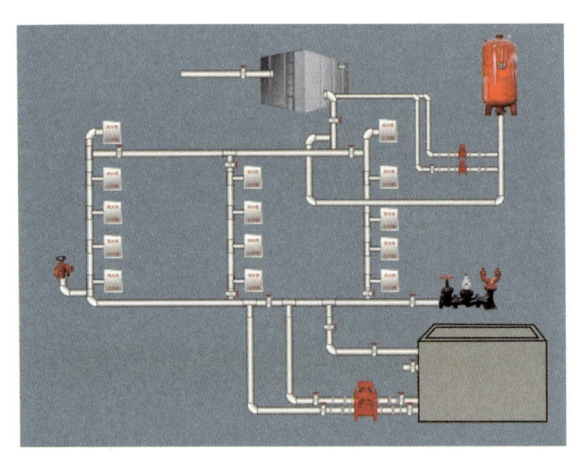

图12.5 消防栓系统示意图

图12.6 消防栓与灭火器箱

3. 灭火器

灭火器是一种可携式灭火工具，是常见的防火设施之一，存放在公众场所或可能发生火灾的地方，不同种类的灭火器内装填的成分不一样，应根据可燃物的燃烧属性选配。可作为固定消防设施辅助灭火措施。

4. 其他灭火方式

其他灭火方式还包括管道气体灭火、管道泡沫灭火、管道干粉灭火等方式。在不宜用水灭火的场所，如通信机房、大型图书馆、档案库等处，一般采用气体灭火，常见的有二氧化碳气体、七氟丙烷气体（图12.7）、惰性气体等。管道泡沫灭火和干粉灭火在室内设计中不常见，泡沫灭火主要用于石油储运、加工等领域，干粉灭火应用于特殊品类的工业生产。

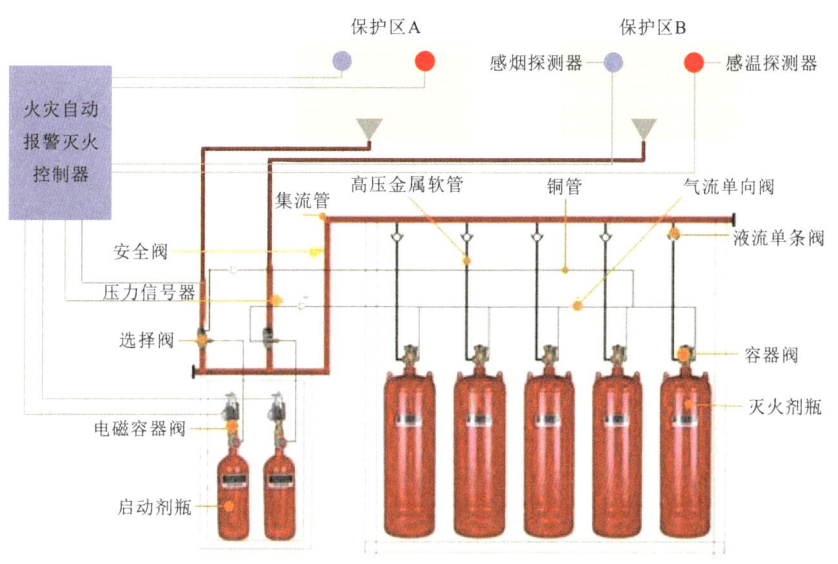

图 12.7　七氟丙烷灭火系统示意图

12.1.4　消防报警与通信系统

人员密集场所、面积较大或较高、重要通信设备、存放易燃易爆品、火灾后果严重等室内空间必须设置火灾（自动）报警系统。火灾（自动）报警系统由报警输入模块（火灾探测器、手动报警器）、火灾处理模块（消防控制室、消防联动控制器）、输出模块（声光报警器、消防广播）、通信模块（消防电话、城市远程报警）等系统模块组成。这部分对室内设计效果影响不大。

室内设计师不需要成为一名专业的消防设计师，但应具备基本的消防知识，并注意在工作中学习与积累，在实际设计工作中避免与消防规范矛盾，能降低设计过程的时间成本，减少总工期。室内设计在平面布置阶段的消防规范以《建筑设计防火规范》（GB 50016—2014）（2018 修订版）为综合规范予以参照，有些专业建筑有更严格的专项规范，例如《托儿所、幼儿园建筑设计规范》（JGJ 39—2016）（2019 修订版），完成项目设计时要同时符合专项规范和综合规范，两者有不统一的地方，要优先考虑专项设计规范中的要求。在室内设计布局规划阶段应与消防设计保持良好沟通，或者充分考虑防火（烟）分区的要求。在项目深化阶段主要考虑《建筑内部装修设计防火规范》（GB 50222—2017），在符合规范要求的前提下开展设计工作。必须严格执行规范或者比规范更严格的要求，也要防止过度解读，降低室内空间的艺术价值、使用价值，甚或出现浪费的情况。在实际工作中要做到室内设计的艺术效果与消防安全统一，实现美观与安全的统一。

12.2　室内安装工程

12.2.1　室内机电设备

室内机电设备主要是为了满足室内生产、生活的各类机械、电气设备设施。除工业厂房等涉及生产加工类机电设备外，通常室内设计领域涉及的机电设备为生活类机电设备和信息类机电设备，如电梯、(中央)空气调节系统以及办公电器、媒体设备、安防设备、家用电器等常见日用电器。其在安装以及保养时，需要占用或预留足够的作业空间，对于运行时会产生光线、声音的设备应考虑声光处理措施。

1. 电梯

电梯是一种重要的室内交通运输工具，具有多种形式，如金属封闭式轿厢垂直电梯、金属与玻璃结合轿厢的观光电梯（图12.8）、台阶式或斜坡式开放型电动扶梯（图12.9）以及水平传送电梯、运货电梯、传菜电梯等。通常电梯会在建筑设计时预留固定位置，其涉及建筑支撑结构、给排水、相关电气设备、消防等多方面专业知识，同时还涉及机房、电梯前室等功能性空间，所以在室内设计阶段，一般不会调整建筑结构设计上载人电梯的位置，而是在平面规划期间把电梯作为固定结构来规划室内动线，如在必要条件下调整电梯位置，则需要相关建筑等相关专业进行结构安全、结构承载、消防安全等专业计算、复核、改造。

图12.8 观光电梯

图12.9 电动扶梯

2. 空气调节系统

空气调节系统简称空调系统，指通过人为的方法处理室内空气的温度、湿度、洁净度和气流速度的技术，空调系统是利用实现空气调节功能的一系列设备的集合，如图12.10所示。其从功能上涉及用户的健康、舒适感。通常空调系统因涉及供电、建筑结构安全、能耗等诸多方面，其设计工作作为专项工程是由建筑设计或者专业企业完成的，且在室内设计开始前完成。室内设计师应熟悉其工作原理、掌握其走向、安装方式等施工特征和注意事项。空调系统的盘管以及预留的检修、保养功能等对室内空间的高度以及顶面、墙面设计处理有一定影响，在设计阶段应予考虑，必要时对空调的设计方案予以调整。

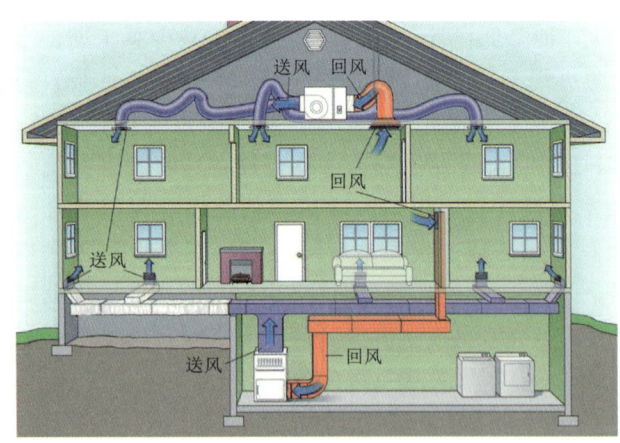

图12.10 空调系统示意图

3. 数字媒体设备

随着互联网的崛起，作为传递信息方便的一种媒介，数字媒体设备在传统媒体设备的基础上发展迅速。在室内设计领域，数字媒体设备应用越来越广泛，其具备传递信息准确快捷、互动性强等优点，使信息传递和沟通变得容易和简单。数字媒体系统通常由提供信息处理和存储功能的后台服务器、负责信号处理的音视频设备、负责信号传输的网络和网络设备、提供交互功能的终端设备等组成。室内设计中合理使用会有比较理想的展示传播效果。其中终端设备中的环幕设备、LED屏、拼接屏、显示器或触摸屏、投影设备以及音箱、音柱等，在工作时会有光和声音，在完成室内设计时应考虑其与灯光系统、装饰吸声材料的搭配，以提供良好的视听感受。

4. 其他电器

随着现代社会经济以及科技的发展，电器在人们的生产生活中已经起到非常重要的作用。在室内从事的大部分活动都会或多或少地依赖于某些电器，医院需要专用医疗设备，办公离不开办公电器，家庭生活离不开日用电器；公共场所的广播系统和视频播放系统、安防系统等，室内设计师在一项设计任务的开始阶段就要明确室内空间的用途与要求，充分考虑室内功能对电器的需求，开列电器清单。对清单中的电器除应充分考虑其外形尺寸占用的空间尺寸外，还要考虑其对室内光线、声音或空气污染以及对于建筑总体耗能等带来的影响。

12.2.2 水电专项

水电工程属为建筑提供重要的使用功能，通常在室内设计方案完成后展开，一般结合室内设计的布局、功能等等由专项工程师完成设计工作。因为与室内设计结合紧密，作为室内设计师应了解基本常识，在室内设计中予以考虑，必要时要考虑施工可能性在设计时预留空间等。

1. 室内设计中的给排水项目

给排水项目包括给排水设施及相关管道，涉及管网压力及流量计算等。通常给水有消防用水、供暖（热）水、卫生间用水、厨房用水、装饰水景用水等。其中消防用水大部分为独立管网系统，集中供热系统为独立管网系统，其余生产生活用水主要来源为市政管网，有些建筑会涉及自建井。供水管道因适用环境（腐蚀、温度、压力等）不同，常见材料有金属管道：钢管、镀锌管、铸铁管、铜管等；塑料管道：PE 管、PB 管、PEX 管、PP-C 管、PP-R 管等；复合管：FRP、HI-3P、钢骨架复合管、衬塑铝合金管等，其管径综合考虑流量和水压力等因素经计算确定。排水设计包括餐厨污水、卫生间污水、空调冷凝水、功能性排水、偶有涉及雨水排水等情况。除少数特殊空间，如部分地下空间的室内设计的排水面低于市政污水排水高度，需要单独的

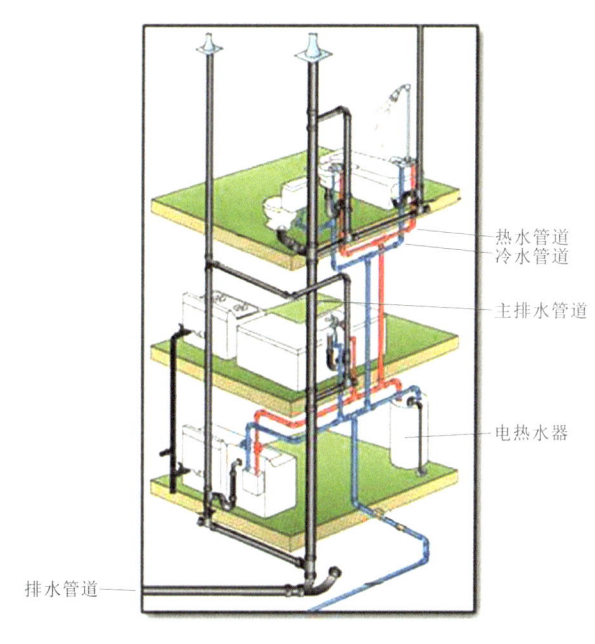

图 12.11 给排水管道示意图

集水坑和排污泵外，大部分室内设计的排水为重力排水，需要留好排水管或排水沟的倾斜坡度，如图 12.11 所示。

2. 室内设计的强弱电项目

强电指为室内用电设备提供动力电源的设备、线路等。一般由电网输入端或发电机、计量电表、配电箱、输送线路、用电设备构成。弱电系统也有信号系统的叫法，常见的网络、电话、音视频系统等都是弱电。一般由信号提供端、信号传输线路、信号接收端构成。强弱电项目需要计算用电功率、信号干扰，因涉及用电安全，需要由专业电气工程师出具专项图纸，通常由建设方提出用电需求，由室内设计师完成用电设备完善、补充和位置布置布局，在室内设计平面布置图完成后开始强弱电设计，故强电项目由电气工程师根据建设方与室内设计师的需求完成。

1. 试从老年人、儿童、孕妇、残障人士的角度对比室内空间中通道、楼梯设计的注意事项。

2. 列举一个因室内装修擅改建筑结构导致出现人员生命财物损失的案例,并分析事故的具体原因。

3. 喷水灭火系统由水池、输送管道、消防栓、喷淋及控制阀门等组成,试述室内设计中墙顶地面与上述消防设施的衔接方案。

单元4 室内空间设计

- 室内空间的多种类型,是基于人们丰富多彩的物质和精神生活的需要。
- 日益发展的科技水平和人们不断求新的开拓意识,必然还会孕育更为多样的室内空间。
- 居住空间、商业空间、餐饮空间、办公空间、展览空间是常见的室内空间类型。
- 熟悉和掌握五类空间的不同特点及设计要求、方法、原则,并结合案例分析,可以更深入地了解室内设计的真谛,为今后的学习和工作打下理论基础。

第 13 章 居住空间设计

随着我国国家整体经济水平实力的提升及房地产业的迅猛发展，人民生活水平日益提高，人们对居住环境的要求完成了"生存-舒适-艺术"阶段性的变化。居住空间的设计装修不仅能显示出现代文明对生活环境的改变，也是衡量一个人或一个家庭认识生活、美化生活的一种基本修养。通过对居住空间的塑造，提高生活环境质量和文化水平，使人在良好的环境中享受富有情趣的生活。

当今的信息社会，住宅空间除了满足睡眠、进餐、清洁、会客等基本生理活动外，还要满足阅读、工作、社交、娱乐等活动。因此，住宅空间设计对空间规划与功能布局、水电空调等设备的协调、各界面造型材质的应用以及家具的选配、色彩及软装的搭配都要考虑，对人体工程学尺度的要求也格外严格和细致。本章以室内空间为主系，浅析住宅室内设计。

13.1 居住空间设计要求

13.1.1 室内空间功能完备

随着社会不断地进步及人们生活质量的不断提高，住宅空间在组织上、功能上也发生着变化。住宅的室内空间的功能已由单一的就寝、用餐发展到休闲、娱乐、工作、烹饪、会客等多种功能于一身的综合空间，因此在设计时要充分考虑各种功能。图 13.1～图 13.4 所示为某别墅各层平面布置图。

13.1.2 室内空间布局合理

住宅室内的功能包括很多种，基本的生活活动有休息、娱乐、会客、就餐等。住宅的室内空间按照不同的分类方法可分为动静分区、干湿分区等。那么如何合理地划分室内各个功能空间，做到既能充分合理地使用室内面积，又能满足生活的各个功能，使之不互相冲突，构造合理的室内生活轨迹就是室内设计中必须注意的问题。原始结构平面图和空间平面布置图如图 13.5、图 13.6 所示。

第13章 居住空间设计

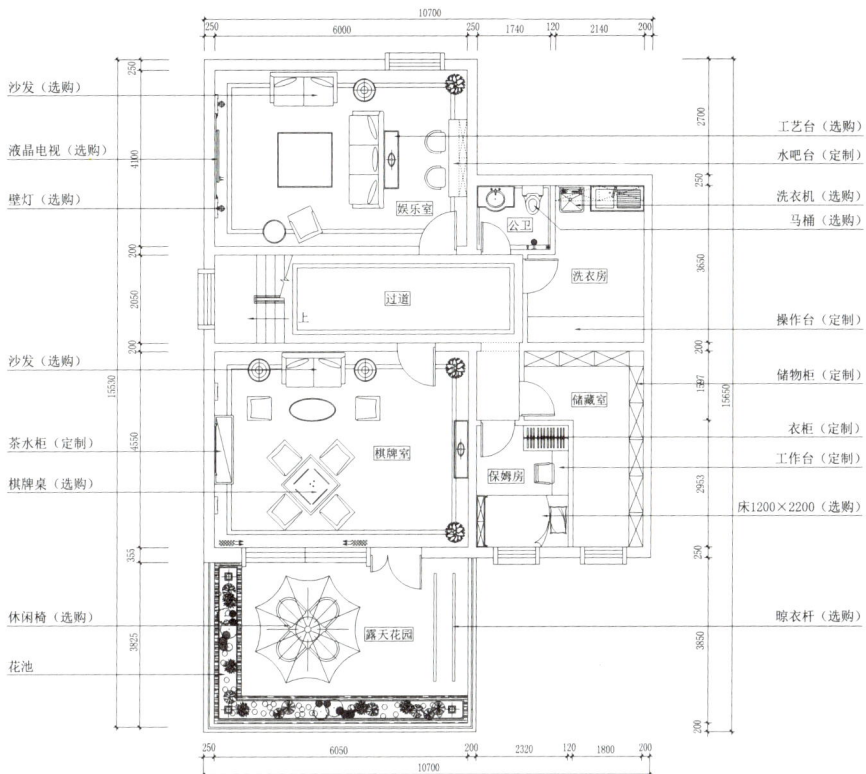

图 13.1 某别墅地下一层平面布置图

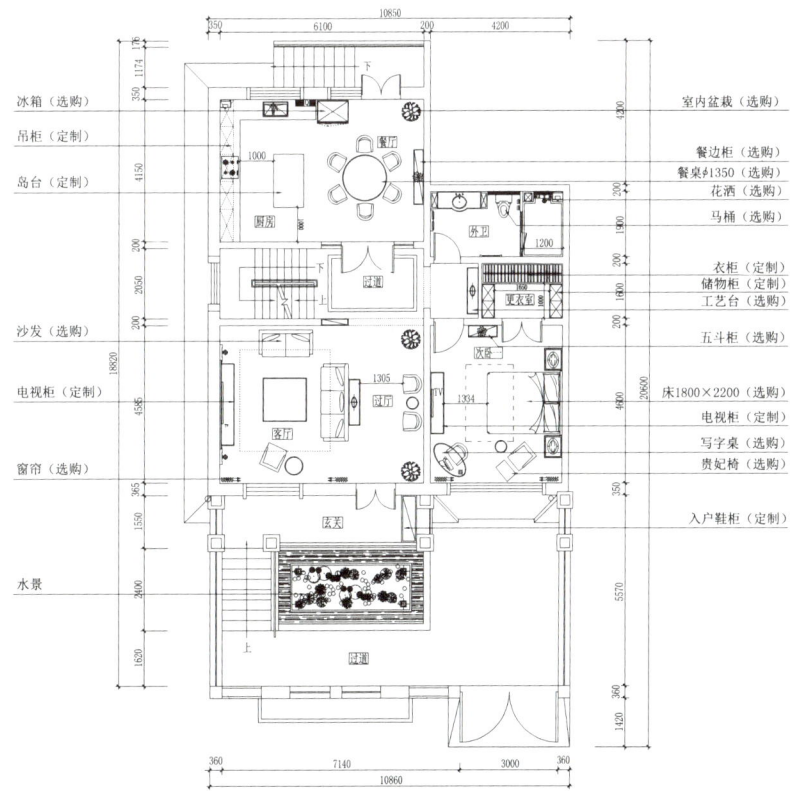

图 13.2 某别墅一层平面布置图

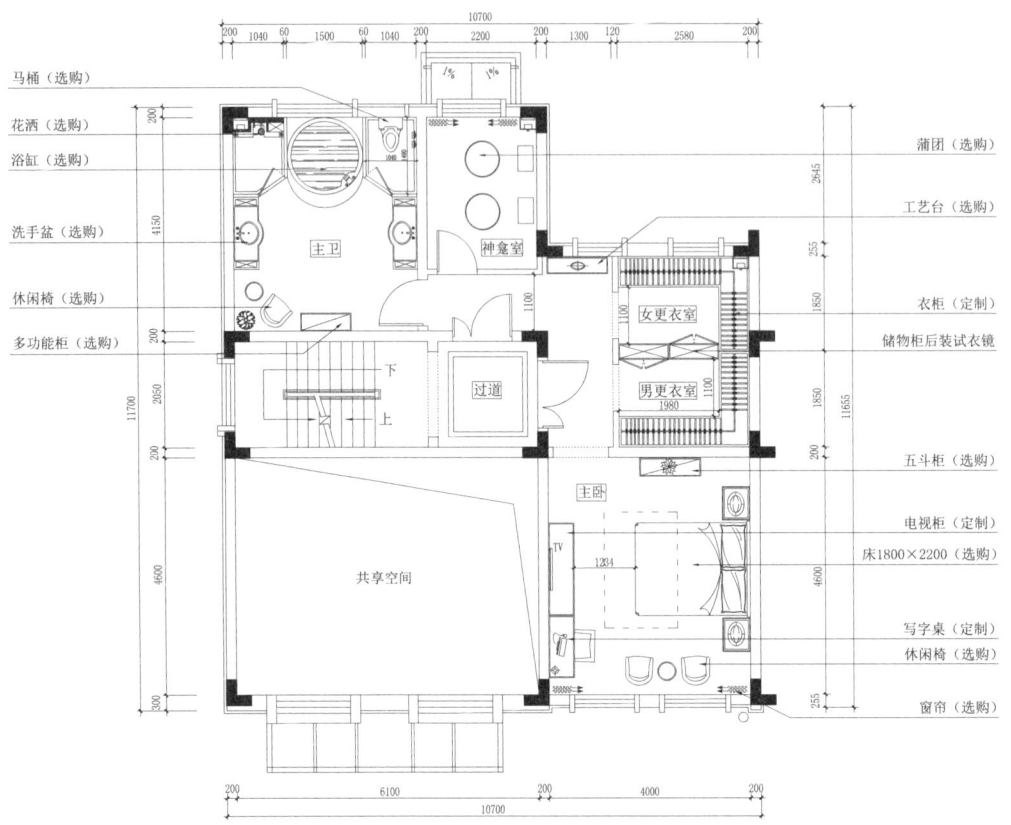

图 13.3　某别墅二层平面布置图

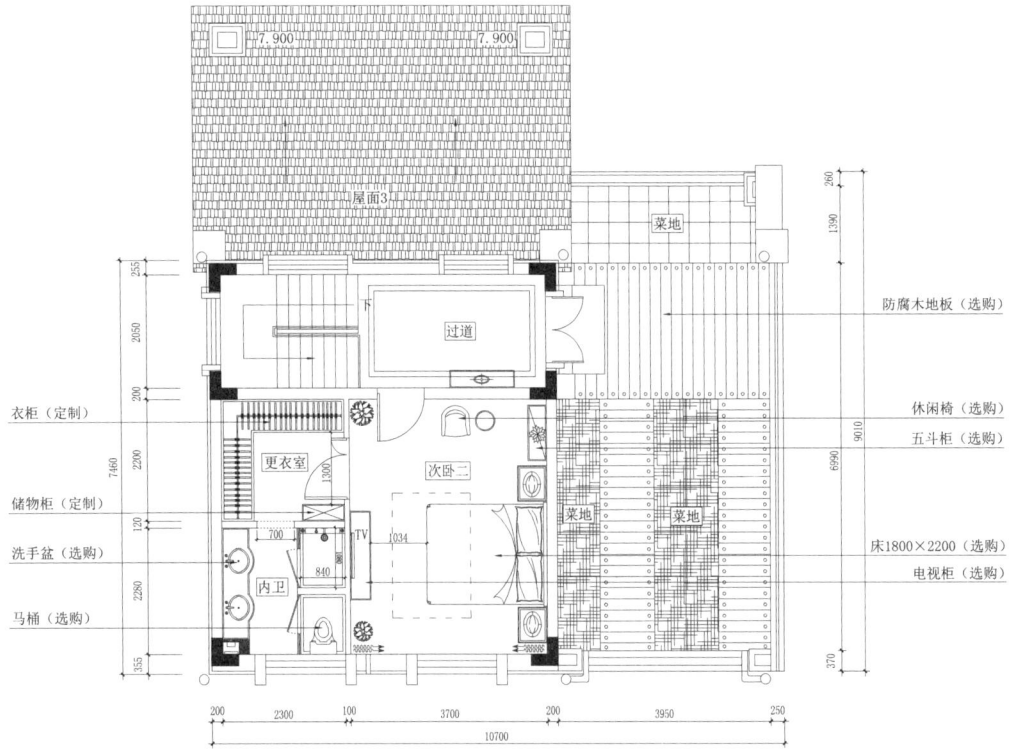

图 13.4　某别墅三层平面布置图

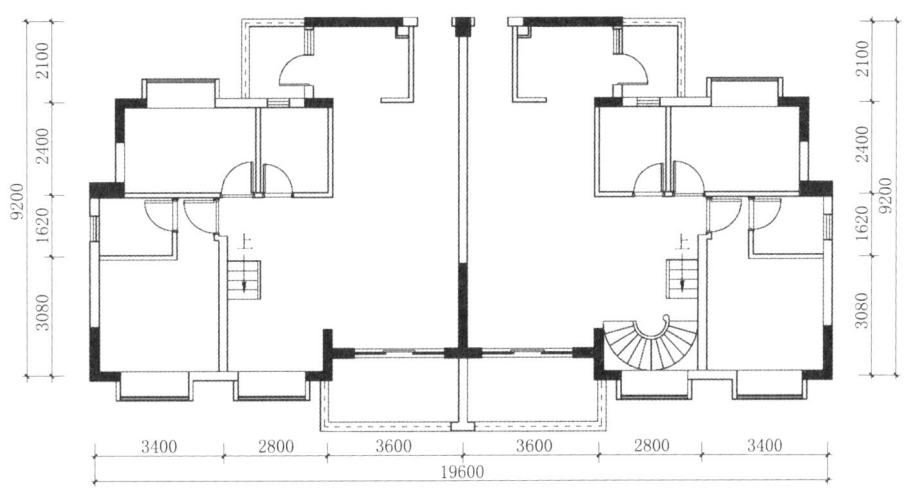

图 13.5　原始结构平面图

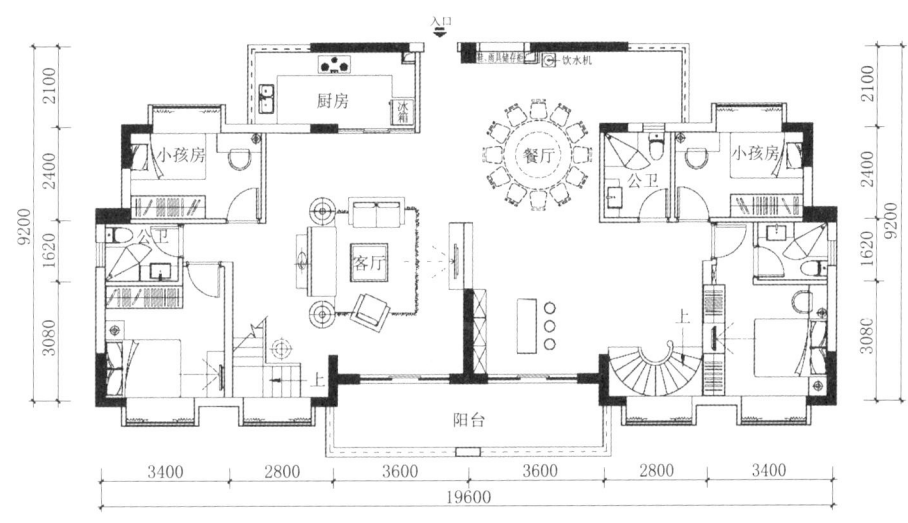

图 13.6　空间平面布置图

13.1.3　整体协调，突出重点

进行住宅室内设计应在本着安全、舒适的前提下，营造一个整体协调、风格统一、体现文化的室内环境。避免整个室内环境各处互相独立，搭配生疏晦涩，整体毫无美感。生硬的搭配，简单的抄袭，各个功能空间之间过渡不自然的情况，甚至各个局部之间互相冲突，会使室内的整体空间效果下降。从室内的大环境到后期配饰应是一个有机的整体，相互协调。某住宅室内局部效果如图 13.7、图 13.8 所示。

13.1.4　以人为本，舒适实用

住宅室内设计的使用对象是相对固定的，在功能和审美上应该充分考虑居住者的实际使用需求，根据居住者的实际需求，进行相应的功能与审美的考虑。千篇一律、整体一个模式的设计，必然会造成不同居住者这样或那样的功能和审美的不足或不必要的功能浪费。居住者在生活的过程中，虽然要进行一定的社会活动，但相对于整体的功能来说，住宅是休息的场所，如何营造一个舒适的休息环境就是住宅室内设计的主要功能。卧室空间效果展示如图 13.9 所示。

13.1.5 重视现有结构，扬长避短

住宅空间的每个户型都会存在诸多优点，也会在建筑时受某些因素限制。如现有结构梁、柱等位置不合理，现有建筑格局不科学，建筑层高过低，可能存在采光不足等因素。在做设计时，对现有结构的缺陷加以调整掩饰，并对现有结构的有利方面加以利用，以实现扬长避短。现有结构梁的设计应用如图13.10所示。

图13.7　某住宅室内局部效果（一）

图13.8　某住宅室内局部效果（二）

图13.9　卧室空间效果展示

图13.10　现有结构梁的设计应用

13.2 起 居 室

13.2.1 起居室的性质

起居室也称为客厅，属于家庭生活中的公共区域，是家庭群体的主要活动空间。在视觉上应以展现家庭的"特定性格"为原则，是住宅室内设计中艺术性表现的主要空间，以充分发挥家庭窗口的作用。

13.2.2 起居室的功能

起居室中的活动是多种多样的，其功能是综合性的，涵盖了家庭生活中大部分的活动内容，同

时它的存在是家庭和外部的良好的过渡。常见功能有家庭团聚、视听活动、会客接待、休闲、阅读等，如图 13.11 所示。

13.2.3 起居室的设计原则

1. 起居室应主次分明

起居室是家庭的核心，可以容纳多种性质的活动。起居室的功能有其多样性，而每个家庭对起居室的使用要求也各不相同，所以设计强调针对性，因人而异，以人为本。不同家庭

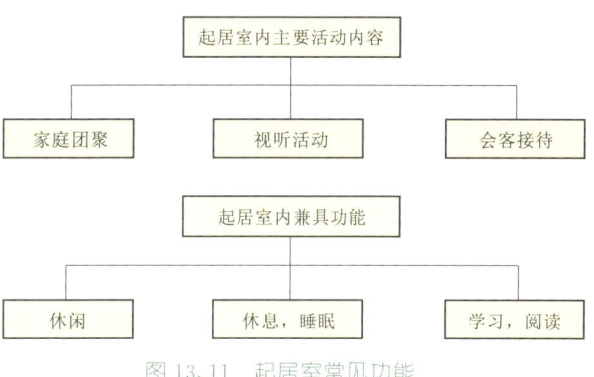

图 13.11　起居室常见功能

的不同需要导致每个起居室的设计主要方向均不相同。设计时通常根据家庭的使用需求，以某一种或几种功能为主线，形成起居室的核心功能。

2. 起居室动线设计合理

起居室在功能上作为住宅的中心，在行走路线上则是住宅交通的枢纽，起居室常常与户内的过厅、过道及其他房间的门相连，如果动线设计不得当，就会造成过多的斜穿路线，使起居室的空间完整性及安定性受到极大的破坏。因而在进行起居室的设计时，尤其布局阶段一定要注意对室内动线的考虑，尽可能避免斜穿。

13.3　餐　　厅

餐厅是家人日常进餐并兼作宴请亲朋的活动场所。在面积较大的居住空间里，一般设有相对独立的餐厅空间；面积较小的居住空间里，餐厅可以与其他空间结合起来，成为用餐、聚会、休闲、学习工作等场所。餐厅是一个更加偏重功能性的空间，从设计的角度考虑，应创造一个舒适的用餐环境。在色彩环境、光环境、空间布局及人体工程学等方面均要求较高。

目前，在国内很多的建筑设计中，餐厅和起居室都是相通的，这主要是从空间感的角度来考虑的，因此餐厅的色彩配搭一般都与起居室统一协调。对于餐厅单独设置的结构，在色彩的使用上，宜采用暖色系，因为在色彩心理学上来讲，暖色有利于促进食欲。餐厅设计如图 13.12 所示。

餐厅是一个使用功能较强的空间，必须对使用功能及人体工程学进行充分的考虑，满足实用的

图 13.12　餐厅设计

图 13.13　餐厅中的小吧台设计

要求，餐桌不宜过高、过矮，酒柜及酒架布置应以方便为原则。餐桌与桌椅一般是配套的，需要注意保持一定的距离（椅面到桌面的距离以 30cm 左右为宜），餐椅过高或过低都会影响正常的就餐姿势，引起胃部不适且影响消化。在餐厅较小的情况下，可通过对镜子的设计，来改善空间尺度感；在某些讲究生活情调的餐厅，会将吧台、红酒台等设计其中；还有一些餐厅兼有储藏红酒的功能，有时冰箱也会放在餐厅，如图 13.13 所示。

餐厅家具要与其室内的色彩、天花造型和墙面装饰品相呼应，如图 13.14、图 13.15 所示。

图 13.14　餐厅家具与环境呼应（一）

图 13.15　餐厅家具与环境呼应（二）

13.4　卧　　室

卧室是居住空间中完全属于使用者的私密空间。纯粹的卧室是睡眠与更衣的空间，由于使用者的使用需求不同，读书看报、看电视、健身、喝茶等活动也要考虑。卧室可以划分为睡眠、梳妆、储藏、视听等 4 个功能区域，在条件允许的情况下可以增加独立卫生间、健身活动区等附属区域。

设计师应从色彩、灯光、家具布置、使用材料、陈设等方面入手，统筹兼顾。卧室从功能上一般分为主卧室、老人房、客卧室及儿童房。卧室设计应本着以人为本、舒适第一的原则。具体的设计过程中应从以下几个方面入手。

13.4.1　舒适、人性化

卧室是休息场所，人的一生有三分之一以上的时间在卧室度过，因此卧室设计的目的是营造一个温馨放松的空间，置身其间必须有全身心放松的感觉，这样才可以得到充分的休息。那么如何在设计中体现舒适性呢？

首先是卧室设计色调气氛的营造。卧室环境整体色调对于人的脑神经及相应激素的分泌都有一定的影响，所以卧室设计中墙面、顶面、地面的颜色，室内窗帘、床上用品及家具的颜色之间的协调是至关重要的，一般卧室设计不用反差大的强对比色，而是以浅色及暖色调为宜。这样对居住者的刺激较小，适宜放松身心，如图 13.16 所示。

其次是卧室设计中光环境对整体设计的影响。由于卧室是休息场所，所以人们在卧室中的活动绝大部分是晚上和夜里，这样，如何应用人造光源便是一个重要的问题。一般卧室设计中光源应避免集中，尽量平均照射到房间的各个角落；在主光源与辅光源分布上，应分开布控，分别适应生活、休息、娱乐等各项活动。在考虑生活用光的时候应注意光源的强度要适中。考虑休息用光时，尽量考虑柔光，避免强光直接入眼，这样才能够避免由于夜里强光对眼睛的刺激，不易进入睡眠状

图 13.16　卧室设计考虑色调气氛的营造

态，宜使用灯槽、暗装灯管等漫反射光源作为夜间用光源。开关布置应以方便为原则。有的业主有读书的爱好，在设计光源时宜考虑亮度可调床头灯，这样使用中不会影响到其他人的休息。如果受条件限制，卧室布置床头壁灯及主灯两种光源是最基本的，如图 13.17 所示。

13.4.2　完善的使用功能

首先进行卧室设计的时候，在考虑睡眠区设计的同时，必须考虑卧室的储藏空间。在住宅的使用面积允许的条件下，可单独立储藏间，释放空间给居住者；在住宅面积使用受限制时，应考虑每个人有 $1.4\sim 2m^3$ 的储藏空间，如图 13.18 所示。

图 13.17　卧室设计中光环境对整体
设计的影响

其次，在条件允许的情况下，可以考虑视听、休闲、储物、阅读等区域，增强卧室的功能，营造更加舒适的环境，如图 13.19 所示。

图 13.18　卧室储物功能设计

图 13.19　卧室的视听、休闲、储物、
阅读区域的一体设计

13.5 儿童房

13.5.1 儿童房设计的原则

考虑孩子的成长,应创造可弹性利用的空间,同时安全性设计极其重要,还要留出一定空间供孩子玩耍。避免呆板、僵硬的设计,活泼有创意的设计有助于培养儿童乐观向上的性格。儿童房的设计可以多姿多彩,但有以下几个原则。

1. 共同参与规划

由于每个小孩的个性、喜好有所不同,因此,对房间的摆设要求也会各有差异,设计者及孩子父母亲不妨与孩子多沟通,了解其喜好与需求,并让孩子共同参与设计、布置自己的房间。

2. 充足的照明

合适且充足的照明,能让房间温暖、有安全感,有助于消除孩童独处时的恐惧感。

3. 柔软、自然的素材

由于儿童的活动力强,所以在选材上,宜以柔软、自然素材为佳,如地毯、原木、壁布或塑料等。这些耐用、容易修复、非高价的材料,可营造舒适的睡卧环境,也可消除家长安全上的忧虑,如图 13.20 所示。

4. 色彩丰富、色调统一

儿童房的空间和家具色彩丰富,色调可以以明亮、轻松、愉悦的色调为主,色泽上不妨多点对比色,但应注意颜色的统一,如图 13.21 所示。

图 13.20 柔软、自然的素材在儿童房的应用

图 13.21 色彩丰富、色调统一

5. 空间功能、氛围可调节性强

设计巧妙的儿童房,应该考虑到随着孩子的年龄变化,空间布局可随时重新调整摆设,空间属性应是多功能且具有多变性的。家具不妨选择易移动、组合性高的,方便他们随时重新调整空间。家具的颜色、图案或小摆设的变化,则有助于增加孩子想象的空间,如图 13.22 所示。

6. 安全性强

安全性是儿童房设计时需考虑的重点之一。由于小朋友正处于活泼好动、好奇心强的阶段,容易发生意外,在设计时,需处处费心,如在窗户设护栏、家具尽量避免棱角的出现、采用圆弧收边等。材料也应采用无毒的安全建材为佳。家具、建材应挑选耐用的、承受破坏力强的、使用性高的家具、建材。

13.5.2 儿童房设计的方法

1. 色彩搭配

儿童房色彩可较丰富,但视性别、性格及年龄的不同,偏重点也应予以区分。

2. 地面

在孩子的活动天地里,地面应具有抗磨、耐用等特点。通常,一些最为实用的选择是刷漆的木质地板或其他一些更富有弹性的材料,如地毯。

3. 家居陈设

对父母来讲,在孩子房间里陈设家具应该是一件很有趣的事情。在这里可以随心所欲,完全沉浸于想象之中,设计将变得趣味十足。而孩子能够利用想象力和创造力装点出属于自己的房间,并从中获得极大的乐趣和启发。

图 13.22 易移动的家具和软装,方便空间功能、氛围的调整

4. 布艺

孩子会像大人一样对某些颜色情有独钟。可以选择颜色素淡或简单的条纹或方格图案的布料来做床罩,然后用色彩斑斓的长枕、垫子、玩具或毯子去搭配床、椅子和地面。其中长枕、垫子等的外套可以备有多种颜色,在不同季节、孩子不同年龄时更换枕套和垫子的颜色,这样的做法比较经济、实用。

窗帘的颜色可以选择浅色或带有一些卡通图案的面料,材质不宜过厚。因为在春、夏两季,白天阳光很强的时候,拉上窗帘,孩子仍然可以在光线柔和的房间里玩耍。

5. 预留展示空间

学龄前儿童喜欢在墙面随意涂鸦,可以在其活动区域,如墙面上挂一块白板或软木塞板,让孩子有一处可随性涂鸦、自由张贴的天地。这样不仅不会破坏整体空间,还能激发孩子的创造力。孩子的美术作品或手工作品,也可利用展示板或在空间的一隅加个层板架放设,既满足孩子的成就感,也达到了趣味展示的作用。

13.5.3 儿童房设计中的常见错误

1. 色彩过滥

儿童由于对色彩的感知能力较强,一般儿童房的设计往往也是色彩较为丰富,这样能够丰富儿童的想象能力,锻炼儿童的感性思维。但过于绚烂的色彩对孩子不但没有帮助,反而往往会造成影响休息,甚至对孩子的心理成长带来负面作用。

2. 安全失误

因为小孩子生性好动,所以地面一般选较软的材料,如木地板、地毯等,选用这些材料对孩子的安全有一定保障。另外儿童房家具应以圆角为主,这是从安全方面来考虑的,尽量避免室内有较尖锐的物品出现。窗子应加防护措施。

3. 环境与年龄、爱好、性格失衡

由于不同年龄的儿童的心理成长阶段也不同,这就要求设计房间的同时与孩子进行一定的沟通,设计出无论从环境还是功能都能适应儿童的性格、年龄、爱好及成长需要的合理空间。另外,随着儿童年龄的增长,应对游戏区域与学习功能区域进行合理搭配,避免出现功能的漏洞。

13.6 书　　房

书房给主人提供阅读、书写、工作、密谈的功能，对环境的要求较高。书房设计要考虑朝向、采光、景观、私密性等多项因素的影响，创造良好的使用环境，确保使用者保持轻松、愉悦的使用感受。

13.6.1 书房设计的原则

1. 安静性原则

书房作为思考、学习和工作的场所，需要有一个宁静而安详的环境。因此，应尽可能与儿童房、餐厅等较嘈杂的地方分开。书房的恬静，除了环境因素外，做好墙壁的隔声处理也很重要。

2. 舒适性原则

不论是在家学习充电，还是 SOHO 一族在家办公，或是工作之余的休息放松，营造一个舒适的空间是必需的。舒适的空间有助于缓解人的精神压力，放松心情，提高工作效率。

3. 个性化原则

书房是供个人使用的空间，能够充分体现主人的文化修养、生活理念及个人爱好。书房基本元素的组合，电脑桌、电脑椅、各式组合的书柜、书架以及休闲小沙发的摆放形式，都能充分展现主人的生活品位。

13.6.2 书房位置的选择

书房可根据个人需要分为开放式或封闭式两种。开放式书房可设计在起居室、卧室等的一角，如图 13.23 所示的书房，设计在起居室的一角，既可作为主人读书、工作的地方，也可与三两知己在此聊天谈心；封闭式书房则相对安静，不易被人打扰。书房需要的环境是安静，少干扰，但不一定要私密。如果各个房间均在同一层，那它可以布置在私密区的外侧，或门口旁边单独的房间。如果它同卧室是一个套间，则在外间比较合适。读书不能影响家人的休息，而且读书的活动经常会延续至深夜，中间也许要吃夜宵、去卫生间，所以最好不要路经卧室。

13.6.3 书房设计的方法

1. 柔和的色彩

书房的色彩既不要过于耀目，又不宜过于昏暗，而应当取柔和色调的色彩装饰。颜色的要点是柔和，使人平静，最好选用饱和度低的色调，尽量避免跳跃和对比的颜色。在书房内适当摆放绿色植物，如万年青、君子兰、文竹、吊兰等植物，则更赏心悦目，如图 13.24 所示。

2. 墙面静音、避免眩光

书房墙面比较适合亚光涂料，壁纸、壁布也很合适，因为可以增加静音效果、避免眩光，让情绪少受环境的影响。

3. 合理光源

书房应该尽量占据朝向好的房间，相比于卧室，它的自然采光更重要。

4. 书桌的摆放

书桌的位置与窗户位置很有关系，一要考虑光线的角度，二要考虑避免电脑屏幕的眩光。

5. 人工照明

人工照明主要把握明亮、均匀、自然、柔和的原则，不加任何色彩，这样不易疲劳。重点部位要有局部照明。如果是有门的书柜，可在层板里藏灯，方便查找书籍。如果是敞开的书架，可在天

图 13.23　布置在起居室一角的书房

图 13.24　色彩柔和的书房

花板上方安装射灯，进行局部补光。台灯是很重要的，最好选择可以调节角度、明暗的灯，读书的时候可以增加舒适度。

6. 合理划分功能空间

书房中的空间主要有收藏区、读书区、休息区。对于面积较小的书房，收藏区适合沿墙布置，读书区靠窗布置，休息区占据余下的角落。而对于面积较大的大书房，布置方式就灵活多了，如圆形可旋转的书架位于书房中央，有较大的休息区可供多人讨论，或者有一个小型的会客区。

13.6.4　书房设计中注意事项

1. 通风

良好的通风环境有利于保持室内空气的清新，促进血液循环，使人心情愉悦，保持身体健康。另外，书房里布置的电子设备，需要良好的通风环境，一般不宜安置在密不透风的房间内。门窗应能保障空气对流畅顺，有利于设备的散热。

2. 温度

因为书房里有电脑和书籍，故而房间的温度最好控制在 0～30℃ 之间。

13.7　厨房与卫浴间

13.7.1　厨房设计原则

1. 空间决定形式

空间大小决定厨房形式。厨房依据空间的大小可分为"一"字形、L形、U形与走廊形。

(1)"一"字形厨房。"一"字形厨房，直线式的结构简单明了。只要依照使用者的习惯将烹调设备由左至右或由右至左摆放即可。如果空间条件许可，也可将与厨房相邻的空间部分墙面打掉，改为吧台形式的矮柜，如此便可形成半开放式的空间，增加使用面积。

(2) L形厨房。L形厨房的两边至少需要 1.5m 的长度，其特色就是将各项配备依据烹调顺序置于 L形的两条轴线上。但为了避免水火太近，造成作业上的不便，最好将冰箱与水槽并排于一直线，而炉具则置于另一轴线。如果想要在烹调上更加便利，可以在 L形转角靠墙的一面加装一个置物柜,既可增加收藏物品的容量,也不占用平面空间;也可在L形的轴线上继续延伸,设计一个可以折叠或拉出式的置物台面,平时不用时可收起,待烹调料理多时再开启使用。

(3) U形厨房。U形厨房的工作区共有两处转角,和L形的功用大致相同,空间要求较大。水槽最好放在U形底部,并将配膳区和烹饪区分设两旁,使水槽、冰箱和炊具连成一个正三角形。U形之间的距离以120~150cm为准,使三角形总长、总和在有效范围内。此设计可增加更多的收藏空间。

(4) 走廊形厨房。走廊形厨房将工作区安排在两边平行线上。在工作中心分配上,常将清洁区和配膳区安排在一起,而烹调独居一处。如有足够空间,餐桌可安排在房间尾部。

2. 符号人体工程学

注意使用时的人体工程学原理。在厨房进行烹调时,须长时间弯腰倾身,通过适当的设计,才能避免腰酸背疼的问题。例如,橱柜台面的高度与在台面上工作时的手腕距离15cm时,最适合人们从事较轻松的烹调工作。而壁柜与层架的高度以170~180cm为宜,人们伸手即可拿到,超过此高度的橱柜空间可存放不常用的物品。而上下柜的距离则以55cm较为理想。

3. 适应操作流程

合理分配橱柜空间。在规划空间时,尽量依据使用的频率来决定物品放置的位置,如将锅具放在炉灶附近,食物柜的位置最好远离厨具与冰箱的散热孔,并保持干燥和清洁。在放置物品时,当然还要注意到安全问题。

4. 合理的能源照明

利用充足的照明增进效率,避免危险。厨房的照明首先要求安全与效率。灯光应从前方投射,以免产生阴影妨碍工作。除利用可调式的吸顶灯作为普遍照明外,在橱柜与工作台上方装设集中式光源,可以让操作更为方便安全。在一些玻璃储藏柜内可加装射灯,特别是内部储放一些有色彩的餐具时,能达到很好的装饰效果。

13.7.2 厨房设计形式

1. 封闭式

顾名思义,此种厨房的设计采用全部封闭的方式,能够将绝大部分因烹饪而产生的污浊空气保存在厨房内而不向其他室内空间流通,然后通过一定方式排出室外。这种设计方案是目前最适合我国居民家庭实际使用的方案。我国人民基本上还是沿用传统的煎炒烹炸的方式进行操作,在此过程中由于加热的作用,会使油类蒸发产生油烟,不加以处理会随着室内空气的流通,污染室内整体的空气环境,损害居住者的健康、破坏室内环境。封闭式厨房如图13.25所示。

图13.25 封闭式厨房

2. 半开放式

半开放式厨房,是厨房与其他空间(例如餐厅)有个分隔但不设门,两个功能空间的空气可以通过哑口进行流通,操作与其他工作分开。这种厨房形式一般是因为受空间的限制,或者是出于采光等方面的需要。此种设计方案能够避免一部分油烟进入室内,适用于较少在住宅进行烹饪的家庭。半开放式厨房如图13.26所示。

3. 开放式

开放式厨房一般设在餐厅中,无任何形式隔断,操作可与其他工作同时进行,多见于日式、欧式风格的设计中。北京等部分地区专为白领阶层设计的小户型设计方案多会出现。开放式厨房的优点是与其他空间整合,不论是采光还是整体的空间感,均较好。操作与用餐一起进行,在设计小面积房间时可以考虑。但由于我国的饮食习惯,油烟没有很好的办法控制,饮食烹制方法应尽量选择少产生油烟的方法。开放式厨房如图13.27所示。

图13.26 半开放式厨房

图13.27 开放式厨房

13.7.3 卫生间设计要点

现代家庭的卫生间已经不只是解决居住者的如厕、沐浴的基本生理需求,还要在环境上、心理上给予使用者全面的安全感、舒适感、私密感以及美感。卫生间的设计应朝着文明、舒适、科技的方向发展,给使用者创造优质的生活空间。卫生间设计案例如图13.28所示。

卫生间的设计涉及各项工种与专业,施工程序复杂,配合度高,所以卫生间的设计是一项较为复杂的综合性设计,也能体现出整个居住空间的设计水准。具体设计要点:

(1) 地面。要注意防水、防滑。
(2) 顶部。防潮、遮掩最重要。
(3) 洁具。追求合理、合适。
(4) 电路。安全第一。
(5) 采光。明亮即可。

(6) 绿化。增添生气。

(7) 美观。色彩定位和材质选择上应与洁具色调一致,颜色处理应自上而下、由浅到深。

(8) 整洁。盥洗区和淋浴区要有一个模糊的划分,切忌零散、繁杂。

13.7.4 浴室的设计

1. 浴室设计基本原则

浴室包括具有基本洗浴功能的淋浴,一些浴室还具有休闲功能的浴缸,甚至还包括其他类型的蒸汽浴等。浴室空间比较潮湿,为了使淋浴空间尽量干燥,有条件的浴室会布置淋浴房。淋浴房的尺寸一般为900mm×900mm,如小于这个长宽尺寸,淋浴时会感到空间太狭窄。浴缸尺寸一般为1500mm×700mm,按摩转角浴缸尺寸一般为1450mm×1450mm。

图13.28 卫生间设计案例

浴室空间冷热水的连接要比较方便,出水口应可调节冷热度,以免烫伤;地面和浴缸表面不宜太滑;燃气式热水器切忌安装在浴室内,应安装在卫生间之外的通风处,避免中毒事件发生。设计地面时,还应考虑排水通畅,以方便清扫和排泄地面污水。浴室设计案例如图13.29和图13.30所示。

2. 浴室的内部装饰

由于沐浴时有大量的水及雾气,因此装饰选材时应以防水、防湿为重点。浴室的墙壁须选防水性强,又具有抗腐蚀与抗霉变的材料。可选择容易清洗的瓷砖、强化板,花色多,可拼贴丰富的图案,且光洁平整易干燥,是非常实用的壁面材料。天花板受水蒸气影响,最易发霉,应选择以防水耐热的材料为佳。如选用硅酸钙板,表面涂以水泥漆,经济、防水性强;多彩成型铝扣板和亚克力成型天花板耐水性强,表面又贴有隔热材料,也是浴室天花板的理想用材。浴室的内部装饰如图13.31所示。

图13.29 浴室设计案例(一)

图13.30 浴室设计案例(二)

图13.31 浴室的内部装饰

3. 采光、照明和通风设备

浴室的门、窗应做到密封遮蔽性好,以保持室内的热量和私密性。浴室除自然采光外,还必须辅以适当的灯光照明,以备晚间浴用。浴室的通风可选择自然通风或借助换气扇调节通风。

13.8 其他室内功能空间

13.8.1 玄关门厅

玄关，俗称"门厅"，是指进入居住空间时，室内外连接过度的空间。玄关的面积不大，但在居住空间中的作用却很重要。功能上起到室内外空间转换的作用，也是人们进入居住空间留下第一印象的区域，是整个居住空间的起点。玄关的主要功能是换鞋置物，是完成家庭成员从室外到室内的清洁过程的空间，如图13.32所示。

玄关可以是一个封闭、半封闭或开放的空间，不能把它简单地想象是一个特定的个体，而是一个区域。玄关有两种方式：硬玄关和软玄关。

1. 硬玄关

硬玄关又分为全隔断玄关和半隔断玄关。

(1) 全隔断玄关。指玄关的设计为全幅的，由地至顶。这种玄关是为了阻拦视线而设的，如图13.33所示。

图 13.32　玄关效果展示　　　　　　　　图 13.33　全隔断玄关

这种设计的注意事项是：①设计不能影响门口部分的自然采光。如果设计造成门口部分的光线偏暗的话，在实际的设计中应不予考虑；②设计不能造成空间的狭窄感。

(2) 半隔断玄关。指的玄关可能是在 x 轴或者 y 轴方向上采取一半或近一半的设计。这种设计在一定的程度上会降低出现全隔断所述注意事项的概率。半隔断的玄关在透明的部分也可用玻璃，虽然是由地至顶，由于在视觉上是半隔断的，所以仍划入半隔断的范畴，如图13.34所示。

2. 软玄关

软玄关是指平面基础上进行区域处理的方法。

(1) 天花划分。可以通过天花造型的区别来界定门厅的位置。
(2) 墙面划分。可以通过墙面处理方法与其他相邻墙面的差异来界定门厅的位置。
(3) 地面划分。可以通过地面材质、色泽或者高低的差异来界定门厅的位置。
(4) 鞋柜划分。可以通过它在 x 轴方向横摆拦断和 y 轴方向伸延的长短来界定门厅的位置。

图 13.34　半隔断玄关

3. 玄关处理的原则

(1) 风格要保持与起居室与餐厅这些公共空间的一致性。

(2) 维持合理的交通线，避免因为玄关的设计而影响正常的功能使用。

(3) 玄关的造型设计不宜比其他公共区域更复杂。

(4) 玄关应是功能性的，然后才是装饰性的。

13.8.2　阳台

阳台是居住空间中唯一可以与外界的自然环境发生交流的空间，是居住者享受光照，呼吸新鲜空气，进行户外锻炼、观赏、纳凉、晾晒衣物的场所。

阳台一般分为悬挑式、嵌入式、转角式三类。由于气候的差异性，阳台的形态有着明显的地域特色。北方气候干燥、冬季寒冷、风沙较多，一般采用封闭式的阳台形式；南方气候湿润、冬季温度较适宜，一般采用开放式的阳台形式。但是无论哪种形式的阳台，阳台布置都要满足适用、宽敞、美观的原则。

阳台的一切设施和空间安排都要切合实用，同时注意安全与卫生。阳台的面积一般都不大，为 $3\sim 4m^2$，人们既要活动，又要种花草，有时还要堆放杂物，如果安排不当，则会造成杂乱、拥挤。面积狭小的阳台不应做太多的安排，尽量省下空间来满足主要功能。阳台的美体现在与自然接触中所展现出来的生机，让人们感受到一般室内不能感受到的美感。可以在阳台内培植一些盆栽花木，既可观赏又可遮阳。封闭式阳台可在阳台沿口安上铝合金或塑钢窗，装饰成具有专一功能的场所，如装饰为暖房，专供种养花草；或装饰为书房、卧室等，如图 13.35、图 13.36 所示。

13.8.3　楼梯

楼梯一般出现在复式或别墅等多层空间的住宅中，是用来连接上下楼层的垂直交通工具，在做设计时，要先考虑清楚楼梯与各楼层的位置关系和形态。楼梯除了起到各楼层的连接作用外，本身起到装饰空间的效果，是住宅中的"雕塑"。

1. 楼梯种类

(1) 直梯。因其空间占用较多，居室空间中使用较少，如图 13.37 所示。

(2) 弧梯。楼体空间较大，这种设计只适合大型的复式房，如图 13.38 所示。

(3) 折梯。因其占地较少，节省空间，是复式住宅中最常使用的一种楼梯形式，如图 13.39 所示。

（4）旋梯。折梯的拓展应用，如图 13.40 所示。

图 13.35　实用为主的封闭阳台

图 13.36　不封闭的休闲阳台

图 13.37　直梯

图 13.38　弧梯

图 13.39　折梯

图 13.40　旋梯

2. 楼梯装修注意事项

（1）扶手设计的好坏，是评定一个楼梯设计好坏的关键。

（2）室内的扶栏设计最忌讳用镜面不锈钢或其他银亮面金属。做楼梯扶栏的最理想材料是用煅钢、铸铁、木、玻璃、哑光面的不锈钢等。

（3）楼梯的坡度不宜太大。这不但是考虑到老人和小孩，对于一个普通的成年人也需要注意。

（4）楼梯是高磨损部位，应使用较为坚固的材料。

（5）楼梯的栏杆的间距宽度，应考虑安全性。

（6）有缝隙的楼梯踏级，要注意女士穿短裙子时的仪态问题，避免尴尬的情况出现。

（7）楼梯的踏板，要注意做圆角处理，避免对脚部造成伤害。

第 14 章 公共空间设计

14.1 商业空间

14.1.1 商业空间环境概述

公共商业环境在生活中的作用越来越突出。商业建筑设计的室内设计与室外装饰，是城市公共建筑中的一个重要层面，直接反映城市的物质生活水平与精神状态，是城市面貌的重要组成部分。随着人们物质生活水平的不断提高，购物观念的不断的演变，购物行为已不是原始的对于商品本身的选购过程。在当代社会生活中，购物已成为人民娱乐休闲的最佳方式之一，使得林林总总的营业类型随之产生，相应的室内外环境的设计也随不同的营业类型而有所不同。

1. 购物中心

今天的世界经济一体化、物质生活和商业流通比以往任何时代都更为丰富繁荣，生活需求和商品供给，比以往任何时代都更为增加提高。

商业文化的高度发展，促使新的商业环境不断产生。当商业文化进入 20 世纪以后，世界一些发达国家的城市逐渐形成了新型商业网，这些新型的商业环境与传统的商业环境不同，由于城市人口的不断增加、汽车业的不断迅猛发展，使城市的环境出现了新的问题：交通日益拥挤，环境污染严重。于是一些善于变通的商业经营者随之将商业场所迁至郊外，这些新型的商业环境有别于一般的商业建筑环境，传统的商业环境通常位于城市的繁华地带，而这些新的购物环境将人类的购物环境移至了环境相对宽松的郊外。且将购物以外的各类服务功能集于一身，它集购物、餐饮、娱乐、休闲、旅游、社交、商务等功能于整体建筑之中，商业不仅是供需关系的简单体现，而且也是涵盖诸多行业的优势资源组合，适合人们新的购物行为与观念。它往往由一个或多个建筑联合而形成建筑群，我们将这类商业环境称为购物中心，在美国称为"摩尔"（MALL）。从美国明尼苏达到葡萄牙里斯本，从马来西亚吉隆坡到日本东京，MALL 已风靡全球多年。

MALL 产生的一个重要前提是私车占有量的不断提升，私车占有量是能否在一个城市建立 MALL 的重要指标之一。时至今日，MALL 已发展为欧美国家的主流零售业态。在日本，MALL 是消费者假日购物的首选；在中国香港，每 30 万人便能拥有一个 MALL；在美国，MALL 已成为占据零售业总额50％以上且具有强大辐射能力的商业巨无霸。MALL远离了城市的喧嚣，将人们的购物与休闲平添了许多色彩，同时也为经营者节约了在城市繁华地带经营所需的高额地价。MALL其实是市场经济不断发展、商业流通高度发达的产物。

通常MALL要临近高速公路，为了使消费的形式更为多元化，其中应有幽雅的休闲娱乐区与餐饮区。购物中心的装饰与设计通常别具匠心，在购物中心里人们可以享受更多的服务，如定期的音乐会、频繁的艺术品展览会，让顾客充分享受购物以外的乐趣。以往的商业形态已远远不能满足这样的要求，从而使MALL这一最高级的商业形态自然逐渐形成一股潮流。

2. 超级市场与中小型自选市场

超级市场在国内我们都不陌生，它在20世纪70年代产生于美国，并迅速风靡世界。由于其销售品种的齐全、价格的优势和开价自选的销售形式，而深受广大消费者的欢迎。

超级市场销售商品的品种繁多，要求我们在室内空间的布局上安排合理，使其功能分区明确合理，富于条理化、科学化。

超级市场经过商业化的运转，由大规模的商业经营转化成灵活方便的小规模经营，并深入到居民小区或各类生活区，形成中小型自选商场。中小型自选商场是超级市场小型化的一种购物形式。由于中小型自选市场深入生活小区，为人们的购物提供了极大的方便，在我国的市场环境中形成了诸多的连锁经营商店。

3. 专卖店

(1) 同类商品专卖店。在市场环境中，我们常见到服装一条街、食品一条街、某产品一条街等称谓，这种购物场所适合了生活节奏的变化，人们在购物中往往具有较强的针对性，因而在同一商店或同一范围内集中同一类商品，在商业经营中能产生较高的效益。

这类商品专卖店包括家用电器专卖店、时装专卖店、古玩字画专卖店、金银首饰专卖店、音像产品专卖店等。

(2) 品牌专卖店。品牌专卖店是专卖店的另一种形式，指在销售行为中从事同一品牌商品的系列销售的营业店面。

品牌专卖是商家经营的结果，代表了其产品的多方面的特性，品牌意识是进行品牌专卖店设计的基础，良好的品牌专卖店设计常常独具特色，是时尚生活的重要组成部分和积极反映。

14.1.2 商业环境的店面与橱窗

商业环境的面貌随整个城市环境的不断发展变化而迅速发展。不论什么样的商品销售形式，商家都希望经营的商业环境在消费者心中留下完美深刻的印象，从而产生良好的经济效益与社会效益，因为良好的店面设计与室内环境设计同样都是商业环境的重要组成部分。

商业建筑的外观由建筑物的形体和立面组成，随建筑物本身而存在，是在建筑设计的初始阶段设计而成的，商业环境的店面的装饰应充分地了解掌握原有建筑的构造，并充分地了解原有建筑设计的目的，通过装饰设计给原有建筑予以改善和补充。通过店面的造型样式、照明色彩等手段展示经营性质，体现功能特点。

店面的设计与制作应充分了解建筑结构的基本构架，以原有建筑构架为依托和基础，结合建筑周围的整体环境进行。不同的地区有不同的经济水平、地域特点和历史文脉，针对特定的商业文化环境、针对不同的经营方式和行业特点进行商业店面设计，才能产生良好的视觉效果。

1. 商业环境的店面造型与照明

店面是整个商业环境的面孔，强调造型要素在整体商业环境造型中的样式和特点，强调个性，依靠有效的设计展现经营性质，如图14.1所示。

图 14.1　店面造型设计

商业建筑的常有设置为门和窗，正确处理门和窗的关系可以使设计产生情趣。以建筑的墙体、门和窗为造型的依托，结合挑檐、遮阳、雨篷等外凸设置可以产生多变的空间形态，富于变化与韵律。

商业环境的店面的照明主要用于夜间识别与装饰吸引，展示商业建筑的整体样式和建筑气质。整体照明常将照明光源设置于建筑的周围地面，或隐藏于建筑的其他部位；也可以设置于临近的建筑物或构架上，可结合有色光、动态光进行有益的补充。

轮廓照明在城市建筑中的运用尤为广泛，通过对建筑外轮廓的勾绘可以使整个建筑气氛十足。在夜间，结合有色光、动态光尤为突出。

2. 商业环境的招牌与广告

在繁华的商业区里，消费者往往首先浏览的是大大小小、各式各样的商店招牌，寻找实现自己购买目标或值得逛游的商业服务场所。随着商品的丰富，人们对于商品的需求与购物时的信息传递的要求也越来越高，一成不变的展示方式已不适应社会的发展，只有创意新颖、风格独特的设计才能吸引行色匆匆的脚步。

一个良好的招牌设置可以协调商业气氛，具有独特的视觉特征，点明商业环境的主题，性质易于识别，并沟通了商店内外的功能联系，无形中扩展了商业面积，是商业环境的重要组成部分。具有高度概括力和强烈吸引力的商店招牌对消费者的视觉刺激和心理影响是很重要的。

招牌与广告设置的位置、尺度、造型都要从商店的整体造型特点相结合，与周围的环境相联系。设置方法别具一格，力求设计精美，可采用各种装饰方法使其突出。如用霓虹灯、射灯等来加强效果，或用彩带、旗帜、鲜花等来衬托。总之，格调高雅、清新，手法出奇制胜往往是成功的关键之一。

依据连接和固定的构造方式的不同，商业环境的招牌与广告有以下设置方式：

（1）悬挑。即招牌与广告的设置采用悬挂或出挑的形式，直接悬挂于商店的外墙墙面或其他构造上，形成悬挂和出挑。

（2）附属固定。直接固定在商业建筑的外墙或其他构造（如门柱、挑檐、遮阳、雨篷）上。

（3）单独设置。招牌或广告采用平面或立体的形式独立设置于商店的周围。

为了反映时代新潮流的变化，如今的店面外装饰材料采用薄片大理石、花岗岩、金属不锈钢板、薄型涂色铝合金板等。石材门面显得厚实、稳重、高贵、庄严；金属材料门面显得明亮、轻快，富有时代感。商店招牌设计，除了注意在形式、用料、构图、造型、色彩等方面给消费者以良好的心理感受外，还应在命名方面多下功夫，力求言简意赅、清新不俗、易读易记、富有美感，使之具有较强的吸引力，达到理想诉求效果。

3. 商业环境的入口与橱窗

商店的入口与橱窗设计是商业环境形象的重要标志和招揽顾客的主要手段，应体现商业环境的经营性质和经营规模。通过对商店的入口与橱窗的设计，运用艺术的整体装饰与创造营建有个性的引导空间形态。

商业橱窗是商店形象的重要部分，是商店的广告、消费者的顾问和向导。它通过设计者的布置与陈列，使商品的性能、特点、种类直接而真实地展示出来，使具有潜在购买力的消费者对这家商店的这类商品产生兴趣与信赖感，从而萌发购买的欲望。橱窗的设计应根据商品宣传的主题内容，正确运用构图和色彩的一些基本法则，以突出表现主题思想，增强宣传效果，如图14.2所示。

图 14.2　商业橱窗设计

在进行橱窗设计时应注意：
（1）同城市、街道的环境景观相协调。
（2）突出企业特色、产品特色。
（3）注意电光源的选择和运用。
（4）橱窗界面的视觉面积和视点等。

商业橱窗的设计应是广告性、思想性、真实性、艺术性的完美结合。艺术的陈列方式使人们好奇，引入想象，使商业环境显得独树一帜。陈列布局要求橱窗的平面与立面空间安排均衡，在平面布局上，要照顾到前后关系的均衡，加强空间效果的感觉，要考虑到商品体量组织空间，照顾到观众的视觉感受，使陈列商品的位置高低层次与观众视线的距离相适应。利用空间设置的布局和色彩的相互衬托，在统一中求变化，力求鲜明有力。包括商品本身的造型、色彩搭配和背景衬托的造型、色彩的协调，背景道具的色彩应与商品相适应，根据商品的色泽光度选取不同的色彩和色度，以起到烘托商品的效果。表现手法丰富多彩，可充分体现设计师的想象力和创造力。

14.1.3 商业建筑环境的营业厅

商业建筑购物环境的设计是一门综合性很强的学科，它不仅包括建筑设计、室内设计的内容，还与材料学、造型学、社会学、经济学、消费心理学诸方面的知识紧密相关。因此，购物环境设计较一般的公共环境、室内设计更丰富，而且随着人们对购物环境的要求不断提高，商业建筑环境的营业厅的设计特点也在不断变化。

1. 消费者在购物行的分析

消费者在购物行为中无外乎下面三种情况：①有明确的购物目的；②有明确的商店目标；③没有任何的购物目的闲逛。

这就要求我们能够利用室内商业环境的营造进行有效的气氛引导，从而促使购物行为的发生。

营业厅应根据商场经营的商品类型、数量，经营者的管理体系，顾客的消费心理、购物习惯，以及商场的特定人流、物流方式等综合因素，以及地区经济状况和环境等因素进行设计。运用各种空间划分手段进行平面布局，使营业厅具有合理愉悦的铺面布置，激发购物欲望。由于人的购物观念和行为的变化，商业建筑日益显示出与以前不同的格局和性质，也更具有文化内涵。良好的声、光、热、通风等物理环境与经营管理、服务水平等因素都在商业行为中扮演着重要角色。

2. 营业厅设计的依据和原则

（1）营业厅应以商店的经营性质、商店的特点和档次、消费群体的构成等因素为前提和依据，确定商业环境的风格。

（2）室内设计应有利于商品的展示和陈列，有利于商品的促销，为购买行为提供舒适愉悦的购物环境。

（3）营业厅应充分考虑顾客的交通动线，使之流畅，动线应合理，方便顾客购物，符合安全疏散的规范要求。

（4）在营业厅的室内设计中应该清醒地把握商品是营业厅的空间环境中的"主角"这一原则，在具体的设计中针对不同的商品开展环境设计，做到整体中有变化，变化中求统一，以展示商品、突出商品。

3. 营业厅商品的陈列方式

在营业厅中的商品陈列货架和售货柜台是商业环境中的主要构成设施，货架用于展示商品和小量的储存货品，柜台用于销售商品的陈列和销售行为中的计量、包装、开票等活动。销售环境中的设施除了柜台货架之外还有收款台、商品陈列台、展示架、用于服务性质的服务台等。

根据商品的销售特点与经营方式，可将商品的陈列方式分成以下两类：

（1）闭架。所售的商品采用相对封闭的方式进行展示和销售的形式。通常在柜、架的设置中选用透明的玻璃作为隔断，不宜直接由顾客来选择的商品，如高档贵重的商品、易于损坏的商品（如珠宝首饰、高档工艺品、药品等）。通常需要营业员的参与来完成商品的销售（如对商品的性能、特点的讲述，商品的反复挑选等）。

（2）开架。所售的商品采用完全开放的方式进行展示和销售的形式，适用于挑选性强的商品。商品与顾客的近距离接触有利于顾客对商品的选择，因而广泛应用于商业销售之中。

商业建筑环境的营业厅是整个商业建筑环境的核心，是商业环境中的主体空间，购物的活动在此发生、进行、完成，因而是顾客对商店整体环境评定的主要场所。设计师应从顾客在购物行为过程中的心理变化，在顾客对商品认识、评定、行动等心理过程中从室内环境设计的整体构思到细节装饰进行设计，引起激发顾客的购物欲望并促使购物行为完成。营业厅设计如图14.3所示。

图 14.3　营业厅设计

14.2　餐　饮　空　间

　　餐饮空间指包括酒店、餐馆、小吃、酒吧、咖啡店、饮料店等在内的营业型商业空间。在此类空间中，室内外环境直接影响消费心理并起到衡量商业服务的档次和质量的作用，因此，合理充分地利用空间，营造舒适和谐的环境，吸引顾客并使其自然地进入消费心理行为过程，是进行餐饮空间室内设计的出发点和根本目的。餐饮空间在设计中要诉诸视觉、听觉、味觉和嗅觉等多种感官的综合感受，在具体设计中必须全面考虑各项因素。

　　餐饮空间设计涉及的范围很广，包括餐馆选址、餐馆室内外设计、陈设和装饰等许多方面。

　　餐饮空间的分类标准如下：

　　(1) 根据餐饮空间的经营内容类型分为中式餐厅、西式餐厅、宴会厅、快餐厅、风味厅、酒吧与咖啡厅、茶室。

　　(2) 根据餐饮空间的经营性质类型分为营业性餐饮空间与非营业性餐饮空间。

　　(3) 根据餐饮空间的规模大小类型分为小型、中型、大型。

　　(4) 根据餐饮空间的布置类型分为独立式的单层空间、独立式的多层空间、附件于多层或高层建筑、附属于高层建筑的群房部分。

14.2.1　餐饮空间的设计原则

　　俗话说"民以食为天"，饮食是人们生存需要解决的重要问题。中国古代的贤哲管子也曾说过："食、色、性也"，把"进食"看成是人类的本性之一。饮食在人们日常生活中占据着不可取代的重要位置，随着社会多元化发展，饮食的内容也更加丰富。人们对就餐内容的选择也包含着对就餐环境的选择，这是一种享受、一种体验，所以这些都必须要体现在就餐的环境中。餐饮空间设计总设计师倪泽先生表示，重点营造符合人们观念变化所要求的就餐环境，是室内设计的脉搏，是饭店营销成功的根基。

1. 餐饮空间注重实效合一

餐饮业具有巨大的市场。人们对餐饮空间的要求已经远远超出原始的目的，在解决温饱的同时，就餐环境还应具有多种文化功能，即满足交流、审美以及社会荣誉感等精神需求。因此，餐饮空间的设计应该注重实用性和审美效应的结合。首先考虑实用性，即接待顾客和使顾客方便用餐这一基本要求，在满足实用性的基础上再提升餐厅整体环境就能使空间更加美观舒适，追求更高的审美和艺术价值。要在众多的餐饮建筑中脱颖而出，就必须在短时间内形成强烈印象和鲜明感受，如图 14.4 所示的中式餐厅，对环境的选择，最初往往取决于空间所具有的形式给予人们情感上的刺激，并由此产生出喜好或厌恶的情绪。要最大限度地吸引顾客，就必须充分发挥设计者的创造力、丰富的想象力以及深厚的文学内涵，如图 14.5 所示的工业风餐厅，应用各种设计手段和装饰材料，创造出独树一帜的审美形象。

图 14.4　中式餐厅

图 14.5　工业风餐厅

2. 突出主题的独特性

餐饮空间早已不仅仅是满足人们的温饱需求，随着经济的发展，人们开始追求满足基本温饱后的精神寄托，在就餐空间中寻找满足感，追寻在餐饮空间设计中的情感附加值。因此，餐饮空间设计要有自己的风格与主题，从店面门头到主体就餐空间，从空间布局到陈设，全力烘托出体现该主题的一种特定氛围。

如图 14.6 所示，上海有一家以沉浸式体验为主的餐厅良设夜宴，这里到处流淌着时间的深情与文化的沉淀，营造了中国美学思想的无限意境。设计思想的来源是幻想就餐的空间就像一个中国文人的现代大宅，可居可游，森罗万象，超以象外，同时又体现了中国古代盛唐时期的精神、个性的张扬、场景的穿越、艺术的创作，可幻化成一个奇妙的感官体验。如图 14.7 所示，May Cusine 梅料理餐饮空间设计，大面积使用了红色，在略显昏暗的灯光下，将"红色之魅"发挥得淋漓尽致，给人以最直观而强烈的视觉震撼。整个空间并未用华丽的装饰去点缀，而是以极简形态呈现出线条的纵横交错，旋转楼梯的一道柔和的曲线成为了亮点，顿时点染了浪漫的戏剧感。

图 14.6　上海良设夜宴餐厅局部

3. 餐饮空间功能分区的组合与优化

在餐饮空间设计时，首先要对餐饮空间进行合理划分，即对

图 14.7 扬州 May Cusine 梅料理餐饮

餐饮空间进行功能分区与布局。无论餐厅规模大小，一个餐厅都是由多个功能分区组成的，通常餐饮空间按照使用功能可分为整体就餐空间、单体就餐空间、柜台空间、垂直交通空间、卫生间、厨房工作空间等。如何结合这些不同的功能对餐饮空间设计布局进行组合与优化，对餐饮空间的有效利用及整体环境塑造有着极为重要的作用。由于各种功能的不同，其在不同的餐饮空间中所占的比重也不同，所以划分的合理、安全、有效的餐饮空间设计功能区域的设计理念，不仅能打造就餐氛围，也可以更好地发挥功能作用，提高工作效率和高品质的服务，为消费者创造最佳的用餐体验。

在总体布局时，要把入口、等候区、收银台作为第一空间序列，室内设置等候区，如图 14.8 所示的雅座等候区，加强消费者对餐厅的认识和交往，也可避免排队拥挤外，造成混乱的秩序。收银台一般都设在入口附近，但需要预留一些室内空间，以防止收银台周围的安全通道过于拥挤，不利于消费者进入商店消费，如图 14.9 所示的扬州 May Cusine 梅料理餐饮收银台，结合酒水吧台设计，精致的玻璃材质与粗糙的水泥质感形成冲突与反差，烘托出艺术化的氛围。

图 14.8 某餐饮店等候区　　图 14.9 扬州 May Cusine 梅料理餐饮收银台

大厅、包房雅间作为第二空间序列，如图 14.10 所示的新中式创意餐饮空间设计——一城半点，就餐大厅借用中国古代造园家的智慧，巧妙地通过"窗"的借景方法，实现空间的连续性，让就餐空间构成了一个有机的艺术整体。包厢区域中，将古城的剪影抽象化处理，喷绘在麻布上作为墙饰，通过柔性的灯带，透过带有水墨元素的玻璃隔断可以隐约看到古建墙上的青砖、苏式人家里的木质隔断。开与闭、动与静是空间与空间之间的情感联系，营造出安静的街巷生活。

图 14.10　苏州一城半点创意空间设计

就餐大厅最好不要设计排桌式的布局，否则一眼就可以将整个餐厅一览无余，从而使得餐饮空间枯燥乏味，如图 14.11 所示，北京海底捞就餐大厅充满趣味性的空间划分。或者设计各种形式的隔断以及桌椅组合重新进行组合，形式应尽量多样化，保持不同餐区、餐位之间的私密性不受干扰。如图 14.12 所示的工业风餐厅隔断装饰，不仅可以增加装饰面，而且又能很好地划分区域，给客人留有相对私密的空间，满足不同顾客在就餐过程中视线、声音等各种维度的私密性以及安全性。从消费心理学的角度来说，一般顾客进入餐厅都会选择有隔断的边角或窗边的座位。贵宾单间内所设的备餐间入口最好要与包间的主入口分开，同时，备餐间的出口也不要正对餐桌。包间区域的服务通道与客人通道的分开十分重要，过多的交叉会降低服务的品质，好的设计会将两通道明显地区分开。

图 14.11　北京海底捞就餐大厅　　　图 14.12　工业风餐厅隔断装饰

把卫生间、厨房以及库房作为第三组空间序列。餐厅空间应与厨房相连,而且应该遮挡视线,厨房以及配餐室的声音和照明灯都不能泄露到客人的座席处,使其流线清晰,在功能上划分明确,以减少相互之间的干扰。

4. 餐饮空间动线设计的灵活性

如今餐饮业运营效率不断提高,餐厅空间动线设计早已不仅仅是一个线路,而是整个餐厅能够高效运转的基础,并已经深入到门店经营的每个环节和细节中。动线的流通和顺畅关系着一家餐厅的运行效率和客户体验。餐厅空间设计动线可以分为三种:一是员工的服务动线,二是顾客动线,三是后厨动线。

服务路线要求是服务人员不走或少走冤枉路,提高服务效率。服务动线一般尽量短,并且一个方向的道路动线不要太集中,以免产生人流混乱的感觉,影响或干扰到顾客的进餐情绪;还要去除不必要的阻隔和曲折,否则服务人员在工作过程中就会发生摩擦碰撞,如图 14.13 所示的老北京涮肉餐厅——北华涮肉的垂直服务路线设计,服务效率高,降低了人力成本。顾客路线是指餐厅空间设计里顾客的活动路线,最好采用直线,避免迂回绕道,可以让客人快些找到自己的位置,如图 14.14 所示的老北京涮肉餐厅——北华涮肉,顾客路线设计科学、合理,保证顾客在点餐、就餐、出入便捷顺畅,井然有序。同时设计者将中式水墨画中的黑、白颜色融入整个空间,凸显空间的立体感和此餐饮空间所要表达的意境。厨房动线规划一定要以人为本,避免迷宫似的复杂设计。餐厅的动线设计应该流畅、便利、安全,尽量能够方便客人,还要避免顾客动线与服务业动线发生冲突,当发生矛盾时,应遵循先满足客人的原则。通道时刻保持通畅,简单易通。简洁开阔的动线设计,开放明亮的店面空间也优化了顾客体验。这使顾客对餐厅产生好感,能够提升品牌效应。

图 14.13　老北京涮肉餐厅——北华涮肉的垂直服务路线设计

图 14.14　老北京涮肉餐厅——北华涮肉的顾客路线设计

14.2.2 餐饮空间的各功能空间分析

餐饮空间中功能空间主要包括共享空间、主功能空间、流通空间、配套功能空间、服务功能空间、烹饪制作空间和办公休息空间。

1. 共享空间

共享空间包括门厅、大堂等为适应人的相互交往、休息、等待等需求而存在的空间，一般含有配套的空间要素和设施，如通道、休息座椅、装饰饰件等。作为一个通透的空间，共享空间倾向于把室外的特征和景观引入室内，使室内充满大自然的气息，成为连接室内外的过渡空间，如图14.15所示的天津利顺德大饭店大堂，装饰风格均采用经典的维多利亚式，充分诠释了其悠久的历史特点。

（1）门厅和顾客出入口功能区。门厅是独立式餐厅的交通枢纽，是顾客从室外进入餐厅的过渡空间，也是留给顾客第一印象的场所。因此，门厅的装饰一般较为华丽，视觉主立面设店名和店标。根据门厅的大小还可设置迎宾台、顾客休息区、餐厅特色简介等。北京坊中式餐厅门厅如图14.16所示。

（2）接待区和候餐功能区。休息厅是从公共交通部分通向餐厅的过渡空间，主要是迎接顾客到来和供客人等候、休息、候餐的区域。休息厅和餐厅可以用门、玻璃隔断、绿化池或屏风来加以分隔和限定，如图14.17所示。

图14.15　天津利顺德大饭店大堂

图14.16　北京坊中式餐厅门厅

（a）西安喜茶店就餐区

（b）西安喜茶店接待及候餐区

图14.17　西安喜茶店

2. 主功能空间

用餐功能区是餐饮空间的主功能空间，是占有主要地位和面积的空间部分。在餐饮空间中，人们大部分的时间和活动范围都在这里，是餐饮空间的经营主体区，包括餐厅的室内空间的尺度、功能的分布规划，来往人流的交叉安排，家具的布置使用和环境气氛的舒适等，是设计的重点。一般餐饮业的主功能空间包括开敞空间和封闭空间两个部分。如图 14.18 所示的天津利顺德大饭店维多利亚餐厅，开敞的空间使人感到开朗、明快，空间形式属于外向型，限定性和私密性较小，强调与周围环境的交流、渗透，人在开敞空间之内，可以自由交谈和流通。

图 14.18　天津利顺德大饭店维多利亚餐厅

在封闭环境中，与周围环境的交流是不存在的，具有很强的区域感，可以创造一个幽静的就餐环境。如图 14.19 所示的北京坊简约内敛的中式餐厅，两侧的玻璃隔断是界定封闭空间的特色设计，它的结构都是经过推敲和划分形成的。四周有实体或意念上的围护体设计，强调空间的私密性和安全性。

图 14.19　北京坊中式餐厅

开敞空间形态有 2~4 人每桌、4~6 人每桌、6~10 人每桌、12~15 人每桌，餐桌与餐桌之间、餐桌与餐椅之间要有合理的活动空间，如图 14.20 所示。餐厅的面积可根据餐厅的规模与级别综合

图 14.20　工业风开敞式餐厅

确定，一般按 1.0～1.5m² 每座计算。餐厅面积的指标要合理，指标过小，会造成拥挤；指标过大，会造成面积浪费，利用率不高和增大工作人员的劳动强度等。一个人用餐所需的空间大小，大约是宽度 0.6m、深度 0.8m。餐桌的大小各异，餐桌的高度也是五花八门的，但是无论餐桌的高度如何，餐桌与椅子的相对高度是保持不变的。用餐区两个椅子之间的过道宽度至少要 0.46m。每个餐桌旁边应留 1.2m 净宽的通道以便收餐，餐车通过的过道宽度至少需要 1.5m，成人就餐所需的基本面积为 1.1m² 等。

3. 流通空间

流通空间指的是供人行走的通道空间，餐饮空间里人的流通量比较大，在设计时要避免在流通过程中出现拥挤或堵塞的情况。流通空间的设计必须按人体工学知识安排设计流通空间（即人流通道）的宽度。流通空间的宽度在设计时需要严格对待，如图 14.21 所示的 Mama Makan 咖啡厅，设计灵感来源于古老的贸易路线，地面是瓷砖，与木地板相结合，瓷砖很有立体感，木地板则采用了人字铺，两者的结合让空间更显灵活。整个空间通道设计路线科学、合理，不同材质的地面铺装设计具有引导人流的作用，流通空间清晰、舒适。

图 14.21　咖啡厅的流通空间

一般的餐饮空间中，四人方桌正向布置时，桌与桌之间通道的宽度应大于 1800mm，按照每股人流占有 600mm 计算，即三股人流并肩通过的宽度。坐满人时，座椅之间的宽度不得小于 900mm，也就是两个人通过、一人正身、一人侧身的宽度之和；非主要通道的宽度应大于 1350mm，座椅之间应留出 450mm 宽度，容一个人侧身通过，如图 14.22 所示，香港富临饭店皇宫婚宴厅的餐桌椅布置合理。若餐厅主、次通道两侧布置四人方桌或者多人桌，在主要通道中，桌间宽度不得小于 1100mm，非主要通道的桌间距离可在 650mm 以上分布，如图 14.23 所示。

图 14.22　香港富临饭店皇宫婚宴厅　　　　图 14.23　香港富临饭店餐厅

图14.24　深圳西贝餐厅

八人方桌正向布置，主要通道旁的桌间距为2000mm以上，次要通道旁的桌间距为1400mm即可。八人方桌斜置时的桌间距离，主要通道在1700mm以上，次要通道在1400mm以上，否则将造成人流拥挤。无论正置或者斜置，八人桌的座椅间距，主通道为1200mm以上，次要通道为600mm以上。如图14.24所示的深圳的西贝餐厅，带卡座设计的八人餐桌，既节省空间，又具有人性化的设计。同时布置苏格兰红、白相间的格子台布，具有强烈的辨识度，将品牌形象展现得淋漓尽致。

快餐小吃或者饮料店类的餐饮空间，主过道宽为1500～1800mm，次要通道为600～1800mm，如图14.25和图14.26所示。

图14.25　肯德基快餐店

图14.26　现代风格奶茶店

4. 配套功能空间

配套功能空间一般是指餐厅营业服务性的配套设施空间，包括如卫生间、衣帽间、视听室、书房、娱乐室等非营业性的辅助功能配套设施空间。餐厅的级别越高，其配套功能就相应越齐全。有些餐厅还配有康体设施和休闲娱乐设施，如表演舞台、影视厅、游泳池、桌球、棋牌室等。

卫生间要容易找，卫生间的入口不应靠近餐厅或与餐厅相对，卫生间应宽阔、明亮、干净、卫生、无异味，可用少量的艺术品或古玩点缀，以提高卫生间的环境质量。

衣帽间是供顾客挂衣帽的设施，也是餐馆为客人着想的体现，衣帽间可设置在包房里，占用面积不需要很大。可设衣架、衣帽钩、穿衣镜和化妆台等。

视听室、书房、娱乐室为顾客候餐时或用餐后小憩享用。一般设置电视机、音响设备、书台、文房四宝、书报等。

餐厅的空调系统、消防系统、环保系统、燃料供应系统、油烟排放系统、电脑网络系统、音响系统、监控系统、照明系统等设备也是构成餐厅配套设施的几大要素。

5. 服务功能空间

服务功能空间也是餐饮空间的主要功能空间，主要功能是为顾客提供用餐服务和经营管理服务。

备餐间或备餐台是存放备用的酒水、饮料、台布、餐具等菜品，一般设有工作台、餐具柜、冰箱、消毒碗柜、毛巾柜、热水器等。在大厅里的席间增设一些小型的备餐台或活动酒水餐车，供备餐上菜和酒水、餐具存放之用。

收银台通常设在顾客离席的必经之处，也有单独设置在相对隐蔽的地方，收银台一般是结账、收款之用，设有计算机、账单、收银机、电话及对讲系统等，高度 1000～1100mm 为佳。

营业台的功能是接待顾客、安排菜式，协调各功能区关系等，设有订座电话、电脑订餐、订餐记录簿，营业台高度一般为 750～800mm，宽度为 700～800mm，配有顾客座椅和管理人员座椅等。

酒吧间供应顾客饮料、茶水、水果、烟、酒等。一般有操作台、冰柜、陈列柜、酒架、杯架等。服务功能区一般设在大厅显眼位置并靠近服务对象。

6. 烹饪制作空间

烹饪制作空间的主要设备有消毒柜、菜板台、冰柜、点心机、抽油烟机、库房货架、开水器、炉具、餐车、餐具等。厨房的面积与营业面积比为 3∶7 左右为佳。一般的制作流程是：采购进货→仓库存储→粗加工→精加工→烹煮加工→明档加工→上盘包装→备餐间→用餐桌面。

厨房的各加工间应有较好的通风和排气设备。若为单层，可采用气窗式自然排风；若厨房位于多层或高层建筑内部，应尽可能地采用机械排风。厨房各加工间的地面均采用耐磨、不渗水、耐腐蚀、防滑和易清洁的材料，并应处理好地面排水问题，同时墙面、工作台、水池等设施的表面均应采用无毒、光滑和易清洁的材料。

7. 办公休息空间

在空间布局上，办公空间和员工休息空间体现了对员工的人性化布置，它的设置应在不显眼的位置上，避开用餐区和主要通道，并使员工出入口和顾客的流通空间之间没有直接的冲突和碰撞。同时结合空间使用性质，合理地设置空间构成的诸多要素，有效地完成空间功能。

14.2.3 餐饮空间的色彩设计

室内的各个组成要素都具备不同形态与色彩，而这些色彩的集合构成了室内的整体色调。不同的环境色调给人造成的视觉心理也各不相同——忧郁、欢快、幽静、梦幻、热烈、浪漫等。各种色调对空间环境氛围的创造有着非常重要的影响与作用。当然，这只是设计的手段之一，任何一种环境的塑造，都是综合因素发挥作用的结果。

1. 餐饮空间色彩设计的要点

（1）首先要确定餐饮空间总体的色彩基调，然后再针对餐饮空间的不同区域功能来设定搭配的局部色调。

（2）处理色彩关系一般是根据"大调和、小对比"的基本原则。

（3）餐室内环境的色彩处理，必须在充分考虑自然环境的情况下来进行，色相宜简不宜繁，纯度宜淡不宜浓，明度宜明不宜暗，主要色彩不宜超过三个色相为好。

（4）在缺少阳光的区域和利用灯光照明的餐饮包房里，可以多采用明亮的暖色相，以调节其明亮的温暖气氛，增加亲切感。

（5）阳光充足的地区里或炎热地方，则可多采用淡雅的冷色相，给人以凉爽的感觉。

（6）在门面招牌、接待区、厕所、电梯间和其他一些逗留时间短暂的地方，使用高明度色彩可获光彩夺目、干净卫生的清新感觉。

（7）在咖啡厅、酒吧、西餐厅等地方则使用低明度的色彩和较暗的灯光来装饰，能给人一种温馨的情调和高雅的气氛。

（8）用餐区和包房等逗留时间较长的地方，使用纯度较低的各种淡色调，可以获得一种安静、柔和、舒适的空间气氛。

（9）在快餐厅、小食店、食街等餐饮空间里，使用纯度较高和鲜艳的色彩则可获得一种轻松、活泼、自由的用餐气氛。

2. 餐饮空间的色彩处理

在餐饮空间中，家具、墙面、地面和装饰物的色彩组合构成了环境的主要色调。一定要注意色彩搭配与组合。以西安黄记煌三汁焖锅店为例（图 14.27），具体讲解餐饮空间的色彩处理方法。该餐饮空间主色取自中国古建筑。大面积的茶色搭配练色，以铜绿为点缀，视觉上十分简约。

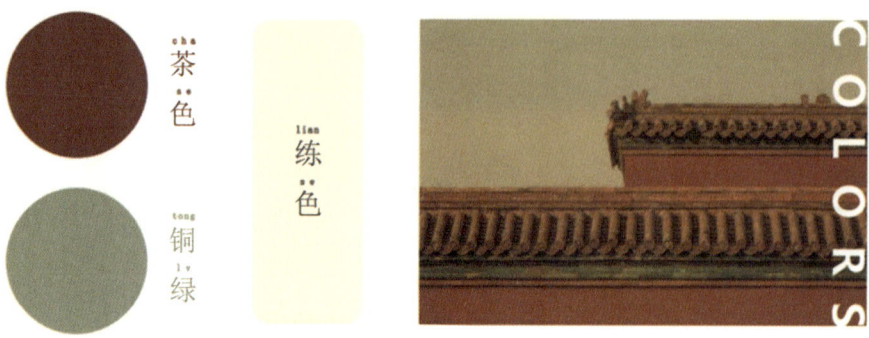

图 14.27　西安黄记煌三汁焖锅店的主色调

（1）家具。家具是室内空间陈设的主要内容，它的色彩往往成为整个室内环境中的色彩基调。选择家具的时候，应根据所设定的环境格调和气氛来确定其整体的色彩倾向，一般而言，浅色的家具给人轻松恬静的感觉，深色的则有庄重规整之感；灰调的优雅含蓄，纯色的青春亮丽。多种颜色的家具适当组合在一起，产生灵动活泼的美感；如图 14.28 所示的西安黄记煌三汁焖锅店的餐桌椅，以铜绿色软座搭配深灰色为主，练色大理石桌面，从中国传统建筑中提炼色彩，表达中华文化的博大精深。

（a）铜绿色软座　　　　　　　　　　（b）练色大理石桌面

图 14.28　西安黄记煌三汁焖锅店的餐桌椅

（2）墙面。墙面色彩能有效调节或者加强室内的空间气氛。由于墙立面在视觉上所占面积比重较大，墙面起衬托辅助的作用。设计中淡雅的中性色彩使用较多，这类色彩使视觉舒适并对应或者反衬家具在空间中的显著地位。其他的大胆的颜色可结合具体的空间实用功能进行灵活的设置，也可以取得突出的效果。在较大空间中，也有将整个墙面处理成装饰壁画的设计形式，目的在于用大尺度取得新奇感，引人注目。墙面颜色的选择，还可以考虑周围环境因素的影响，在朝阳的空间中，墙面适宜使用中性偏冷的色调避免阳光带来的炎热感；反之，阴面墙面则宜采用中性偏暖的色调。地域位置的不同表现出来的气候变化也影响色彩的选择。如图 14.29 所示的西安黄记煌三汁焖锅店，墙面大面积使用茶色，墙面造型结合西安古城墙的拱形元素，设计两道拱门墙交错叠加，彼此呼应。另一面墙以青瓦衍生的符号作为装饰,将古建筑的肌理浸润空间,突出西安这座古城的艺术美感。

(a)弧形墙面　　　　　　　　　　　(b)青瓦符号化的装饰墙面

图 14.29　西安黄记煌三汁焖锅店的墙面

(3)地面、天花。地面色彩在不影响大色调的前提下,通常采用比墙面和家具略深的颜色来增加稳定感。地面色彩或材质的变化会产生空间分隔的错觉,因此,需要划分功能空间,又不影响视觉通透性时,地面色彩的变化是非常实用的方法。另外,餐饮空间人流量大,地面应选择硬质耐磨防滑的材料,如图 14.30(a)所示的西安黄记煌三汁焖锅店的灰色地砖。茶色天井营造出宫殿用餐氛围,使空间感更加丰满厚重,体验印象深刻。如图 14.30(b)所示,就餐大厅天花设计了三口巨大的天井,先声夺人,圆形天井与室内方正的平面布局融合,暗合天圆地方、天人合一的道家精神,也象征着黄记煌三汁焖锅的中华文化内蕴。

(a)稳重的灰色地砖　　　　　　　　　　(b)茶色天井

图 14.30　西安黄记煌三汁焖锅店的地面和天井

(4)饰物。装饰物是室内空间的点缀。因为装饰物一般在室内所占面积都不大,色彩上往往使用明度和纯度都较高的色彩。可以形成"跳跃"的明快色彩效果,家具、地面和墙面都是大面积的色彩,因此很少使用强烈的色彩,避免视觉疲劳。装饰物的鲜亮色彩打破了大面积色块的沉闷,丰富了色彩感觉,又不影响整体的效果,可以称之为"点睛之笔"。如图 14.31(a)所示的金灿灿的焖锅,造型和色彩从中国传统建筑宫殿屋顶中的攒尖顶衍生而来,是传统屋檐的抽象赋形,简约洗练，让就餐人员感受到一次传统与现代的融合。还有流苏宫灯［图 14.31（b）］，渲染温馨氛围，让设计元素和形体在空间里灵动演化，打造出全新的品牌体验场景。

（a）金灿灿的焖锅　　　　　　　　　　（b）流苏宫灯

图 14.31　黄记煌三汁焖锅店的饰物

14.2.4　餐饮空间的照明效果

餐饮空间的设计中要注意将自然光源和人工照明相结合，在白天多采用自然光源的利用——天光或太阳光，在设计中可以利用面积较大玻璃门、窗甚至顶棚的阳光板来采集充足的户外光，满足照明需要；还应配合适当的人工照明设施，选择理想的光源和适合的照度。

1. 餐饮空间照明设计原则

在餐饮空间中，光线是塑造整体气氛的又一有力设计因素。在设计上，应遵守以下几项原则：首先，随时保持照明度的充足、舒适，避免阴暗的光线影响到人们正常饮食。在人工照明光源的设计上，应以泛光灯为主，避免出现眩光。如将白炽灯或白色荧光灯等高照度的点光源作为主要的照明灯具，保持大环境的明亮。其次，由于视觉上的明适应和暗适应现象，在设置光源时，保持照明的稳定和一致，需要进行明暗光线转换时，过渡要均匀自然。最后，主光源的设置方式可以与空间有机协调，如空间略低时，可将主光源作吸顶处理或者呈点状、带状均匀散开布置；空间过高时，也可将主光源下降，左悬吊式处理。如图 14.32 所示的美国迈阿密的 Kosushi 餐厅，特殊的元素在

图 14.32　点光源表现的浪漫星空

该餐厅中发挥着关键作用，营造了一种氛围，使人融入"梵高浪漫"般的星空之中。

2. 餐饮空间艺术照明效果

餐饮空间中光的分布、光的层次、光的控制等都对营造氛围和刺激食欲起到很大的作用，因此不同区域采用不同的照明设计可以表现出丰富多彩的艺术效果。

(1) 创造气氛、烘托主题。光的亮度和色彩是决定气氛的主要因素。室内的气氛也由于不同的光色而变化，许多餐厅、咖啡馆和娱乐场所，如图 14.33 所示的咖啡厅，用加重暖色如粉红色、浅紫色，使整个空间具有温暖、欢乐、活跃的复古风气氛。

灯光在许多时候为了突出主题，达到"烘云托月"的作用，强烈的多彩照明，如霓虹灯、各色聚光灯，可以把室内的气氛活跃生动起来，增加繁华热闹的气氛。有时候为了突出餐厅整体意境，灯具尽量隐藏起来，达到"见光不见灯"的效果，空间明亮，富有层次感。

(2) 加强空间感和立体感。空间的不同效果，可以通过光线的明暗、虚实、色彩变幻划分功能分区，以光线进行区域分割而非物理性隔断，既节省了空间，降低了装修成本，又能营造更加完美舒适的就餐环境。也可以利用光的作用来加强有创意的墙面照明，如墙壁表面纹理细腻丰富的装饰图案，可以用小范围的洗墙式照明，能够极好地展示墙面特色，丰富就餐环境的层次感。如图 14.34 所示的韩国餐厅 Kimchi，风格属于后现代风，利用光影打造质感餐饮空间世界。

照明也可以使空间变得实和虚，许多台阶照明及家具的底部照明，使物体和地面"脱离"，形成悬浮的效果，而使空间显得空透、轻盈。

(3) 光影艺术与装饰照明。我们应该利用各种照明装置，在恰当的部位，以生动的光影效果来丰富室内的空间，如图 14.35 所示的北京 798 艺术区咖啡厅，墙面上的变形金刚式的金属装置，呈现出动态、柔和的流畅感，在室内呈现出不同的光影效果，被称为"会呼吸的建筑"，既可以表现光，也可以表现影，还可以光影同时表现。

图 14.33　咖啡厅

(4) 重塑空间。利用灯光可以将空间本身的缺陷弱化，而重新塑造更具美感，符合设计主题的空间。灯光设计把墙面修饰得栩栩如生，让你忽略掉空间本身的结构缺陷，带给你全新的视觉空间。如图 14.36 所示的乌克兰浆果咖啡厅的墙面造型，结合光影效果设计，重塑空间。局部照明设计可以有效改变空间气质，局部小灯光可产生动感，如图 14.37 所示的乌克兰浆果咖啡厅，墙面不规则分布的造型灯，突出强调情趣、氛围，迷离的光线还能增加空间的诱惑力。多种多样的灯具造型和光线处理，使得空间更加丰富，层次感也得到增强。合理安排灯光可以增加情趣，增强环境氛围。

图 14.34　后现代风打造的质感餐饮空间

图 14.35　北京 798 艺术区咖啡厅

图 14.36　乌克兰浆果咖啡厅墙面光影效果

3. 餐饮空间照明的显色性

餐饮空间内部的光源还应具有良好的显色性能，即使光照下的物体不失去其真实色彩，并根据具体空间显色性能的不同要求作相应的选择。应选择光照和显色性能相协调的灯具，如白炽灯和白色荧光灯，因为通常光照度是随着光源显色性能的改变而降低，也就是说，光照越强烈，显色性能越差，光照越微弱，显色性能越强。餐饮空间中光照对象主要是熟食或者饮品，白炽灯和白色荧光灯显色指数虽然都很高，但效果却不一样。白炽灯使食物看起来透亮饱和，略显暖色，同时使人感觉光照下的食物很新鲜；而运用白色荧光灯照射时，会减弱暖色的饱和色，降低食物视觉上的新鲜感。因此，在选择灯具的时候，既要合理设置照度，又要充分关注其显色性。

如图 14.38 所示的必胜客莫奈花园沉浸式餐厅，将灵感来自莫奈《睡莲》的同款甜品放在对应位置，灵动的莲瓣围绕甜品盛开，莫奈名画瞬间复活。

图 14.37　乌克兰浆果咖啡厅造型灯　　　图 14.38　光影流动突出甜品

14.3 办公空间

随着现代社会城市化进程的迅速发展,办公空间成为人们生活的重要场所之一。办公文化的建设成为管理者和参与者非常重视的环节,适宜的办公室内空间是办公文化体系中的一个重要环节。宜人的办公空间对打造办公团队核心价值观,建立良好的协同关系,提高工作效率,建立适宜的人际关系能够产生良好的效果。

14.3.1 办公空间的设计原则

办公空间的设计原则为舒适、宜人、高效(图 14.39)。在安全的保障下,每一个空间在使用时要使人感觉舒适,能够高效率地完成工作是一个室内办公空间应该具备的基本点。科技快速发展的现代社会,工作分工逐渐细化,对工作而言,团队合作尤为重要,建立一个能够顺畅沟通的办公环境,对于提升团队合作效率的重要性不言而喻。

图 14.39 舒适、宜人、高效的办公空间

14.3.2 办公空间的设计目标

1. 从空间性质出发,围绕核心主题,打造宜人的办公环境

一个成功的办公空间设计方案是在单位性质的基础上,围绕核心文化主题,合理构建起一个现代化办公空间体系。政府机关等行政单位应以"稳重严谨"为出发点,突出现代性和开放性特征,环境对工作人员和百姓表现出同等亲和;医院、学校、银行等职能单位则适宜以相应职能为核心,适当突出职能特色特点的设计理念;对于企业等则应打造以企业文化为核心,行业特色为导向的室内空间,如图 14.40 所示。

OneFootball 是一家专门提供足球相关新闻、比赛直播、比赛结果信息的公司。将原本一间废弃的工厂全面翻新改造,把足球场上的多种意象,如绿茵草地、球门、更衣室以及足球相关的图案、箭头带入办公室的地面或墙面,营造宜人的办公环境。

2. 打造适宜高效的个体环境与团队合作环境,实现顺畅高效的人际交流

工作是人的一项重要社会活动,是实现个人价值的途径之一。充分尊重个体的隐私以及个性化需求是办公空间环境的基本要求。团队合作是现代化办公的主要形式,协调好个体与团队间的关系,建设宜人的办公环境,能起到建立良好的沟通、交流、协作、合作等人际关系的作用,从而达到提高工

图 14.40　OneFootball 办公空间

图 14.41　微软慕尼黑德国总部办公空间

作效率的效果。建立高效沟通、舒适宜用的空间（图 14.41）是现代化办公空间设计的基本目标。

3. 环保性与可持续发展性

在设计环节关注室内环境，从源头减少污染和碳排放。避免或减少使用对环境有害的材料，采用天然材料或加工程序简单的材料，起到减少累积污染的目的。对自然光充分利用，采用先进的室内循环系统，对室内热能、水电等资源合理循环利用，控制碳排放量，达到环境可持续发展。同时在设计阶段，应考虑环境升级的需要，使空间具有一定的可塑性。

14.3.3 办公空间功能分类

区别于经营性商业空间，办公空间是人们处理日常工作事务的空间。按照面积大小，办公空间可分为小型办公空间、中型办公空间、大型办公空间等，如图14.42所示。按照工作性质和职能，办公空间大致分为政府机关等政府行政管理单位办公空间，医院、银行、学校等特殊职能单位和机构办公空间，大中小企业办公空间等。按照开放程度，办公空间可分为对外接待空间（如行政办公大厅、银行业务大厅等，如图14.43所示），有对外通信交流功能的功能空间（如电话咨询、网络咨询、线上售前、线上售后等），单位内部公共交流空间（如会议室、报告厅等，如图14.44所示），终端职能部门办公室（如各类机关科室、企业的部门等）。设计工作中，应在空间性质的基础上，再充分考虑使用功能的需要来划分空间。

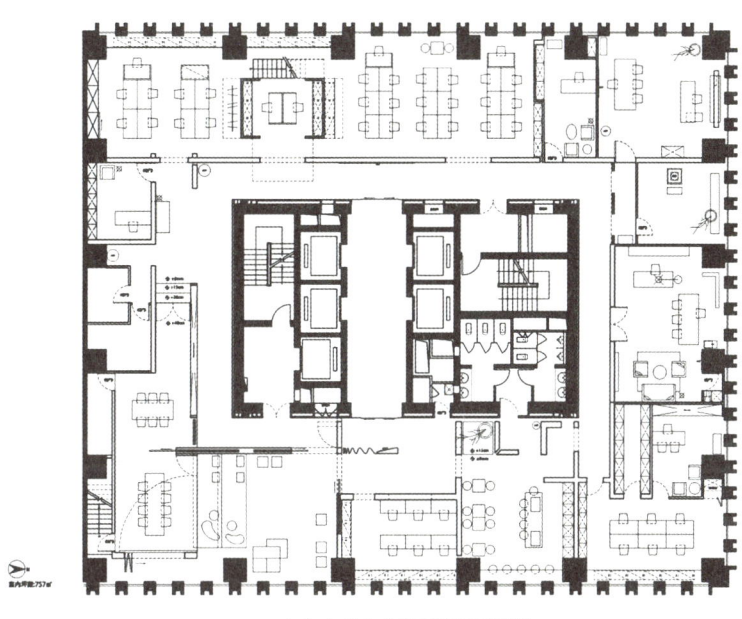

（a）大型办公空间平面布置图

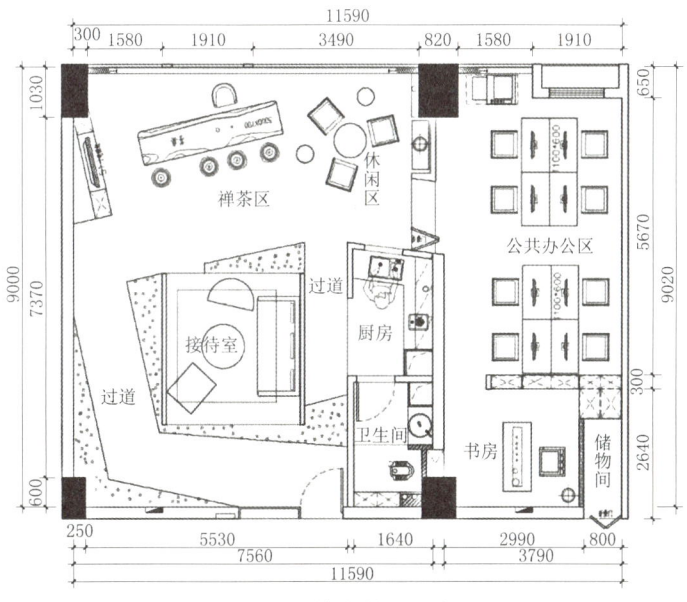

（b）小型办公空间平面布置图

图 14.42 按面积大小分类办公空间

(a) 行政办公大厅

(b) 某银行业务大厅

图 14.43 对外接待空间

(a) 会议室

(b) 报告厅

图 14.44 单位内部公共交流空间

14.3.4 办公空间设计流程

办公空间设计从单位性质为出发点，以塑造一个以单位核心文化理念为内涵的办公空间的基础上开展。

1. 进行使用需求分析，明确室内功能区域及细分空间

完成一项空间设计前，要先收集使用需求和建筑资料，并对收集的资料进行分析。从使用需求角度明确使用功能区域及其性质、关注要点、面积等。本着以人为本的原则，按照常见心理角度考虑，明确功能区域，如考虑人的领地性以及人际距离的情况。宜在公共空间、共享空间以及私密空间等不同类型的空间，根据需要分配适宜的面积和尺度。充分考虑与外界社会交流、单位内部交流、职能部门办公个性化需求等诸多方面的需要，按照"动静度""重要性""利用率"等指标细化室内各功能区域，明确功能区域内的细分空间。

2. 划定动线，制定平面布置图

在明确室内功能需要的基础上，结合功能区域和细分空间的分析结果，对建筑的结构特点、采光条件等进行分析，综合考虑室内光环境、声环境、建筑内部垂直交通和水平交通条件、给排水条件等诸多因素，划定室内人员动线，根据实际需要划定主从动线或者平行动线、网状动线等。明确动线的过程与布置动静分区、动静过渡区、交通联系区以及建筑配套服务空间、附属设施等同步完成。

平面布置根据功能空间的需要以及建筑结构特点扬长避短，力求实现完美契合，必要时要依据重要性、经济性等原则，对功能扬弃或对建筑结构进行改造。

3. 完成设计要素的设计

设计要素的设计要围绕空间的核心设计理念展开，应用适宜的设计元素。各设计要素相互结合，互为补益，共同作用，打造适宜的室内环境。设计要素包括界面处理、采光与照明、办公家具、装饰品与植物、标识系统等。

（1）界面处理。室内墙、顶、地等界面装饰要考虑色彩和材料自身质感给人带来的视觉感受和心理感受，结合办公空间的特征，合理搭配。

（2）采光与照明。室内光环境包括自然光与人工光，设计应考虑适宜的照度与色温。受天气和时间影响，直接照射自然光需要遮挡或补充以形成适宜的室内光环境。设计时要考虑不同工作环境、工作时间对色温与照度的需求差异，要注意照明的色温会影响界面材料的原始色彩。

（3）办公家具。办公家具与人接触最为密切，直接影响到人的身心健康。在视感上，其材料和色彩应与环境融合；在体感上，应符合人体工程学，保证使用的舒适度与健康。

（4）装饰品与植物。室内装饰品和绿植对于增加室内空间的亲和力，拉近人与环境的关系有很积极的意义，在选择时要遵循适宜的原则。装饰品在体积、色彩、外形、材料等方面要与室内环境相适宜；选择绿植时除去考虑植物的外形特点与空间契合外，还要考虑植物对水、光、温度等生长要素的需要，长势良好的植物能给人带来积极的心理影响。

（5）标识系统。标识系统不仅起到引导作用，还能起到文化核心的展示作用，应做到"造型美观、环境协调、统一易解、位置合理"。结合单位文化核心、打造既符合单位整体文化氛围又能体现功能区使用要求的特色办公空间体系。

14.3.5　办公空间设计发展趋势

1. 数字化、智能化

随着网络进入 Web 4.0 的时代，生产领域进入工业 4.0，社会生产方式发生一定的变革，继而可能会影响到几乎所有领域的工作方式。现在已经出现了一些新的办公方式，如跨地域远程协作的办公方式、跨行业跨领域合作的办公方式以及 SOHO（居家办公）等新办公形式。新的办公形式会对室内空间从功能区布置到面积分配产生一定影响。按需要增加数字媒体设备和网络设备，包括声音采集、视频采集、远程传输、本地声音和视频播放、网络保障、照明保障等。网络办公能够减少人与人的无效交流，从而提高工作效率，但也会因缺乏面对面沟通的直接性而导致互动性不足，如何在新的办公方式中扬长避短是办公管理和办公空间设计面临的新课题。因为新冠肺炎疫情的出现，线上办公、线上会议、线上协作已经被越来越多的人所接受，未来具备一定发展趋势，技术保障措施也会更加完善。

2. 个性化、人性化

以人为核心的空间设计是室内设计的必然趋势，对使用者和环境进行更加详细的剖析，如何使"个人舒适-人际和谐-提高效率"形成正循环，使环境更加契合人的需求必定是未来办公空间设计的方向。

3. 生态化、可持续化

生态化是对健康环保功能的升级。减少碳排放已经成为人类社会共同面对的话题，空间设计中尽可能节能减少碳排放已经达成共识。除碳排放外，室内的空气环境、光环境、声环境、色彩环境等对人的生理心理健康影响也已经被社会广泛认识，从视觉、听觉、嗅觉、味觉、感觉等方面创建良好的室内生态环境是室内设计发展的必然趋势。人都有亲近自然的本能，在健康环保的基础上，打造有生命力的有机生态环境，使室内环境能够保持可持续的生命力，既是对室内设计理念的升级,也能提升室内环境的舒适性和亲和力。

14.4 展览空间

展览设计是一种空间艺术,但与一般的空间艺术不同,其空间中最为重要的不是对美的呈现,而是关注人的体验。展览空间的设计目的是让人在其中接受信息,进行人与人、人与物的信息交流。展览空间设计是人为环境的创造活动,是借助于陈列的实物、版面、灯光、道具、音像、色彩等综合媒体来传递信息的空间设计行为,使观众在其空间内部的流动之中感受三维时空的艺术魅力。

14.4.1 展览空间设计原则

1. 统一原则

统一原则就是做好整体与局部的协调关系。在空间的设计上,要纵观全局,对空间环境整体组织规划,先整体、再细部。在空间的布局上,要先总结和提炼项目的空间区域关系,还要明确空间布局方向,再对局部进行下一步的深化,如图14.45所示。

2. 动线原则

在空间里的行走路线就是动线。展览空间的设计都会尽可能地吸引观众,这样不可避免地造成

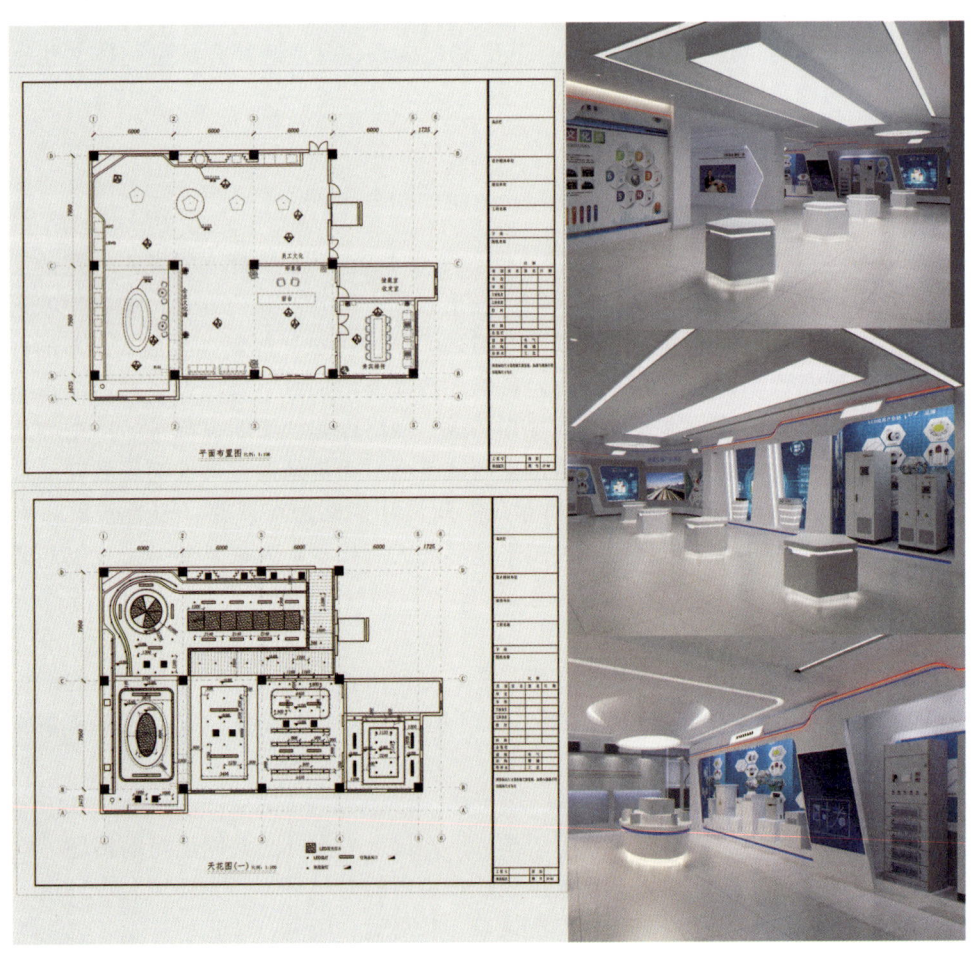

图 14.45 某企业展厅设计

人流的拥挤，怎样有效地引导观众，通过设计达到让观众更容易地参与进来又能做到快速疏散的目的是重点。展示空间中可以有多条动线，动线的连续性是设计的核心。应根据展品的前后顺序进行规划设计，内容的主从和说明叙述是动线的首要参考，其中还要考虑消防通道和安全门的设置。动线有三种常见形式：点式、线式、网格式。某展厅平面动线如图14.46所示。

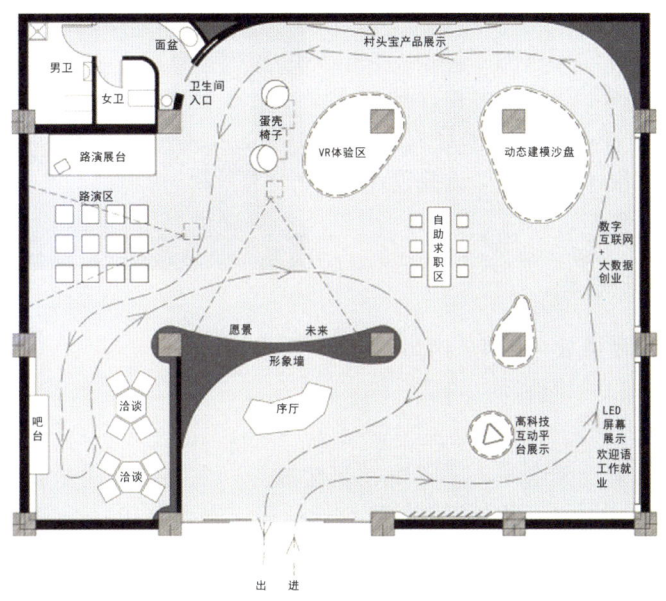

图 14.46　某展厅平面动线图

3. 主从原则

成功的展示设计主要看它能否达到展示的目的，满足展方的要求，达到突出展示主题和展品的要求，更好地促进展示宣传、推广的目的。因此，在展览空间中的主体空间、公共空间和辅助空间之间的设计中，要明确功能的区别和与主从关系。主体空间以展示展品为主，是展览空间设计中的主体部分；公共空间以受众者的活动为主，这个空间进出必须方便、有足够的使用面积；辅助空间主要包括接待空间、工作人员空间、储藏空间、维修空间等。某企业展厅平面布置如图14.47所示。

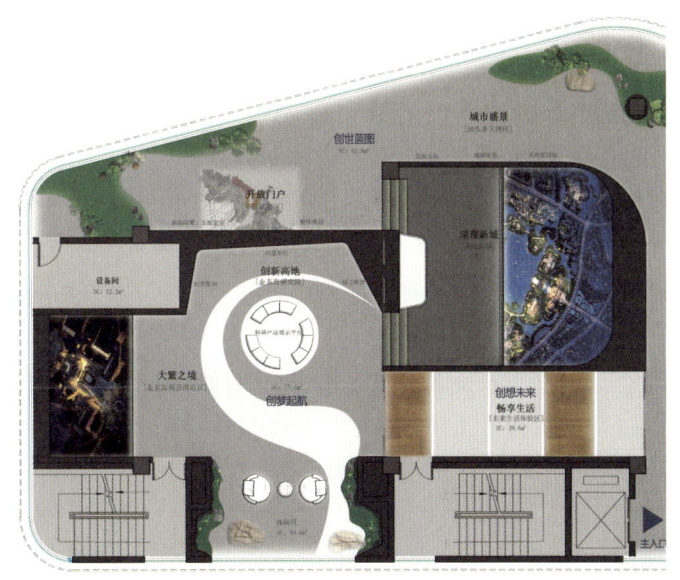

图 14.47　某企业展厅平面布置图

4. 以人为本原则

任何项目、任何创意的表达都离不开人的种种行为活动，都是因为人或者是需要人的参与才能存在。因此，在设计时不能脱离"人"这个因素，在设计的过程中要不停地思考人的各种需求。

5. 安全原则

展览空间的设计要有利于展品的保护；有利于受众者参观和流动的安全性；在选用的材料方面，要有环保意识，最好选用便于回收、可重复使用的可再生材料，如图 14.48 所示。

图 14.48　廊坊师范学院非遗展馆展品保护

14.4.2　展览空间设计分类

展览设计是展示设计最主要的一个门类，主要包括展馆设计、会展设计和展厅设计。

1. 展馆类

展馆类主要包括博物馆、美术馆、图书馆、纪念馆等。主要特点是长期性、系统性、权威性。此类展示的主要功能是信息收集、科学研究、教育活动等。它代表了一个城市乃至一个国家的文化水准，展品多以历史文物和文献为主，需要充分考虑展品的保护和安全、交通流线、照明采光、观光效果和休息场地等因素。展馆展示在技术和艺术等方面的要求更高，在人力、物力和时间上的投入保障需求更强，常在技术和材料方面领先于其他展示活动，如图 14.49、图 14.50 所示。

图 14.49　天津国家海洋博物馆室内效果（一）　　图 14.50　天津国家海洋博物馆室内效果（二）

2. 会展类

会展类主要包括博览会、展览会、交易会等。主要特点是时间性和季节性，以不定期展出为多，活动周期相对较短，强调形式感，互动的形式与服务是重点，要求创造热烈的气氛和强烈的视觉冲击效果，设计上要留有洽谈和销售的空间，如图 14.51、图 14.52 所示。

3. 展厅类

展厅类主要包括企业技术展示体验厅、城市规划馆、售楼体验中心等。展厅设计与其他设计的不同之处在于受众人群为已被邀请或慕名而来，人员结构简单明确，设计定位较为突出；展示内容相对固定，展示周期较长，如图 14.53、图 14.54 所示。

图 14.51 2016 年智能家居及智能硬件博览会内景

图 14.52 2021 年第六届中国先进材料产业博览会局部效果

图 14.53 某企业展厅内景局部展示（一）

图 14.54 某企业展厅内景局部展示（二）

14.4.3 展览空间设计要素

1. 空间组合与序列

展览空间设计中，空间的分割和组合是展览空间设计的灵魂，它决定着一个展览空间的风格、形式、构造等方面的因素。它可以决定展示设计的结构是怎样的、功能区是怎么划分的、展品是怎么陈列的。空间组织的样式主要有临墙式、中心式、悬浮式、散点式、网格式、混合式。

（1）临墙式。在狭长的空间进行展示时可以采用临墙式布置，这样可以在有限的空间内最大化地展示展品的内容,动线比较清晰,一般呈"一"字形或者L形展示,如图14.55所示。

(2)中心式。在展览空间的中央处设置中心展台或者展示的重要区域,其他的展台或展区围绕着这个中心向四周延伸扩展,形成发散的格局。中心布置可以多角度地观看展品,展品放置在显眼处,一般是展示特殊或者重要展品,如图14.56所示。

(3)悬浮式。从顶面悬吊放置展架或者将展品直接悬挂在顶面,以此丰富空间的层次感和趣味性。相对应的地面空间的释放可以保持视觉的通透,也可以加以利用,如图14.57所示。

(4)散点式。跟中心式有些类似,把一个中心变为多个中心,形成错落有致的展示效果,增加空间的秩序感,如图14.58所示。

图14.55 廊坊师范学院
非遗展馆临墙式布置

图14.56 中国国际航空航天博览会内景局部

图14.57 国家海洋馆内景局部图

图14.58 廊坊师范学院非遗展馆散点式布置

(5)网格式。网格式布置一般应用在较大型的空间中,是由单个的个体单元组成一个整体的大单元,通常以标准的摊位形式出现。是一种标准化、通用化的展示手法,如图14.59所示。

(6)混合式。混合式布置是一种综合各种展示手法的布置。通常采用一种展示形式为主、其他形式为辅的方法。混合式布置可以增加空间的层次和活力,如图14.60所示。

空间序列的秩序是空间艺术呈现的一个主要原因,一般可以归纳如下四种关系:

(1)包含。包含指大空间中包含一个或多个小空间,中间的小空间是展示的重点区域,从形式

图 14.59 中国艺术博览会内景

图 14.60 国家海洋博物馆内景局部

上区分出功能的不同。

(2) 连接。两个不同的展示空间用一个相关的元素将其联系起来，各自有独立的空间展示主题，但又不孤立，有一定的空间整体性。

(3) 叠加。两个展示空间有重叠区域，内容上有一定的相似性，但展示的主题又不完全相同。

(4) 分离。大空间中，会有两个或者多个展示主题不同的时候，各自有独立的展示空间和造型手法，各自突出各自的主题。

2. 展示道具

展具是展示空间的重要组成部分，是构成展示空间的物质基础。它不仅为展品提供必不可少的硬件设备，还能起到分割组织空间、引导人流动线、体现设计思想等作用。按功能区分，展示道具可分为展板、展台、展架、展柜、展品标牌、方向指示牌等，如图 14.61 所示。

展具设计需要遵循以下原则：

(1) 符合人体工程学的要求。主要指在尺度上要方便参观者参观，尤其在高度尺寸上要合适，不能过多地低头或仰头；台阶的高度和宽度要合理，既要安全，又不能使观众疲劳。

(2) 便于拆装和组合。能拆装、组合的展具，用途多、可变性强，可以增加展示的魅力，同时还可以节约成本。

(3) 安全可靠。要选用坚固耐用的材料，在结构上也要合理、便于制造和维修，确保使用中不出事故。

(4) 外表精致美观。展具式样要与整体设计协调一致，做工精细，充分展示设计的思想与意图，提升空间的整体形象。

3. 展示材料

展示材料具有特殊性，它的功能要求使其区别于建筑和室内材料。由于展览空间的特殊性，展览空间的造型流动型和异型的使用更多，移动功能要求更高，质感和科技的需求也更高，因此在设计和制作上对新型的材料和技术格外重视。

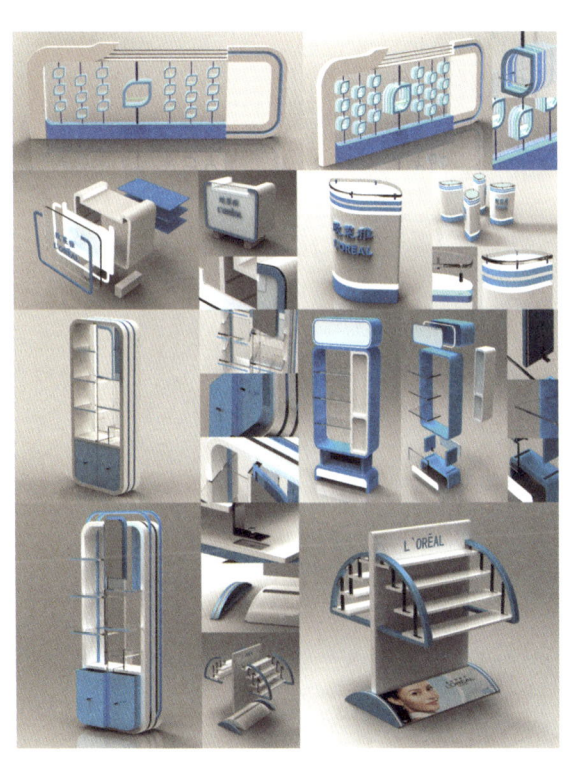
图 14.61 展示道具部分示意图

近些年，一些高分子和纳米技术的新型材料成为新宠。传统材料则通过新技术呈现出新的形态也在大量使用，如定型的木材、电化铝纸、特种玻璃等。

4. 色彩与灯光

（1）色彩设计。色彩可以美化展品和空间，并通过人们的视觉传达丰富的信息，激发人的情绪和心理反应，影响人们的注意力和思维活动。

展示色彩设计要根据展示的内容和性质确定主色调及色彩搭配关系，以突出展品为原则，便于观众将注意力集中在展品上。展示色彩的设计方法如下：

1）依据展示内容、主题、行业属性、企业文化及标准色等确定主色调。
2）统筹各展区之间的色彩关系，实行"大统一、小对比"的配色方法。
3）充分利用黑、白、灰等中性色和材料色、肌理色等来丰富和协调空间层次。
4）充分利用照明、光源色调节空间色彩关系。

（2）灯光设计。展览空间内，一般分为普通照明、重点照明和装饰照明。照明不仅具备对空间的亮度控制的作用，更肩负着营造空间氛围的重要职责。

人工照明的基本原则如下：

1）展示陈列区的照度要充分，比观众所在区域的照度高。
2）光源隐藏，避免眩光。
3）根据不同展品的特点选择不同的光源、光色、型号，避免影响展品的固有色。
4）注意使用灯具的安全。

14.4.4 展览空间设计中的新技术

1. 数码视频技术的应用

展示设计中可以运用电影、电视等传统技术来丰富展示效果，但是由于在拍摄、制作过程中的技术和成本等方面的局限，效果不是很理想。电脑技术的进步使得理想成为现实。数码视频技术的运用使以前难以表达的场景、过程及对象得以显现。这一点对于那些展示自然过程的科普展览和难以展示的历史过程的展览是一种极有用的手段。

数码视频技术除了能够达到以前传统视频手段难以达到的效果外，交互技术的发展更为展示提供了有用的手段。如视频实时合成技术能够使参观者在欣赏视频画面的过程中参与其中，时间和空间的概念完全被改变，展示对象的体验进入了一种全新的境界，达到身临其境的效果，如图14.62所示。

图14.62　数码视频技术的应用

2. 计算机程控技术的应用

在现代的展示设计中，对声、光、电等技术手段的应用越来越普遍。实际的展示过程中，各种表现要素的有机结合，对于提高展示的艺术效果和创造理想的展示氛围极为重要。在各种控制技术中，计算机程序控制技术最为有效。按照展示设计的要求，计算机可以事先设定相应的控制程序，按照展示的要求和参观景点的先后顺序等，达到控制相应的声音、照明及视频播放，并产生声音的强弱、照明的渐变等效果。智能化的电脑控制技术还可以通过感应元件，判断参观者的状态和人数，控制照明和音乐，达到参观者的最好体验环境，如图14.63所示。

3. 多媒体和网络技术

目前是一个信息爆炸的时代，也是一个争夺眼球的时代,多媒体技术是拥有巨大信息负载的一种载体,它是目前单位时间内集中传播信息的有效手段。

多媒体技术是将文字、图像、动画、视频、音乐等数字资源,通过编程方法整合在一个交互式的整体中,用图文并茂、生动活泼的动态形式表现出来,给人带来强烈的视觉冲击力,留下深刻的印象。多媒体手段用丰富的形式突出主题,引起参观者的兴趣。大量优秀的图片、配音、三维动画演示、虚拟现实、录像视频等手段的综合效果,为参观者带来全新的视觉感受,更为讲求效率的现代人提供了一种大信息量的渠道。通过采用多媒体的形式,便于展示各种展馆的展示理念,易于被不同年龄层次和文化层次的人士接受。

现在多媒体手段包括多媒体场景、触摸屏系统、幻影成像系统[幻影成像系统也称虚拟成像,是基于"实景造型"和"幻影"的光学成像结合,将所拍摄的影像(人、物)投射到布景箱中的主体模型景观中,演示故事的发展过程。绘声绘色,虚幻莫测,非常直观,给人留下较深的印象。]和三维激光全息投影系统,如图14.64所示。

图14.63 计算机程控技术的应用

图14.64 多媒体和网络技术在展示中的应用

4. 虚拟现实技术

虚拟现实技术是利用计算机和电子技术来产生逼真的视觉、听觉、触觉等三维感觉环境,形成一种虚拟世界的技术。它涉及人工智能、计算机图形学、人机接口技术、多媒体技术、传感技术以及高度并行的实时计算技术等领域,是各个国家高技术研究水平的综合体现。

虚拟现实技术是计算机与用户之间的一种理想化的人机界面形式,用户头戴头盔或者采用大屏幕立体投影,手持传感器,仿佛置身于一个幻觉的世界中,用户在虚拟环境中漫游,并且可以对其中一些物体进行操作。在此环境中，用户看到的是全彩色立体镜像，手和脚可以感受到虚拟环境反馈的作用力，通过接受和响应模拟环境的各种感官刺激，与虚拟中的人及事物进行行为和思想交流，使用户产生一种身临其境的感觉，如图14.65所示。

图 14.65　虚拟现实技术在展示中的应用

单　元　训　练

1. 选取感兴趣的空间类型进行综合设计。

设计要求如下：

（1）规划各空间功能区域。

（2）设计界面造型。

（3）材料、色彩、灯光合理应用。

2. 通过空间设计练习，思考空间与人的内在联系，总结空间设计的原则。

参 考 文 献

[1] 张绮曼，郑曙旸. 室内设计资料集 [M]. 北京：中国建筑工业出版社，1991.
[2] 陆震纬，来增祥. 室内设计原理 [M]. 北京：中国建筑工业出版社，1997.
[3] 汪建松. 商业展示与设施设计 [M]. 北京：中国建筑工业出版社 1999.
[4] 王治君. 家居装饰品陈设艺术 [M]. 哈尔滨：黑龙江科学技术出版社，1999.
[5] 刘玉楼. 室内绿化设计 [M]. 北京：中国建筑工业出版社，1999.
[6] 张绮曼，盘吾华. 室内设计资料集 [M]. 北京：中国建筑工业出版社，1991.
[7] 张月. 室内人体工程学 [M]. 北京：中国建筑工业出版社，1999.
[8] 陈易. 建筑室内设计 [M]. 上海：同济大学出版社，2001.
[9] 常燕来，刘鹏，陈向峰. 展示设计 [M]. 武汉：武汉大学出版社，2016.